暨南文库·新闻传播学
JINAN Series in Journalism & Communication

编 委 会

本书为

暨南大学青年教师创新基金（项目号：332201712617328）

"中国古典名著《三国演义》的日本大众文化传播研究"研究成果；

澳门大学（项目号：MYRG2018-00060-FAH）

"明清四大名著的中日改编创作与比较研究"阶段性研究成果

暨南文库·新闻传播学 **1**

JINAN Series in Journalism & Communication

日本流行文化中的中国经典巨著

《三国志》与《三国演义》

陈曦子 著

暨南大学出版社
JINAN UNIVERSITY PRESS

中国·广州

图书在版编目（CIP）数据

日本流行文化中的中国经典巨著：《三国志》与《三国演义》/陈曦子著. —广州：暨南大学出版社，2019.12
（暨南文库. 新闻传播学）
ISBN 978 - 7 - 5668 - 2835 - 4

Ⅰ. ①日…　Ⅱ. ①陈…　Ⅲ. ①中国历史—三国时代—纪传体②《三国志》—研究③《三国演义》研究　Ⅳ. ①K236.042 ②I207.413

中国版本图书馆 CIP 数据核字（2019）第 286144 号

日本流行文化中的中国经典巨著：《三国志》与《三国演义》
RIBEN LIUXING WENHUA ZHONG DE ZHONGGUO JINGDIAN JUZHU:
SANGUOZHI YU SANGUO YANYI
著　者：陈曦子

出 版 人：徐义雄
项目统筹：黄圣英
责任编辑：雷晓琪
责任校对：刘舜怡　林玉翠
责任印制：汤慧君　周一丹

出版发行：暨南大学出版社（510630）
电　　话：总编室（8620）85221601
　　　　　营销部（8620）85225284　85228291　85228292（邮购）
传　　真：（8620）85221583（办公室）　85223774（营销部）
网　　址：http://www.jnupress.com
排　　版：广州尚文数码科技有限公司
印　　刷：广州市快美印务有限公司
开　　本：787mm×1092mm　1/16
印　　张：15.875
字　　数：277 千
版　　次：2019 年 12 月第 1 版
印　　次：2019 年 12 月第 1 次
定　　价：62.00 元

总　序

·····　···

　　如果从口语传播追溯起，新闻传播的历史至少与人类的历史一样久远。古人"尝恨天下无书以广新闻"，这大约是中国新闻传播活动走向制度化的一次比较早的觉醒。

　　消息、传闻、故事、新闻、报道，乃至愈来愈切近的信息、传播、大数据，它们或者与人们的生活特别相关、比较相关、不那么相关、一点也不相干，或者被视为一道道桥上的风景、一缕缕窗边的闲情抑或一粒粒天际的尘埃，转眼消失在风里。微观地看，除了极少数的场景外，新闻多一点还是少一点，未必会造成实质性的差别；本质地看，人类作为社会性的动物，莫不以社会交往，包括新闻传播的存在和丰富化为前提。

　　这也恰好是新闻传播生存样态的一种写照——人人心中有，大多笔下无。它的作用机制和内在规律究竟为何，它的边界究竟如何界定，每每人见人殊。要而言之，新闻传播学界其实永远不乏至为坚定、至为执着的务求寻根问底的一群人。

　　因此人们经常欣喜于新闻传播学啼声的清脆、交流的隽永，以及辩驳诘难的偶尔露峥嵘。重要的也许不是发现本身，而是有越来越多的研究者参与其中，或披荆斩棘，或整理修葺。走的人多了，便有了豁然开朗。倘若去粗取精，总会雁过留声；倘若去伪存真，总会人过留名。

　　走的人多了，我们就要成为真正的学术共同体，不囿于门户之见，又不息于学术的竞争。走的人多了，我们也要不避于小心地求证、深邃地思考，学而不思则罔。走的人多了，我们还要努力站在前人、今人的肩膀上，站得更高一些，看得更远一些。

　　这里的"我们"，所指的首先是暨南大学的新闻传播学人。自 1946 年起，创系先贤、中国第一位新闻学博士、毕业于德国慕尼黑大学的冯列山先生，以及上海《新闻报》总经理詹文浒先生等以启山林，至今弦歌不辍。求学问道的同好相互砥砺，相互激发，始有本文库的问世。

"我们"，也是沧海之一粟。小我终究要融入大我，我们的心血结晶不仅要接受全国同一学科学术共同体的检验，还要接受来自新闻、视听、广告、舆情、公共传播、跨文化传播等领域的更多读者的批评。重要的不完全是结果，更多的是过程。在这一过程中我们特别关注以下剖面：

第一，特定经验与全球视野的结合。文库的选题有时是从一斑窥起，主要目标仍然是研究中国全豹，当然，我们也偶或关注印度豹、非洲豹和美洲豹。在全球化时代，我们的研究总体会自觉不自觉地增添一些国际元素。

第二，理论思辨与贴近现实的结合。犹太谚语云"人类一思考，上帝就发笑"，或许指的是人力有时而穷，另外一种解释是万一我们脱离现实太远，也有可能会堕入五里雾中。理论联系实际，不仅是哲学的或革命的词句，也是科学的进路。

第三，新闻传播与科学技术的结合。作为一个极具公共性的学术领域，新闻传播的工具属于拿来主义的为多。而今，更是越来越频繁地跨界，直指5G、云计算、人工智能等自然科学的地盘。虽然并非试图攻城拔寨，但是新兴媒体始终是交叉学科的前沿地带之一。

归根结底，伟大的时代是投鞭击鼓的出卷人，我们是新闻传播学某一个年级某一个班级的以勤补拙的答卷人，广大的同行们、读者们是挑剔犀利的阅卷人。我们期望更多的人加入我们，我们期望为知识的积累和进步贡献绵薄的力量，我们期望不辜负于这一前所未有的气势磅礴的新时代！

编委会
2019 年 12 月

序　言

······

　　本书是陈曦子至今为止研究的阶段性成果展示。陈曦子在坐落于日本京都的同志社大学社会学研究科攻读传媒学博士课程，对日本的漫画学研究以及中日流行文化比较研究充满热忱，在数年的勤奋努力下，完成了博士论文《中国古典四大名著在中日的漫画改编与比较研究：以〈三国志〉与〈西游记〉为中心》，该论文在社会学研究科获得一致好评，陈曦子也以优异的成绩获得了社会学研究科传媒学博士学位。

　　回想起来，陈曦子在同志社大学攻读硕博的 2008 年至 2013 年，正是日本的漫画文化产业经历重大变革的历史时期。21 世纪以来，日本的漫画创作与产业发展愈发成熟，然而，漫画周刊、杂志在日本国内的发行量却与日俱下。出版商们纷纷在国内转型进军手机漫画市场，同时谋求在海外市场的事业拓展，其变化可谓翻天覆地。而伴随着漫画文化以及市场发展变化的，正是漫画创作自身的内容与表现方式，这种不确定性与多样性，不仅是漫画创作，也是大众化媒介共通的特征。

　　漫画创作自诞生以来，便不断从其他媒介获取灵感与材料以丰富自身。神话民俗、小说传奇、文学电影、绘本皮影戏等都为漫画创作提供了大量的素材与灵感，让漫画创作在充分运用这些材料的同时更向上发展了一个台阶：漫画创作不单是借用或挪用这些多元化的素材，还会对其进行加工、叠加与重组，从而衍生出独特的内容与表现形式。我十分着迷于漫画创作的这一过程，认为巧妙地运用"挪用＋加工"这一技巧，正是漫画创作的魅力所在。

　　虽有不少漫画作品被冠以抄袭、剽窃原作素材之名，我却认为，正因为漫画作品这一"挪用＋加工"的创作特质，才使得其能够发展为现今主流的大众传播媒介之一。

　　"挪用＋加工"这一创作特质，不单存在于漫画创作这一领域，在整个日本流行文化创作领域中，这都是非常普遍的。例如，日本的游戏创作中，会有相当一部分的内容来自动画或漫画作品,而许多大热的动画系列,也多改编自当红的漫画作品,而这些漫画作品,也有不少是参考了"二战"前在日本大为流行的青少年文学再进行创作的。换言之,青少年文学、漫画、动画、游戏这些大众媒介,相互间挪用、加工、重组为各自独立的创作领域,并紧密联系在一起,从而组成了日本的流行文化圈。

我们再回到漫画这个话题,漫画创作如我前文所述,是基于"二战"前流行于日本的青少年文学而发展起来的,而中国的传奇小说,也对日本的漫画创作带来了深刻的影响。《三国演义》《水浒传》及《西游记》等,这些中国古代文学的经典著作与形象,都为日本的漫画创作提供了绝佳的素材。细读陈曦子的这本著作便能发现,日本有一大批漫画作品的灵感,都是来自中国的这些经典巨著。

陈曦子的研究,正是把着眼点摆在了日本的漫画文化与中国古典小说之间的关联性上,在细致梳理这两者之间的悠久历史后,放眼未来。她的研究让我们了解到,我们日常作为消遣读物的漫画作品背后,蕴藏着中日两国之间深远的文化交流史,而她从比较研究的角度对此进行的详细剖析,更具看点。

该研究的魅力便是深入探讨日本的大众文化是如何将中国的古典文学作品作为容器,将文学作品本身的古典韵味与日本社会文化的时代发展进行融合这个问题上。比如《西游记》中"孙悟空"这个天马行空、富有想象力的人物,是如何融入日本明治时代开始盛行的少儿故事漫画作品之中的。陈曦子在书中还提到,中日两国在 1972 年恢复邦交以后,日本在该领域的漫画创作中,不论是人物形象的塑造还是故事内容的表现,都有了十分显著的改变。她在论证这一观点时,不仅充分阐述了故事内容与历史背景变化的关联性,还提供了大量的资料做佐证。这些论证不仅坚实有力,其论述也通俗易懂,令人深有启发。

中日两国至今一直保持着深层次的文化交流与互通互鉴。当代年轻人所热衷的流行文化交流也是两国文化交流中十分重要的一环,而将研究的目光放在中日两国的漫画文化发展上,是十分有价值的。陈曦子在这本著作中所阐述的观点与论述,给中日流行文化比较研究提供了非常宝贵的参考材料以及创新性的启发。我相信她在研究中所积累的材料与研究成果,定能成为今后该领域研究中重要的基础。

竹内长武(同志社大学社会学研究科传媒学教授)
2019 年 2 月 17 日于日本

まえがき

…　…

　この本は陳曦子さんのこれまでの研究成果がまとめられたものだ。陳さんは、日本の京都にある同志社大学の社会学部博士後期課程に在籍し、熱心にマンガ文化の比較研究に取り組んでおられた。そしてその成果を、「日中における中国四大名著のマンガ比較研究　ー「三国志」と「西遊記」を中心にー」というタイトルの博士論文として、社会学研究科に提出した。きわめて優れた論文で、研究科でも高い評価を受け、メディア学の博士号が授与されることとなった。

　ふりかえると、陳さんが同志社に院生として在籍しておられた二〇〇〇年代後半から二〇一〇年代にかけては、日本のマンガ文化の大きな転換期でもあった。ストーリーマンガを中心とした日本のマンガ文化は成熟し、雑誌の売れ行き不振もあって、海外に販路を求めたり、携帯コミックに移行したりと、大きな変化をみせる。マンガ文化はそのときどきの時代の変化にあわせて、内容や表現形態を変化させてきた。それがマンガ文化の自在さであり、また大衆向けメディアの宿命であったと言えよう。

　過去においてもそうで、マンガは他のメディアからさまざまな要素を取り込み、肥え太ってきた。神話、伝説、伝奇小説、文芸、映画、紙芝居など、多様な先行の文化の刺激を受け、それをうまくマンガの発展に利用してきたのである。他のメディアの内容を引用しながら、マンガ的な組み換え・加工を施す。私はそうしたマンガ発展のプロセスに注目し、マンガ文化の本質を、〈引用＋加工〉の技にあると主張してきた。

　そのため、あるときは盗作、剽窃だと糾弾される場合もあるが、一方ではその本質のゆえに、大衆受けするメディアに成長しえたのではないかと考える。

　話は飛躍するが、この点は日本のサブカルチャー全般の発展と大いに関わり合う。日本で流行するゲームは、かなりの部分アニメやマンガのコンテンツをもとにしている。またそのアニメの製作は、ヒットしたマンガをもとにしたものが多い。さらにヒットしたマンガは、戦前に流行した少年少女小説を下敷きにしたものが多数ある。というふうに、日本では、少年少女小説、マンガ、アニメ、ゲームというサブカルチャーは、互いに密接な関係をもつ。先に書いたように、引用と加工の上に成り立ってきたジャンルなのだ。

さて話はマンガに戻るが、マンガ文化の発展は、いま記したように戦前の少年少女小説の戦後的発展形なのだが、もうひとつ大きな栄養を中国の伝奇小説から得てきたことも忘れてはならない。「孫悟空」「三国志」「水滸伝」などの古典文芸である。詳しくは陳さんのこの本を読めばよくわかるが、かなりの量のマンガ作品が、そうした中国の古典をもとに創作されてきている。

陳さんのこの本では、そうした日本のマンガ文化と中国の伝奇小説との関わりを、過去から現在までの幅広い時間に目配りして、説きあかしている。日頃何気なく読んでいるマンガにも、その背後には膨大な過去にさかのぼる文化の背景が横たわっている。そうした事実を、比較文化の視点から詳細に論じているのだ。

さらに言えば、この研究の良いところは、古典そのものに内在する性格と、それを受容する日本の時代状況に目配りがなされている点である。たとえば「孫悟空」のもつ奇想天外な物語の性格は、その自在さゆえに日本では明治期から子どもむけのマンガに、幾度も再話されてきた。また、一九七二年の日中国交正常化以降、日本のマンガでキャラクターの描き方が大きく変化した、そのような着眼点である。物語の性格と時代性に目配りしつつ、具体的な資料の裏付けをもとに問題点を指し示す。そうした記述のしかたがわかりやすく、かつきわめて刺激的なのだ。

日本と中国は、これまで文化的に大きな関わりを保ち、互いに発展してきた。若者が興味をいだくサブカルチャー、なかでもマンガ文化において、そうした関わりが顕著であることは、今日の状況のなかあらためて顧みられていい。陳さんのこの本は、そうした現代の状況に新たな視点を提供してくれており、今後この研究分野の基礎的な文献となるにちがいない。そう強く確信するものである。

竹内オサム（同志社大学社会学部大学院教授）

前　言

···　···

　　中国古典名著的海外传播是我国文学艺术事业的重要组成部分，它担负着传承中国传统文化的责任和使命。我国五千年的历史文化精髓为我国的古典文学作品提供了丰厚的资源，且在世界范围内有着不可低估的传播力和影响力。如古典四大名著《三国演义》《西游记》《水浒传》《红楼梦》，其人物刻画生动形象、细腻传神，故事情景和所蕴含的思想为历代读者所称道，甚至影响到中国民众思想观念、价值取向的形成。四大名著自问世以来，在中国及世界各地广为流传，被翻译成多种语言，成为不同历史时期世界各国艺术作品改编的焦点。

　　在跨文化传播的背景下，四大名著及衍生创作受到了世界各国民众的欢迎，其原作文本被输入国翻译成各种语言，又以不同的方式解构重塑。在亚洲以中、日、韩为代表的儒家文化圈的传播与重塑过程中，四大名著因输入国的不同文化需求，又经过动漫创作、影视改编、游戏开发等多种跨媒介传播模式的运用，其故事内容、人物形象、传播模式以及受众群体都出现了变异。

　　其中，《三国演义》以及其原作史书《三国志》在邻国日本的受众范围相当广泛，影响力也最大。三国故事通过日本各领域艺术人士的衍生创作，经由翻案小说、舞台戏剧、电影电视、动漫等多种媒介形式的传播，很快在日本民众中得到普及，并深入渗透到日本的社会文化之中。近年来，根据三国故事改编的动漫影视等大众作品更是以鲜活新颖的形式登上了现代化的媒体舞台，令这两部作品更加深入人心。

　　然而，这些衍生创作的基本素材虽来源于三国时代的故事与人物，但在异国社会背景下不可避免地出现了诸多文化变异现象，以体现被输入国的社会价值观念、文化与文艺特征。由此，中国古典文学作品在海外的跨文化传播过程中，因美学因素、文化因素和心理学因素的影响而产生变异这一问题，也是中国文学海外传播研究领域中值得进一步思考的课题。

本书主要以《三国志》《三国演义》为蓝本的日本流行文化衍生创作为研究对象，对其整体发展概况进行总结，并选取日本流行文化中最成功、最具代表性的漫画文化中的改编作品展开具体研究。首先，本书通过数据统计法进行文献收集与整理，对日本自《三国志》《三国演义》传入以来的流行文化改编创作概况进行梳理；其次，分析在日本社会文化背景下，两部作品在跨媒介传播中存在的与中国本土的受众认知、传播模式等层面的差异；最后，遵循以下五步思路展开具体研究：

第一，综合文学、传播学、社会学知识的交叉学科文献整理归纳。我国学界的三国研究多集中于语言学、历史学和文学领域。因此，本书选取传播学、漫画学研究的新角度，以日本三国漫改作品为主要考察对象，结合传播学、社会学的理论知识对其加以具体分析。

第二，运用统计学方法进行一手资料整理。通过数据统计与筛选，本书整理出日本自 1971 年到 2011 年发行的 124 部三国漫改作品，并在此基础上对其发展时期、改编创作倾向进行划分，以及对各倾向的独有特征进行总结。

第三，对日本三国漫画作品进行具体的表象及内容分析。着重从作品的表象特征、人物形象、故事内容、创作者与读者四个方面展开。在表象研究中，除对作品在艺术表现上的特点进行总结以外，还将以 1972 年的中日外交关系正常化等社会大事件为分界线，考察如人物服饰、武器描绘上的具体变化，以此论证中日两国政治文化交流中的重要变革，对艺术创作者在理解原作内容与收集历史文献上的影响。在故事内容、创作者与读者相互关系的研究中，本书则主要从输入国的社会文化、审美观念的差异这个动因出发，考察原作故事在改编创作中发生了怎样的变异，并在此基础上探讨作为创作者的漫画家的主观能动性与作为受众的大众文化消费者的消费需求之间的互动关系。

第四，中日漫改作品的对比研究。本书在对日本三国漫改作品的整体发展概况以及具体的作品内容进行分析的基础上，选取 2000 年以来在我国出版并具有一定知名度的漫改作品，以其为参考，对中日两国中以《三国志》《三国演义》为蓝本的漫改创作进行了比较研究。笔者发现，中日两国的改编创作无论是艺术表现还是人物形象塑造手法上都有许多共同点。然而，两国的漫画作品在故事内容建构上却特征迥异。我国现有的漫画作品在故事建构上更倾向于重现历史与忠于原著，而日本的漫画改编创作则展现出更为丰富多彩、天马行空的想象力。

　　第五，比较文化视角的中日流行文化对比研究。通过对中日两国的三国漫画改编作品的发展现状、特征考察，以及具体作品的比较研究，笔者发现，日本的三国漫画改编创作，从侧面印证了日本作为岛国，其文化特有的"输入/融合"这一文化特征的合理性，而我国作为大陆国家，其"输出/共存"的文化特征也在本书的研究中得到佐证。

　　综上所述，在当今世界的多元文化语境下，中国古典文学的海外传播若要实现实质性的跨越与突破，必须建立以市场为主导的文学艺术传播机制，同时还需兼顾互联网时代的传播特点、读者阅读方式的新变化等因素，才能有效提升中国古典名著的国际影响力。

陈曦子

2019 年 6 月 15 日

图 表 索 引

绪　论

…… ……

第一节　中国文化"走出去"

中国文学的海外传播研究作为中国文化"走出去"事业的重要组成部分，一直以来都是我国学术研究中的重要课题之一。而开拓多元化、交叉学科的学术视野，更是有助于解析当下以中国文学为代表的中国文化在海外传播中的实际情况与新传播形势，并能透过文化传播与变异的表象，发掘中华文明与异国文明互通互鉴的潜能。正如中国海外汉学研究中心主任张西平教授（2016）指出："中国文化走出去，需要以我们对中国文化自我表达的创新研究为基础，以对中国文化在世界各民族的传播轨迹与路径、各国中国形象形成机制等问题的系统与深入的学术研究做支撑，才能真正揭示文明互鉴中的中国文化的世界性意义，做出有学术含量和有实际指导意义的战略研究。"

然而，从我国学界当下的研究态势来看，文学作品的海外研究多集中于历史研究、译介研究等经典领域，虽近年来有学者开始将目光转向跨媒介衍生创作及传播策略研究等新领域上，但整体成果数量有限、关注度不高是现实存在的问题。在当今世界的多元文化语境下，中国文学的海外传播研究若要实现实质性的突破，必须建立以市场为导向的文学艺术传播机制，同时兼顾新媒体时代的传播特点以及作者、读者在创作与阅读方式上的新特征。此外，更需要在传播策略与选材上尊重市场机制与需求，实施多元并举的立体推介策略，从而有效提升中国文学乃至文化的国际影响力。

鉴于此，本书从中国古典文学经典的四大名著出发，以《三国志》与《三国演义》为落脚点，进行传播学、文学、社会学与漫画学的跨学科考察。不仅因为三国故事是中国文化海外传播的经典范例，也因其传播模式能良好适应当下国内新兴的媒体传播形势，可从跨界研究的全新角度为中国文化的海外传播研究，提供可供参考的新思路与方向。

一、古典四大名著

我国古典文学中的四大经典名著《三国演义》《西游记》《水浒传》《红楼梦》有着极高的文学艺术价值，其人物刻画生动、形象呈现细腻，叙事及故事内涵深厚，在深刻影响我国一代代文学爱好者的同时，也在海外收获了大批普通读者与研究者的青睐。其中，四大名著在邻国日本的普及与接受尤其值得关注。

四大名著自传入日本以来，便受到来自精英阶层的贵族、文人、僧侣的关注与喜爱，其故事更是通过这些精英人士的推广、模仿与改编，以翻案小说、舞台戏剧等传统方式在日本普通民众中得以传播。而自大众文化崛起，尤以电影电视、漫画动画为代表的流行文化在日本社会逐步占据主导地位之后，以四大名著为蓝本的改编创作在这多元化的媒介舞台上更得以发展壮大。这些新颖多元的改编作品不仅通过多种多样的呈现方式向日本受众述说中国古典巨著的经典故事，更是让四大名著成了极具代表性的中国文化符号，渗透于日本社会文化的方方面面。

二、"四大名著"与"四大奇书"

一听到"四大名著"这个词，任何一个中国读者都会列举出《三国演义》《西游记》《水浒传》与《红楼梦》这四部作品。以东汉末年天下大乱、群雄纷争、魏蜀吴三国相继崛起为历史背景撰写的历史演义小说《三国演义》；以丰富想象力创造出多彩神魔世界的神魔小说《西游记》；成功塑造了超群绝伦且又神态各异的梁山好汉的英雄传奇小说《水浒传》；具有宏大严谨的结构、细腻传神的心理描写、鲜明的人物形象、深厚的文学功底等特点的中国古典文学的巅峰之作《红楼梦》。在我们从牙牙学语的孩童时期开始，它们就以绘本故事、连环画、有声磁带等方式丰富着我们的成长生活。

首先获得儿童喜爱的，当属常以连环画，也就是我们俗称的"小人书"的形式出版的《西游记》与《水浒传》了。《西游记》的故事取材于唐代民间流传的唐僧西天取经的故事，故事中那个神通广大、腾云驾雾的孙悟空，在书中被描绘得栩栩如生，跃然纸上；《水浒传》描绘的是宋代农民起义的发展与失败过程，并借以揭露了封建社会的腐朽黑暗与统治阶级的专制腐败，而其中勇敢无畏的梁山好汉们，其悲壮的故事在连环画生动的艺术表现下更是令人扼腕。随着年龄的增长，孩童们走入课堂，通过课后读本的方式阅读青少年版《三国演义》，走入了东汉末年那个战火纷飞、群雄争霸的世界之中：诡计多端的曹操、谦逊有礼的刘备、天资聪颖的诸葛亮……罗贯中在史实基础上结合自己的文学创作，塑造了一个个神态迥异又生动鲜活的人物形象。而对于《红楼梦》，大多数人都会回忆起高中古文课堂中，埋头苦读以理解其诗词含义的自己。如此这般，四大名著的故事不仅穿插在我们的学习生活中，同时也丰富着我们的文化底蕴，它们不仅被改编成京剧等传统艺术曲目，在皮影戏、连环画等民间艺术创作中也屡见不鲜。而自 20 世纪 80 年代以来，四大名著更是陆续被改编成同名电视剧，登上大众媒体并走向更广阔的艺术舞台。

在邻国日本，古典四大名著通过大众媒介的传播与改编，也逐渐形成文化产业市场，其繁荣程度甚至超越中国本土。然而，日本民众对"四大名著"这个词却是比较陌生的。在日本，无论是一般民众还是学界研究者，相较于"四大名著"，"四大奇书"更能引起他们的共鸣，且其所指代的作品也与中国有所出入。这里的"四大奇书"指的是《三国演义》《西游记》《水浒传》与《金瓶梅》这四部中国明代的杰出小说，而《红楼梦》，在日本则一般被与这四部作品并列，统称"明清五大小说"。那么，为什么中日两国在"四大名著"与"四大奇书"这两种说法上会有所出入，且所指代作品也不一致呢？这要从这两种说法的来源开始说起。

实际上，在我国既有"四大名著"这一称呼，也有"四大奇书"这一名号，其所指代的作品在最初也的确有所出入。有关四大奇书的第一个说法是清代中期说，这一说法指出，明代末期的著名文学评论家金人瑞对《庄子》《离骚》《史记》《杜工部集》《水浒传》与《西厢记》六部作品进行点评，并将其统称为"六才子书"，从而开创了给文学作品点评排序的先河。随后，清代的书商们借用金氏之名作为商业手段，将《三国演义》《西游记》《水浒传》与《金瓶梅》称为"明代四大奇书"以进行推广销售，从此奠定了四大奇书产生于清代中期这一说法。而晚于《金瓶梅》完成的《红楼梦》因其杰出的文学价值而取代前者，与另外三部作品并称为"明清四大奇书"。另一个说法则是明代末期说，该说法指出，明代著名文学批评家王世贞最先提出了"四大奇书"这个词，然而最初他所指的四部作品是《史记》《庄子》《水浒传》与《西厢记》。此后，另一位明代的著名文学家冯梦龙则将《三国演义》《西游记》《水浒传》与《金瓶梅》统称为"四大奇书"。直到清代初期，文学家李渔为醉畊堂本《四大奇书第一种》（即《三国演义》）作序时提到："昔弇州先生有宇宙四大奇书之目，曰《史记》也，《南华》也，《水浒》与《西厢》也。冯梦龙亦有四大奇书之目，曰《三国》也，《水浒》也，《西游》与《金瓶梅》也。两人之论各异。愚谓书之奇当从其类。《水浒》在小说家，与经史不类；《西厢》系词曲，与小说又不类。今将从其类以配其奇，则冯说为近是。"他认为冯梦龙将共同反映明代社会文化特点以及普通民众的文化需求，并同属于长篇通俗小说的四部作品归为一类的说法更为妥当。从此，冯梦龙所提的四大奇书说便开始广为流传。

直到现代，我国以四大名著来特指《三国演义》《西游记》《水浒传》与《红楼梦》这四部作品，主要因为这四部作品出版量大，众多出版社多将其进行合并出版，并冠以"四大名著系列丛书"之名，随之在读者间流行开来。也就是说，在我国，四大奇书虽有明代与明清之分，但其是"四大名著"这一说法的前身是毫无争议的。

在日本，这两种说法却因为这五部小说的传入时间及在日本的传播与接受状况，出现了与中国不一致的情况。自明代四大奇书传入日本以来，日本就一直按照冯梦龙的说法，把《三国演义》《西游记》《水浒传》与《金瓶梅》统称为"四大奇书"（越泰博，1980），同时还有"四大小说"这一说法。与中国不同的是，日本极少将《红楼梦》替代《金瓶梅》纳入四大奇书，更多的是将其与四大奇书并列，统称为"中国五大小说"或"明清五大小说"（井波律子，2009）。而"四大名著"一词，在日本几乎鲜有人使用。

综上所述，中日两国虽都有"四大奇书"这一约定俗成的概念，但其词语来源并未有定论，所指作品也有所差异。我国的"四大奇书"实际上是"四大名著"的前身，现特指《三国演义》《西游记》《水浒传》与《红楼梦》；而在日本，四大奇书指代的仍是明代的四部长篇通俗小说作品《三国演义》《水浒传》《西游记》与《金瓶梅》，当提及《红楼梦》时，一般不使用"四大名著"这一说法，而是多采用"中国五大小说"或"明清五大小说"的说法以指代我国明清时期的五部优秀的通俗小说。

而本书的核心研究对象《三国志》与《三国演义》，事实上在中日两国也有着不同的称谓。在我国，一般来说"三国志"指的是二十四史之一，陈寿所著的史书《三国志》；而"三国演义"则是明代罗贯中的通俗小说《三国演义》。在日本，"三国志"却是对《三国志》与《三国演义》的一种统称，既包括了史书的内容，也纳入了小说中的创作情节。分别单独指代时，多使用"史书三国志"与"三国志演义"这两种说法。

可见，中日两国在四作品的统称乃至单部作品的指代上都有所出入。因此，这里有必要对本书所研究的内容进行重新指定。本书中所提及的有关四大名著的衍生创作，均基于我国的普遍认识，即四大名著这一基准而展开。而单独涉及《三国志》与《三国演义》的部分，虽研究对象为日本流行文化中的衍生创作，但称呼指代上，仍将遵循我国本土的习惯进行展开。

第二节　本书主旨

本书以深受中日两国民众喜爱且影响深远的古典四大名著为切入点，在把握四作品在日本社会文化中的受容程度、故事内容及人物形象上的认知差异的基础上，将着重梳理日本流行文化中，以《三国志》《三国演义》为蓝本的衍生创作概况及具体作品；其中，将重点以日本流行文化的代表——漫画文化中的《三国志》与《三国演义》作品为中心进行考察，从脱离中国本土的认知与漫画创作多元化这两个角度出发，考量《三国志》与《三国演义》这两部作品在日本的漫画文化中经历的改编与衍生变异。

日本著名漫画评论家吴智英（2000）曾指出："漫画作品能反映社会文化的特征与变化。"此言甚是精准。漫画作品的成功与否，取决于创作者与读者两方面：作者的创作思路与读者群体的鉴赏水平，而这两方面又多受制于其身处的时代背景、文化趋势以及重大社会事件等。那么，该如何把握作者的创作脉络，该如何衡量读者群体在不同时代的鉴赏水平？通过对中日两国近代历史的发展与社会变迁的把握和对创作者与读者之间的关系以及相互影响的剖析，再以衍生创作的具体文化内涵与具象特征为基础进行考察，不但能厘清中日两国受众对四大名著的认知差异及产生缘由，也可以由此窥见中国的大陆文化与日本的岛国文化之间的异同。

世界上存在着繁杂不一的各种文化现象：它们之间相互影响并共存。我们之所以要进行文化比较研究，是因为比较才能凸显各民族的文化特征，而其最为重要的目的更是在于通过文化比较研究，重新认识本国的文化，并用同等的视角去看待、理解其他的文化，以消除不同文化之间的误解（王少锋，2000）。因此，本书中所涉及的中日文化比较研究的理论基础，源自王少锋（2000）提出的"中国＝输出文化／文化并存""日本＝拿来文化／文化融合"这两个概念；并旨在通过对《三国志》以及《三国演义》的改编创作作品的各时代社会文化背景的探析，佐证与重新审视中日两国的文化特征，且尝试着力挖掘两国文化中的同质性与异质性。

综上所述，本书在梳理《三国志》与《三国演义》传入日本后的传播普及与流行文化中的改编创作概况的基础上，主要进行以下三个方面的具体考察：

第一，整理与编写自1971年日本第一部三国漫画作品《三国志》（横山光辉）出版至2011年的40年中，在日本国内已出版的三国改编漫画作品年表。该年表将详尽地对日本三国漫画创作40年间的作品进行统计，并以年表数据为基础，对日本的三国漫画创作进行时期划分以及创作倾向归类，以佐证日本漫画创作的多元化这一具体特点。

第二，在作品年表的数据基础上，结合日本流行文化的发展阶段，细分且归纳日本各时期三国漫画的创作倾向与主要特征。在分析各创作倾向之间差异的同时，挖掘各创作倾向在内容上的变异程度与突出特点，把握其与中日两国社会传统、文化交流之间的关联性。

第三，在考察日本的三国漫画的创作手法、人物塑造、叙事内容的变迁等具体内容的基础上，挖掘其背后的历史与社会原因。以人物塑造为例，中日两国民众在对刘备、诸葛亮、曹操等著名三国人物的认知上存在相当大的差异。而产生这种差异的原因，不仅起因于两国主流文化特征的根本差异，更是受到了两国文化中的三国人物刻板印象的影响。这里所谓的刻板印象，指三国人物是因特定的社会文化，尤其是流行文化背景下的改编与重塑而固定下来的，与史实、原作有所偏离的一种普遍认知。本书在这个部分，把历年日本三国漫画作品中的各主要人物形象进行整理并与原作对比，再结合作者在创造这些人物形象时的灵感来源、方式缘由、主观意志的选择及外在客观因素的影响等，以掌握三国人物的形象塑造发生了怎样的变化。

一、关于"改编创作倾向"

这里有必要对本书的常用词"改编创作倾向"做一些解释说明，该词在书中意在指代以《三国志》和《三国演义》为蓝本的改编创作在发展过程中所体现出的于表现手法、体裁类别、受众群体等层面上的共同点和方向性。在此理解基础上，本书将探讨《三国志》与《三国演义》在日本流行文化层面的接受概况，改编创作者对原作的认识与理解，其与中国民众的普遍认知的差异，并阐明其原因。

再则，漫画作为日本消费文化的一大代表，其"故事消费"（物语消费）的特征，不仅与日本的历史文化发展息息相关，其叙事内容变迁也与叙述者、阅读者的相互关系以及角色定位的改变紧密相连。基于此，深入分析中日两国的文化交流史以了解重大历史事件对日本流行文化中的三国改编创作的影响，也是本书的重要组成部分。最后，本书还将从对比研究的角度，对《三国志》与《三国演义》在我国流行文化中的改编创作进行考察，从而对中日两国社会文化（大众文化/亚文化）的同一性与异质性进行总结归纳。

二、研究对象的确定

本研究的对象是日本流行文化各领域中，以《三国志》与《三国演义》为蓝本的改编创作作品。其中，将重点考察日本国内业已出版的改编漫画作品的表象与内容。选取"三国志"为本书的研究核心，主要原因在于"三国志"在日本的接受程度、文化影响力都要远高于四大名著的另外三部作品，其故事文本的传播模式、传播渠道也是高度多元化与成功的。以历史书《三国志》为例，作为我国的史书巨著，它不仅在我国国内有着极高的历史研究价值，其行文特点甚至对日本最早的历史文献《日本书纪》的编撰也有着举足轻重的影响。关于这一点，本书将在后文中详细叙述。

1971 年至 2011 年的 40 年中，日本的《西游记》改编漫画作品共计 131 部，"三国"漫画共计 124 部，《水浒传》漫画共计 17 部，《红楼梦》漫画共计 0 部。其中，"三国志"与《西游记》漫画不仅在作品数量上远超另外两部作品，其改编创作的发展过程与创作水准也相对更为成熟。因此，综合以上各方面具体概况的考量、研究样本的选取便利等问题，本书将研究重点放在了日本流行文化中，以《三国志》和《三国演义》为蓝本的改编作品上。

三、故事漫画

对于本书所讨论的"漫画"，在此也有必要进行概念与范围的界定。纵观世界漫画发展的历史，可知"漫画"主要分为报纸杂志上刊载的新闻漫画（News Cartoon，形式多以单幅漫画、四格漫画为主），以及以美国的漫威漫画系列、日本的《铁臂阿童木》等为代表的故事漫画（Story Manga/Comic，形式多以长篇连续漫画为主）两大类别。此外，从更为广泛的意义上来归纳漫画的连载以及出版形式的话，甚至可以将我国传统文化中深受人们喜爱的连环画、日本江户时代便开始流行的草纸本绘本、绘物语本等都涵盖其中。然而，出于研究考虑，本书的核心问题之一是日本三国改编漫画的叙事内容的解构与重塑，因此在本书中所涉的改编漫画作品，将以狭义的故事漫画作品为主，并重点考察其内容的故事性特征。

四、作品年表的收录范围及筛选

本书的作品年表（附录二）是展开进一步分析研究的基础，因此对收录于年表中，可成为具体研究对象的作品的选取标准与收录范围也有必要做出具体的规定。

首先，是收录作品的时间范畴确定。本书中提出的"三国志"，包含了《三国志》与《三国演义》两部作品，而这两部作品在传入日本的初期，就因其史实与故事创作的相互融合共存，受到日本文人乃至研究者的高度关注。然而，这两部作品的内容包含了政治权术、军事策略等复杂高深的内容，因此对于普通的民众与漫画创作者而言，入门门槛相较于《西游记》等作品更高。因此，敢于将其改编为具有大众化、通俗易懂的漫画作品这一尝试，一直到"二战"结束后的1971年才出现，这便是由日本著名漫画大家横山光辉创作的日本已知最早的三国漫画作品《三国志》。因此，本书的日本三国改编漫画作品年表的时间范畴，确定为1971年至第一阶段资料收集告一段落的2011年的40年间。

其次，是作品年表中的作品收录标准以及作为本书具体研究对象的选取标准的确认。如前文所及，本书中对改编漫画作品的故事性的关注是研究的一大重点，因此本书年表中将收录自 1971 年起，在日本国内以商业目的出版的三国故事漫画。而在具体的作品考察阶段，则设定以下的排除标准，以筛选作品年表中收录的改编作品：

①因作者个人兴趣而创作的同人志/插画作品。

②以改编动画或电影为基础的三次改编作品。

③仅借用原著的人物名字及故事舞台，故事毫无关联的原创作品。

④以教育/学习为目的再现原著、无改编创作要素的作品。

⑤以宣扬宗教思想为目的的宗教类作品。

在根据以上的排除标准对收录于年表中的作品进行筛选的基础上，本书再以以下甄选标准选取具体的研究对象：

①在日本国内曾具高话题性，发行量、网络搜索指数均位居前 10% 的作品。

②以完整原著故事为基础，故事情节完整度高，作品进展好的作品。

③符合本书各改编创作倾向的代表作品。

基于以上五个排除标准以及三个甄选标准，本书将在随后的章节对最终筛选的研究对象进行详细的介绍及考察。

五、研究思路与方法

如前所述，本书将分三大步骤展开考察：

第一步：梳理《三国志》与《三国演义》在日本流行文化中的改编创作概况，并重点制作自 1971 年至 2011 年的日本三国漫画作品年表；

第二步：根据年表数据进行改编创作倾向划分、发展时期归纳以及社会原因的考察；

第三步：根据排除及甄选标准进行作品筛选，对最终筛选出来的作品样本进行表象及内涵考察。

以此三步骤为基础，本书将采用以下的研究方法具体展开：

（1）文献资料法。本书以《三国志》与《三国演义》在日本流行文化中的改编创作为切入点，通过文献资料收集的方式进行数据整理、统计及排序，以及制作详细的作品年表，并通过统计归纳的方式把握整体的改编创作概况与发展态势，以此分析影响各发展时期的主要社会文化、政治等因素，为随后具体作品考察的开展奠定坚实基础。

（2）个案分析法。在了解日本流行文化中的三国故事改编创作的整体态势后，本书将重点以漫画作品年表为基础，对日本三国漫画的创作发展方向与阶段进行总结归纳，并设置前言所及的五条排除标准以及三条甄选标准，选取各发展阶段中具有代表性的漫画作品进行个案分析，总结其表象、内涵、创作等多方面的特点。

（3）内容分析法。基于方法二，对甄选出的代表性漫画作品，本书将从以下三个方面展开内容分析：①作品的基本数据（包括所参考原作、预设读者群、主要国家背景、故事梗概、主人公以及详细人物关系六个维度）；②表象特征（作画风格、人物服饰、战争场面描绘）；③故事内涵（人物形象塑造、预设世界观、作者与读者的相互作用）。在此分析基础上，再从三个层面来总结归纳考察结果：①三国人物形象的塑造；②改编创作倾向的特征；③与中国同类改编作品的对比。

（4）对比分析法。作为内容分析法中的一部分，本书还包含了中日三国改编漫画的对比研究，旨在总结中日两国读者在作品认知、人物认知等方面的差异，以及中日两国创作者在故事内涵、改编创作方向性上的异同。

六、创新思路

如前所述，中国文学的海外传播研究，须在更为广阔的研究领域展开新视角、新理论支撑的创新性研究，才能更好地顺应时代，并解析现阶段中国文学在世界范围内的传播发展态势。因此，本书主要在以下两个层面具有原创性与创新性：

第一，交叉学科的研究视野。我国无论是四大名著的研究，还是单一文学作品的研究，长久以来多集中于语言学、历史学、文学、译介学等传统领域。本书虽以中国历史、文学的经典作品《三国志》《三国演义》为研究对象，但重点考察的是以两作品为蓝本的、日本流行文化中的跨媒介改编作品。在作品年表的制作上运用历史学的文献资料法，整理出自 1971 年至 2011 年这 40 年中，日本国内发行的 124 部三国改编漫画，并进行改编创作方向、发展时期的总结归纳。在此基础上，还在具体的研究视野上另辟蹊径，不但在传播模式与概况上纳入文化社会学中的比较文化论、传播学的跨文化传播理论以探讨其成因，还在具体的作品考察中结合了艺术美学、漫画表现论、人物表现论等交叉学科理论以展开研究。在对作者和读者的定位变化以及相互关系的探讨上，也将沿用日本学界广泛接受的作者论、读者论的具体研究成果。

第二，中日比较文化研究的尝试。如前所述，本书中将通过具体的作品考察以及中日对比分析，沿用王少峰（2000）的中日文化类型论以进行考察。在对"中国 = 输出文化/文化并存""日本 = 拿来文化/文化融合"这两个概念进行考证的同时，通过中国文化在日本流行文化中的融入与改编，以发现中日两国文化的同质性与异质性。

第三节　文献综述

在本书展开具体的研究之前，有必要对《三国志》与《三国演义》在日本社会、学界等领域的传播与接受概况有一个大致的了解。因此，在此将重点对《三国志》与《三国演义》在传入日本以后的相关文献资料、研究专著乃至文化丛书的出版与发行概况进行系统梳理，着重从译本的出版/翻译、历史/文学（其他）、流行文化/漫画这三个角度展开，同时辅以中国在相关领域的文献资料与研究成果的列举，以便对比参考。

一、译本的出版/翻译

众所周知，史书《三国志》成书在先，小说《三国演义》随后以其为蓝本完成。然而，《三国志》虽先传入日本，但小说《三国演义》的完整日译本却是早于《三国志》完成的。日本现今已知最早的《三国志》完整日译本，是由今鹰真、井波律子、小南一郎于 1977 年至 1989 年间出版的《世界古典文集 24 三国志》（筑摩书房）。然而，《三国演义》的完整日译本，却是在江户时期的元禄二年至五年（1689—1692）之间，由僧侣湖南文山完成的，至今时隔三百余年。此外，由湖南文山翻译完成的日译本《三国演义》，从叙事口吻、故事内涵上便已经与原作产生了较大的差异。如小说原本的评书式语言表达，被译者湖南文山改以日本读者所习惯的小说叙事表达。直到20世纪80年代，忠实于小说原本的叙事表现形式的日译本才陆续出现。其中，小川环树、金田纯一的《完译·三国志》（岩波文库，1988）以及立间祥介的《三国志演义·改订新版》（德间文库，2006）都是颇具代表性的日译版本。另外，史书《三国志》的完整日译本虽在时间上较小说《三国演义》的日译本出现晚，但其译本质量实属上乘。前文所述的《世界古典文集24　三国志》（今鹰真等，1977—1989），不但是日本目前最早的正史完整日译本，而且其内容不仅是陈寿所著的正史内容，还涵盖了后附《裴松之注表》的详细翻译，可谓日译本中的翘楚。

　　而在我国，《三国志》的译本，更贴切的描述应该是为深奥的古文添加现代汉语注释的注释本。对于历史初学者而言，最易读懂的版本当属周国林的《三国志（注释本）》（岳麓书社，2011），该版本可谓我国目前唯一以正史《三国志》的完整注释本形式出版的著作，但其未对《裴松之注表》进行注释。后附有裴注的《三国志（注释本）》仅被收录在中华书局出版的《二十四史》之中。而与《三国志》不同的是，《三国演义》在问世之初便是以通俗小说的形式出版的。后为迎合现代读者的语言习惯，多改以现代汉语改编的小说形式出版。此外，作为我国青少年教育的重要素材，《三国演义》还被改编成儿童修订版、全彩插图修订版、青少年完全版等版本，以锻炼青少年的阅读理解能力；这些版本会根据儿童与青少年在不同年龄段的知识结构、理解能力的深浅做相应的章节调整与内容修订，其中享有良好社会评价的版本有李岳华编《三国演义（插图版）》（现代教育出版社，2012）、韩伟滨编《三国演义（全彩青少版）》（吉林出版集团有限责任公司，2010）等。而面向成年读者出版的现代汉语完全版中，最具权威性的是人民文学出版社的《三国演义（上下）》（1953）以及岳麓书社的《三国演义（精装版）》（2006）。

　　在对中日两国《三国志》以及《三国演义》译本出版的概况与代表作进行梳理后，我们来进一步关注两国翻译研究领域的发展。目前活跃于该领域的学者，主要来自中国，如倪永明的《中日〈三国志〉今译与中古汉语词汇研究》（凤凰出版社，2007）中，系统地针对《三国志》的中日现代语译本以及注释本进行了应用语言学的比较研究。倪在研究中以日译本《三国志》为例，对比中日现代语译本中相同章节的翻译表述，并对其词汇、语言的选用逐一进行解说与分析；还给予今鹰真、井波律子、小南一郎三人共译的日译本《世界古典

文集 24　三国志》以高度的评价，认为其在日本随后的《三国志》研究中起到
了举足轻重的作用，并对我国国内正史《三国志》现代语译本的出版滞后于日
本的问题表示关注。

二、历史/文学（其他）

20 世纪 80 年代以来，日本有关《三国志》与《三国演义》的书籍大量涌
现，其内容涉及历史、文学、地理、军事、跨文化传播等多元化的领域。如在
历史学中，可细数出守屋洋等著《三国志英雄》（新人物往来社，1982）、加地
信行编《三国志的世界》（新人物往来社，1988），以及自千禧年以来，被作为
三国故事入门读物而广受好评的 NHK 取材班编《历史运转的时间——三国志英
雄转》（KTC 中央出版，2002）等。而近代通俗文学中，更是涌现了大量以这
两部作品为蓝本的改编作品，如今西凯夫的《品味原典——三国志物语》（日
本放送出版协会，1994）、铃木阳一编《品读中国英雄豪杰——从〈三国演义〉
到武侠小说》（大修馆书店，2002）等。此外，小松健一的《彩色版写真纪
行——三国志的风景》（岩波新书，1995）以风景摄影与文字描述结合的方式，
从地理学的角度向读者介绍三国时代的历史；坂口和澄的《另一个三国志——
〈演义〉中未提及的异民族斗争》（本泉社，2007），则是从民族学的角度，对
贯穿三国时期的汉民族与其他民族间的文化交流、斗争等问题进行了详细的考
察与阐述。在这些著作中最值得一提的是由名古屋大学名誉教授杂喉润先生撰
写的《三国志与日本人》（讲谈社现代新书，2002）。该书将历史追溯至《日本
书纪》的成书时期，以考察史书《三国志》与日本贵族阶级乃至普通民众结缘
的缘由，并运用大量的实例以阐述日本人为何如此青睐《三国志》与《三国演
义》的故事，对曹操这个备受争议的历史人物给予高度评价的原因。该书是本
研究开展过程中，至关重要的参考文献之一。

在我国，《三国志》与《三国演义》的研究可谓欣欣向荣。不仅《三国志》
研究是我国国学研究的重要课题之一，相关工作蓬勃发展，所取成果累累，《三
国演义》在文学研究领域中也是生机勃勃、成果丰富。21 世纪以来，"三国"
研究在商学、经济学等领域更是呈现出良好的发展势头，出现了不少交叉学科
领域的著作：如王峰在《读三国演义　悟做人之计》（中国华侨出版社，2008）
中分析三国各主要人物的性格特征以解读其微妙的人际关系，并以此为鉴，提

出适应现代社会的人际交往方法与模式。而中央电视台十套的科学教育频道自2001 年开播著名的讲座节目《百家讲坛》，由我国四位著名学者担任主讲，运用通俗易懂的语言向观众介绍与解析哲学、人文、历史等领域的名著及相关知识；节目自开播以来便受到观众的广泛好评。其中，易中天教授的三国系列讲座更是被编辑成《易中天品三国》（上海文艺出版社，2006—2007），受到了我国读者的追捧。

三、流行文化/漫画

漫画学研究，是日本学界特有且发展极为繁荣的一个研究领域，因此有关漫画学研究的文献综述，将主要以日本的成果展开。

2012 年 7 月 5 日，笔者有幸参与了由日本 NPO《三国志》论坛主办、于京都精华大学召开的《三国志》研讨会。会中，京都精华大学漫画学博士焦凡曾发表《中国的连环画》一文，其中有一部分内容是针对 1971 年开始连载的，横山光辉的《三国志》与中国连环画《三国演义》之间的相关性考察。然而，纵观日本的整个漫画学研究领域，直到本书编纂的 2019 年，以三国漫画为研究对象进行系统研究的课题仍未出现。反观我国，除笔者曾在 2016 年发表论文《古典小说〈三国演义〉漫画的再创作现状剖析——以日本"三国"故事漫画发展为着眼点》之外，赵莹在《三国演义在日本的译介与研究》（南开大学出版社，2014）中，也曾触及《三国演义》在日本的漫画改编状况。可见，在这一课题上，相较日本的漫画学研究领域，我国的研究者反而是走在前面的。在此，本书将着眼于日本的漫画学研究史、漫画创作研究史等方面，介绍与本书研究相关的学术著作与研究方法。

如前所述，本书的研究课题是《三国志》与《三国演义》在日本流行文化中的改编创作，重点着眼于改编漫画的考察分析，以探究中日两国社会文化的同质性与异质性，以及产生这种差异的原因。因此，本书在比较文化研究的层面，采用的是王少锋（2000）提出的"中国＝输出文化/文化并存""日本＝拿来文化/文化融合"这两个概念。而本书的漫画作品内容分析将参考四方田犬彦在《漫画原论》（筑摩书房，1994）中所运用的漫画多元化分析手法来具体展开。而在作品年表的制作上，为更清楚地把握日本漫画发展史的全貌以推进研究工作的顺利进行，还综合参考了清水勋的《漫画的历史》（岩波书店，1991）

与《年表——日本漫画史》(临川书店,2007),以熟悉日本漫画发展史中各时期的著名漫画作品以及创作背景;与此同时,竹内长武的《主流!漫画学》(米涅瓦书房,2009)中归纳的《日本漫画学研究著作一览表》,也是本书的重要参考文献之一。

通过文献综述的整理与考察,我们可以看到,中日两国的三国研究以及相关文化类丛书的出版成果斐然,涉及领域包括译介、历史、文学、流行文化乃至漫画学。然而,与日本相比,现阶段我国无论在漫画创作还是漫画研究上,都还处于学习与发展阶段。虽然近20年来,我国政府对动漫产业以及创作市场高度关注,投入了大量人力物力,在全国各地建设动漫产业基地,然而我国在漫画创作以及研究发展上,还有太多需要向欧美乃至日本学习的地方。这也意味着本书的研究,对中国文学乃至传统文化的海外传播研究,都具有创新性的参考价值与意义。

第一章

"三国志"在日本的
传入与接受

…… ……

第一节　《三国志》与《三国演义》

　　日本人常用的"三国志"一词，看似指代我国的史书《三国志》，实则涵盖了两部作品：一是史书《三国志》，一是小说《三国演义》（在日本被称为《三国志演义》）。前者作为我国正史史书评价最高的"前四史"之一，是一部盛传于世的史书巨著，作者陈寿以史为据，运用简洁的语言绘制出三国时代的历史蓝图；而作为明代通俗小说的代表，《三国演义》的经典文学表现更是具有超越民族与时空的广泛影响力，作者罗贯中更是借此将章回体小说这一文学式样推向了成熟。至今，两部作品不仅在我国家喻户晓、妇孺皆知，还被翻译成十多种语言风行于世界，受到世界各国人民的喜爱。在此，我们首先对这两部作品进行简单的内容介绍。

　　《三国志》是我国古代正史史书"二十五史"的前四史之一，共65卷，其中包括《魏书》30卷，《蜀书》15卷，《吴书》20卷，是一部由西晋官吏陈寿编撰，主要记载魏、蜀、吴三国鼎立时期三国争夺霸权、逐鹿中原的纪传体国别史，其详细记载了从魏文帝黄初元年（220）到晋武帝太康元年（280）的60年的真实历史。在《三国志》中，陈寿将曹操及其子孙所建立的西晋王朝以及其前身的魏国视为正统。总体来说，陈寿撰写的《三国志》，既"质直"，即有记事真实朴素的特点，又"善叙事"，即有文笔生动曲折的长处，在传统的"二十四史"中，它是历来最受重视的"前四史"之一。后人对于三国史事的了解，包括民间流传的种种三国评话和演义，也都基本来源于此。而在其后的南北朝的元嘉六年（429），宋文帝以陈寿所著《三国志》的记事过于简练为由，命史学家裴松之为之作补注。为此，裴松之收集了156种三国时期的相关原始材料，博引各家著作的原文，以超过原文字数约三倍的字数为正史本篇补充了大量的遗漏史实，完成了注释表《裴松之注表》。该注表所引史料、体例、种类考辨，注史评价及其思想特色鲜明，位列古代四大名"注"之首，增加了史书《三国志》作为历史研究参考文献的重要性。

　　《三国演义》则是我国第一部长篇章回体体裁的历史演义小说，作者是元

末明初的著名小说家罗贯中，全书 120 回，故事结构宏大、内容纷繁；但叙事
严谨、浅显易懂且极富感染力，具有很强的文学性。罗贯中以正史《三国志》
（包括《裴松之注表》在内）为基础进行改编创作，从而完成了这部杰出的通
俗小说，现今与《西游记》《水浒传》《红楼梦》并称为中国古典四大名著，在
中国古代、近代乃至现代文学史上都占据着重要地位。《三国演义》描述的是
从我国东汉末年到西晋初年之间近 105 年的历史风云，以描写诸国纷争为主，
诉说了东汉末年的群雄割据至魏、蜀、吴三国的政治军事斗争以及最终由司马
炎一统三国，建立晋朝的故事。该作品深刻反映了三国时期各类社会斗争与矛
盾的转化，在概括了该时代的历史巨变之外，还塑造了一批叱咤风云、栩栩如
生的三国英雄人物形象；全书在广阔的历史舞台上，生动地上演了一幕又一幕
气势磅礴的战争场景。然而，相较于陈寿的史书《三国志》，罗贯中由于受到
了从北宋时期流传下来的民间传说以及话本故事的刻板形象的影响，在《三国
演义》的创作中加入了因果报应、劝善惩恶的思想元素（杂喉润，2002），并
以说书的叙事口吻向读者讲述了一个奉刘备为善、曹操为恶的故事。此外，他
还借用了其他古典小说作品中的虚构人物及轶事以丰富小说的内容。换言之，
小说的基本格调是尊刘贬曹，崇尚勇武，赞美忠义，欣赏才智，与我国传统的
社会价值观相吻合，较容易产生社会共鸣，得到民众和士大夫的支持。而小说
中所塑造的众多经典三国人物形象：刘备、诸葛亮、关羽、张飞、赵云、曹操、
司马懿、孙权、周瑜、吕布等，其叱咤风云的乱世豪杰之印象深刻影响了我国
读者对三国时代与所对应的历史人物的认知。

综上所述，首先，《三国志》与《三国演义》两部作品之间的关系可定位
为原作与衍生改编、原创与二次创作的关系。小说的作者罗贯中通过对历代史
籍的解读、增补，以及与民间文学逸话的融合和发展，逐步完成了在创作《三
国演义》之前的史料以及素材的准备。如果说陈寿的《三国志》对历史的记载
没有通过生活细节来反映历史的真正内涵，那么罗贯中的《三国演义》则是通
过文学化的叙事手法再现与演绎历史，这或许正是陈寿的《三国志》所缺乏的
元素，也是小说受到读者的广泛喜爱与欢迎的根本原因所在。

其次，《三国志》和《三国演义》这两部作品赋予后世的影响不再局限于
历史和文学领域，在其他领域也屡屡可见两部作品带来的不可小视的影响力。
正史《三国志》作为纪传体国别史，秉承了中国史家秉笔直书、严谨简约的实
录精神，不仅在历史研究方面，也为军事学、心理学等领域内广泛兴起的诸多

研究提供了最原始的历史人物和史实依据。小说《三国演义》与正史《三国志》的创作时间从西晋初到元末明初整整跨越了千余年，经过历代学者的解读、考证与增补以及无数民间文学的渲染附会，《三国演义》虽然在基本的历史人物和历史事件上与《三国志》大体保持着一致，但在许多细节描写上已经发生"七分实事，三分虚构"的较大程度的变化。但是《三国演义》在历史考证研究、军事战略等领域的影响力几乎可与正史《三国志》匹敌，且从正史《三国志》到小说《三国演义》的转变，一直是中国学术界所关注的焦点，相关论文与专著不断推陈出新，各个领域的研究视角也在不断创新改变。

最后，两部作品独特的文学性与大众娱乐性，在近现代给我国的连环画、皮影戏、京剧等传统艺术，电影电视、网络游戏等大众娱乐媒介带来的影响力是显而易见的。且不仅在我国，对我国周边各国也影响深远：在其历史以及文学等研究领域中被作为重要的研究对象，与其社会文化生活也密切相关。尤其在邻国日本，这两部作品的社会接受范围极为广泛：日本各领域中以《三国志》和《三国演义》为蓝本的改编创作活动一直兴盛不衰，其衍生创作不限于忠实地再现原作，更是在同日本社会文化的深入交融过程中，给原作带来了崭新的变化。特别是在被誉为日本流行文化代表的动漫领域中，以《三国志》与《三国演义》为蓝本的改编创作与故事重塑极为活跃，值得关注。

第二节 《三国志》与《三国演义》在日本的传入

一、《日本书纪》与《三国志》

陈寿的《三国志》是何时传入日本的，现已无从考证。然而，从现存的日本史料来看，在《日本书纪》中已有参考、借用以及模仿正史《三国志》的部分内容（杂喉润，2002）。《日本书纪》成书于日本奈良时代的养老四年（720），是日本现存最早的历史文献。此外，成书于天平宝字四年（760）的《藤氏家传·大织冠传》中，还有着日本贵族评点当时的独裁者苏我入鹿的统治如同"董卓般残暴"的记录。同年，淳仁天皇派遣六位舍人于大宰府向当时的大学者，即著名的遣唐使，陪同鉴真法师一同跨海赴日的右大臣吉备真备学习"诸葛亮八阵""孙子九地"等军事技术。由此可见至少在公元720年之前，《三国志》便已传入日本，而董卓作为反派、诸葛亮作为杰出军事家的形象也随后深入到日本贵族阶层之中。这里我们的目光将着重于《三国志》与《日本书纪》的史书编撰的关联性上。

如前所述，《三国志》传入日本的具体时代已无从考证，日本历史学界盛传的圣德太子参考遣隋使从中原带回的《三国志》中曹操的治国方针以对比日本国情的逸话，终究也不过是逸话。但在日本现存最古老的历史书《日本书纪》中，可以清楚地发现模仿《三国志》注表行文的影子。

在杂喉润（2002）的《三国志与日本人》一书中，曾从叙事方式、行文风格、文笔特征等角度就日本两部最重要的古书《古事记》与《日本书纪》进行对比，书中提到《日本书纪》的行文中有一个日本同时期的其他古籍都不曾发现的特征，便是"一書に曰く"（有书曰）这一开启段落的习惯。并且，杂喉润提出，虽《日本书纪》中常使用"有书曰"这一说法，却通篇未提及所指代书籍的具体名称，因此他推测其仅仅是对来自中国的汉史典籍的模仿，因此继而探寻"有书曰"这一开启段落的行文特点来自何处。而前面我们曾提及在南北朝的宋文帝时期，裴松之曾受宋文帝之命对《三国志》进行补注，裴松之收集了156种历史文献，并在全文共350 833字的《三国志》的基础上添加了322 640字的注释，可见其工程之浩大。而在裴松之的注表中，便可见《日本书纪》"有书曰"这一用语习惯的源头。

这里我们列举裴松之列表中最为著名的一段注，即对《魏书·武帝纪》中讲述董卓欲与曹操合作，但曹操改名溜走的片段：

"太祖乃变易姓名，间行东归。"（太祖不愿合作，便改名换姓偷偷从小路东归乡里）

日译："太祖（曹操）は変名し、間道を通って東に帰った。"

针对正史中的这短短一句话，裴松之添加了三个注释：

[注一]　魏曰：太祖以卓终必覆败，遂不就拜，逃归乡里。从数骑过故人成皋吕伯奢；伯奢不在，其子与宾客共劫太祖，取马及物，太祖手刃击杀数人。

［注二］世语曰：太祖过伯奢。伯奢出行，五子皆在，备宾主礼。太祖自以背卓命，疑其图己，手剑夜杀八人而去。

［注三］杂记曰：太祖闻其食器声，以为图己，遂夜杀之。既而凄怆曰："宁我负人，毋人负我！"遂行。

日译：

『魏書』に曰く、旧知の呂伯奢を訪ねて襲われたが、みずから数人を撃ち殺した。

『世語』に曰く、呂伯奢は留守で、その息子たちが自分を始末するつもりかと疑い抱き、先制して数人を殺した。

『雜記』に曰く、家人を殺したのち、悲痛な思いにかられ、「おれが人を裏切ることがあろうとも、人におれを裏切らせはしないぞ」と叫んだ。

从上文中我们可以发现，裴松之在编写注表的时候，每添加一处注释，句首都会以"有××书曰"的形式开场，而《日本书纪》的"一书に曰く"这一用语习惯，与裴松之的注释极其相似（杂喉润，2002）。

至于配有《裴松之注表》的《三国志》是何时传入日本的，在日本古籍中并未有确切的记载，然而在紧接着《日本书纪》完成的《续·日本书纪》中的《称德天皇纪》提到：

神护景云三年（769）十月十日，太宰府向天皇请求中国历代史书以充实书库，天皇随下诏赐予太宰府《史记》《汉书》《后汉书》《三国志》与《晋书》各一套。

以此可以推测，实际上在《日本书纪》开始编写的年代之前（公元720年之前），日本皇室便已持有配有《裴松之注表》的《三国志》，此后，负责编撰《日本书纪》的工作人员还参考了裴松之的注释方式，在行文上增添了《日本书纪》所特有的，来自于《裴松之注表》的"有书曰"这一特征。

二、日本江户文学与《三国演义》

成书于明朝、由罗贯中创作的小说《三国演义》，又是何时传入日本的呢？

实际上，从现存的史料来看，也无法考证其具体的传入时间。然而，在德川家康于日本江户地区（现东京）建立幕府之后，有关《三国演义》的诗歌著述便开始散见于各种著作之中。如德川家康的文胆林罗山①在庆长九年（1604）的私人日记中记录着已经通读《三国演义》的片段；又如元和二年（1616），在德川家康的遗言中，曾嘱咐将存放在骏府（现日本静冈县）文库中的书籍文献转移至水户藩和尾张藩，而书籍目录中就载有《三国演义》一项。

而《三国演义》的日译本的完成时间，却是可以清晰地追溯其具体日期的。自日本江户时期的元禄二年至五年（1689—1692）的三年间，纯粹作为充实日本读者知识教养的《三国演义》日译本由日本僧侣湖南文山完成。这部日译本被命名为《通俗三国志》，在知识分子之间广为流传，后在天保七年（1836）由池田东篱亭校正、葛饰戴斗二世插绘的《绘本通俗三国志》更是成了当时日本大众社会的畅销书籍。然而，湖南文山的这部日译本，与其说是忠实于原作的翻译本，不如说是迎合了日本读者阅读习惯与审美趣味的精选编译本。

首先，湖南文山将小说《三国演义》特有的每一回末尾的"且听下回分解"这一极具评书风格的行文特点全部删除，以故事的完整性为主要界限对原作进行了章回目次的通篇修改，以符合日本读者习惯的方式将原120回的《三国演义》整合成了全50回的故事读本。因此，虽然失去了原著小说留有悬念的评书式章回体特色，但对于本身就是海外读者的日本人而言，对故事的完整阅读能更好地加深他们对作品的理解，反而更受到知识水平较低的庶民阶层的欢迎。其次，湖南文山在编译的过程中，还尽可能地弱化了原作者罗贯中的尊刘贬曹、劝善惩恶的儒家思想痕迹，也为日本读者理解更贴近历史的三国故事，下了不少功夫。

随着湖南文山的《通俗三国志》以及后来的《绘本通俗三国志》的畅销，越来越多的日本江户文豪开始模仿三国故事进行改编创作，从而衍生出了日本江户文学中一个十分著名的流派——翻案小说。而在这些翻案小说大家之中，最值得一提的莫过于活跃于江户末期的大文豪泷泽马琴了。

泷泽马琴别号"曲亭马琴"，是日本江户末期著名的小说家。出生于武士

---

① 林罗山（1583—1657），はやし らざん，日本江户初期著名儒学家、哲学家。先后作为幕僚侍奉过德川家康、秀忠、家光、家纲四代将军。

家庭的泷泽马琴最初是一名讽刺连环画作家，后通读史书古籍，成为有名的长篇传奇小说作家。他最为著名的作品是历时 28 年写成的、全 106 卷的《南总里见八犬传》，此外还著有《椿说弓张月》《朝夷岛巡记》等。实际上，泷泽马琴在《绘本通俗三国志》出版之前，便已经能够通读原版的《三国演义》和其他汉书古籍，如他在《椿说弓张月》续篇的序言中就曾提及，"我曾通读罗贯中的《三国演义》，以及中国有关十二朝、武王、汉楚、隋史遗文、玄宗、五代史、岳飞、元明、国姓爷（郑成功）的各类演义丛书"，可见其阅读量之大。而根据杂喉润的梳理考察，泷泽马琴光在《椿说弓张月》一书中，便可从第 4 章、第 5 章、第 6 章、第 7 章、第 14 章、第 47 章、第 49 章以及第 50 章的故事创作中找到他引用《三国演义》故事的部分，而这些引用有的来自湖南文山的日译本《通俗三国志》，有的则是他根据自己通读原著并进行亲自考证后的改编创作。而他的经典巨作《南总里见八犬传》中，这种随心所欲、信手拈来的模仿与翻案更是随处可见，甚至在这部作品的第 153 章的军事会议的描述中，他还借书中人物里见义成之口，对陈寿的《三国志》以及罗贯中的《三国演义》进行了文献批判；而在《南总里见八犬传》的最终大战——关东大决战的描绘中，读者也隐约能看到对《三国演义》的"长坂坡之战"的借鉴（杂喉润，2002）。

三、明治时代的三国研究萌芽

日本的明治时期（1868—1912），日本学界的三国研究开始萌芽，而其中最具有代表性的，莫过于以评判诸葛亮为名的《诸葛武侯》的作者内藤湖南。

内藤湖南原名内藤虎次郎，号湖南，出生于 1866 年，殁于 1936 年。他是日本近代著名的中国学研究家，也是日本著名的中国学研究学派京都学派以及京都大学东洋史学的奠基人，著有《中国史通论》《诸葛武侯》等著名的中国学研究专著。《诸葛武侯》一书，虽是从评判诸葛亮功过的角度展开，但实际上是对魏蜀吴三国之间的势力强弱以及总体历史发展的总论。该书最大的特征在于，他对诸葛亮的功过评判以及生平事迹的叙述是从"反演义"的视角展开的（杂喉润，2002）。也就是说，内藤湖南在撰写《诸葛武侯》时，尽可能地将小说《三国演义》中的虚构部分排除在叙述之外，根据其亲自考证的史实文献资料，向读者还原最为真实的诸葛亮其人其貌。而除此之外，内藤的《诸葛武侯》一书，也对鲁肃给予了极高的评价。众所周知，在《三国演义》之中，鲁肃被描绘为一个被诸葛亮玩弄于股掌之间，且常被周瑜训斥的中庸角色，然而内藤对他如此评价："具有定胜负的才智与果断，虽有略逊于周瑜的地方，但能识大体，有帝王之远见，从这点来说他（鲁肃）实际上更胜于周瑜。"可见其对鲁肃的评价是更基于历史史实的。然而，遗憾的是《诸葛武侯》一书在内藤写至荆州失守之后便中断了，但这部作品对于日本的三国研究领域而言，是具有划时代的历史意义的。毕竟从《三国演义》传入日本的江户时代算起，该著作是日本首部由日本学者独自完成的三国研究著作，并且该著作并未借鉴与参考《三国演义》，而是站在"反演义"的立场，从正史的角度，通过作者独自通读史料并亲自考证而完成的三国研究著作，为此后日本学者在三国研究领域的研究与发展，提供了极具价值的参考与方向，实际上也为20世纪90年代正史《三国志》日译本完整发行后掀起的"反演义，扶正史"浪潮，奠定了坚实的基础。

四、吉川英治的日本版《三国志》

到了昭和时代（1926—1989），日本著名小说家吉川英治的新闻连载小说《三国志》（讲谈社，1939—1943）撼动了整个日本。这部作品随后由讲谈社出版成书，在日本畅销70余年。吉川英治《三国志》的创作素材同时取自《三国志》与《三国演义》，此外他还参考了许多相关的历史文献。吉川在充分考虑到中日读者在情感与文化审美上的差异的基础上，删减、修改了许多日本读者较难接受或产生共鸣的内容，用其颇具个性的现代叙事手法对三国故事进行了全新演绎。吉川不但巧妙地添加了许多原著中所没有的精彩对白与情节，还重点着墨于对刘、关、张、曹等经典三国人物形象的颠覆与重塑。在忠于原作基本框架的基础上，吉川让这部日本版的《三国志》成功地脱胎换骨，通过资料考察与改编创作，他在故事构建中精巧地融入了自己的独特见解，尤其在人物形象的重塑上，他给予在原作小说中被归为"恶人"的曹操以极高的正面评价（杂喉润，2002）。吉川通过这部小说，将三国时代的乱世群雄以天地为舞台，上演逐鹿天下的人间大戏气势磅礴地书写了出来，文笔间扑面而来的豪放雄卓之豪气、凄婉哀切之情愫、夸张幽约之谐趣，令人感慨不绝；其中的运筹博弈、权术诡道、用兵驭人，更是令人掩卷深思。我国武侠小说大家金庸先生

（2012）曾对吉川的《三国演义》如此评价："吉川英治先生将这部中国小说加以现代日本小说化，正是凭借他富有文采的文笔，使读者对这部作品的兴趣未衰。"①

吉川的《三国志》被认为是近现代日本三国文化的奠基之作，此后，日本社会文化中以三国为题材的通俗小说、电影电视、动漫游戏等改编作品的灵感大多源自此作。这里毋庸置疑的是，吉川英治的《三国志》同时也奠定了近现代日本读者对三国故事、人物形象的认知基础。如前所述，中日两国的读者对三国人物的偏好大有不同：如曹操这一人物形象，魏武挥鞭，东临竭石有遗篇，虽然我国国内如今对曹操"奸雄"之说有了新的评判，然很多国内读者仍难以像日本读者那般钟爱曹操这个人物，或许从另一个层面来说，对被传播国而言，非本国的历史，爱憎无须分明吧。而除曹操之外，日本读者普遍最为崇拜的仍是诸葛亮这一角色，日本社会文化中掀起的"三国热"，很大程度上都可认为是"诸葛热"或"孔明热"。

五、作品认知的中日差异及原因

无论是史书《三国志》抑或是小说《三国演义》，在中日两国都备受重视并渗透与影响着两国社会文化中的诸多领域，由此衍生出众多形式多元、生动丰富的改编创作作品。然如前所述，《三国志》是客观描述历史的正史史书，《三国演义》则添加了演绎创作，颇具作者的主观情感色彩。那么，这两部原本在内涵上就已有区别的作品，不但渗透于我国社会生活、文化艺术等各个方面，又在日本历经了悠久且漫长的对外传播，中日两国读者对两部作品的实际接受度与认识又是否完全一致呢？会不会在这个漫长的传播过程中逐渐形成了认知上的差异？带着这些疑问，本书有必要对中日两国读者关于这两部作品的故事内涵、主要人物形象的普遍认知做考察归纳。

首先，如绪论所述，中日两国在两部作品的称呼上有着显著差异。我国一般称正史为《三国志》，称小说为《三国演义》，并未有总称来共同指代这两部作品。而在日本，人们一般常用的"三国志"一词，是将两部作品共同归纳在

①《"日本金庸"全新演绎〈三国〉现代版》，http://news. 163. com/11/1110/12/7IGG2R7H00014AED.html，2012 年 5 月。

一个概念之下的统称。若需特指史书《三国志》时，多使用"正史《三国志》"或"正史"等表述；而特指小说《三国演义》时，多称之为"三国志演义"或直接表述为"演义"（1998）①，并没有"三国演义"这一称呼；当然，这多是由于中日两国语言使用习惯的不同所导致的差异。

其次，中日两国读者对主要三国人物形象的认知也是存在差异的。三国时代风起云涌，涌现出许多英雄人物，每个角色都个性鲜明，令人爱恨交织。这里我们选取三个在中日均家喻户晓的角色：刘备、诸葛亮、曹操进行对比。在我国读者的普遍认知中，刘备是一位被塑造为"仁君"的正面人物；诸葛亮更是被世人赞颂为"天才军师"、为蜀汉"鞠躬尽瘁，死而后已"、奉献了毕生精力的耿耿忠臣；而与二人的正面形象相反，曹操常被塑造成奸诈、冷酷、"宁教我负天下人，休教天下人负我"的"乱世奸雄"。从共同点来看，诸葛亮在日本同样是备受崇拜的，他不仅被尊称为"天才军师"，还是"士"的楷模。尤其是诸葛亮为蜀汉鞠躬尽瘁的精神，更是令日本读者从心灵上产生了强烈共鸣，其原因在于这种死而后已的忠诚精神，与日本幕府时代武士的忠君精神极度相似，故诸葛亮备受日本读者的推崇。直到现代，在日本人心目中最推崇的中国历代名人榜上，诸葛亮总是名列前茅。日本近代诗人土井晚翠的著名诗词《星落秋风五丈原》描述的便是诸葛亮功业未成、身先病死的悲壮，该诗撼动了日本读者的心灵，并广传于民间。这种具有卓越才能且忠诚勤恳的悲剧英雄总是能够让日本读者产生共鸣：拥有以柔克刚的智慧，又如樱花那般美却生命短暂无常，正是日本文化精神中最为突出的两个象征要素。而诸葛亮的身上，正是同时体现了这种柔的境界与樱花美学，才使其得到日本人的如此厚爱。日本著名中国史专家林田慎之助教授就曾称诸葛亮的一生为"花之生涯"，这里的花指的便是日本文化中特有的带有悲剧色彩的樱花。

而从人物的认知差异来看，以刘备为例，虽其被塑造成人品高尚且极得人心，然相较于我国对其多有正面评价，日本读者对刘备的评价则是各有高低。有人认为其富有人情味的同时，亦有人认为其性格优柔寡断，缺乏君王霸气。而曹操，在中日读者的认知中形象差异最大，他也是最具争议的三国人物。众所周知，曹操在我国艺术改编创作中，一直多与"奸""诈"二字相关联，如

---

① 《別冊ばふ小説特集号—活字倶楽部》（三国志特集·1998夏号），东京：杂草社，1998年，第8页。

京剧艺术中的曹操为代表阴险狡诈的白脸等。而日本读者自古以来，对于实施强权政治的人物似乎总是情有独钟。因此，符合此特征的曹操便受到了日本读者的高度评价：曹操虽"挟天子以令诸侯""宁教我负天下人"，却以其强权与魄力一统天下，犹如日本战国时期（1467—1585，一说至1615年）叱咤风云的著名人物织田信长一般令人敬畏。日本现代三国漫画的鼻祖横山光辉就曾在作品后记中评价曹操"虽有许多缺点，但其优点足以覆盖这些缺陷，令人敬畏"；日本著名文学家、思想家池田大作也称曹操为"恶，但能力非凡之人"；思想家池田大作则称曹操是"恶，但是有能力的人"；须藤正亲（2009）在《曹操的真相》一文中也评价道："曹操是三国时代最一流的诗人，同时也是最有义气之人。"可见，日本读者更乐于视曹操为伟人，推崇其英雄气概，这与我国读者从文学创作中一贯获取的对曹操的认知，是有着根本的、也是最为显著的认知差异的。

那么，为什么中日两国读者会在认知上有着如此大的差异呢？究其原因有二：其一，在我国，小说《三国演义》的创作素材取之于民，其传播与接受程度也远大于《三国志》。如前所述，陈寿的《三国志》在后代的传播过程中，其故事渗透至民间故事、神话传说等通俗文化领域，推动了评书、说唱等民间文学与艺术形式的蓬勃发展，并以此形成了无数精彩纷呈、令普通民众津津乐道的民间故事。直到明朝，罗贯中在史书《三国志》与《裴松之注表》、相关历史文献材料以及上述这些世代流传的民话素材的基础上进行了艺术改编创作，完成了小说《三国演义》。小说无论从内容衔接、细节把握、善恶判断上，还是从故事建构上都受到了原作尤其是民间故事作品（如《三国志平话》）的影响，在故事内涵集民间逸话于一体的基础上，还沿用了"仁君刘备""忠臣诸葛""奸雄曹操"这一系列来自于民话的刻板印象。换言之，小说成书以前，我国民间文化传统中已奠定了浓郁的三国文化氛围，一方面为相关衍生创作提供了丰富的素材，另一方面也反映并融入了我国民间文化传统在代代相传的过程中根深蒂固的审美倾向。终其结果，便成就了承袭多彩故事又反映社会审美价值与取向的《三国演义》。再加之小说集大成的文学价值，更是为后来三国文化创作带来非同凡响的影响，进一步巩固了我国读者认知中有关三国人物的正反面印象。直到现代，在我国的电影电视、文学艺术创作中仍能感受到这一刻板印象的影响力之巨大。若试图颠覆我国读者对这来自于传统刻板印象的认知，绝非易事。此外，从语言表述上来看，《三国演义》是以白话即通俗的语言创作而成的具有大众化特点的文学作品，在具有极高的文学性的同时，也极具阅读性，普通百姓易接受；而《三国志》则是用简练的古文撰写而成，文意晦涩难懂，只有历代的王孙贵族、文人士大夫方能理解，因此，小说的传播接受程度较史书更高，也在情理之中。

其二，《三国演义》在传入日本时，其故事内容就被译者有意地大幅删减修改，从根本上颠覆了原作的部分审美与认知倾向。日本江户时期的元禄二年至五年间（1689—1692），由僧人湖南文山翻译的《三国演义》是最早的日译本。然而，湖南文山不局限于在语言翻译上的劳作（如将原作的说书式表达改为日本读者所习惯的叙事式表达），还致力于脱离原作所固有的来自于中国民间文化传统中的因果报应、劝善惩恶等审美与价值倾向，在三国故事与人物形象的描绘上，做了一定的调整。也就是说，日本读者在湖南文山的日译本中所接触到的三国故事、所认知的三国人物，相较于我国读者而言，一定程度上脱离了刻板印象，也更贴近于历史。

总的来说，我们可以看到《三国志》与《三国演义》作为中国历史与古典文学的经典代表，为日本的史书编撰、江户时期的文学创作以及后来的三国志研究提供了绝佳的参考资料与契机。而当代日本在"二战"后逐步步入世界强国之列，但日本人崇尚《三国志》与《三国演义》甚至到了将其视为一门国学的地步。论及三国故事对日本其他领域的涉入，可列举如在日本成立的三国迷俱乐部、桃园会等全国性组织。此外，《三国志》与《三国演义》在军事策略、经营战略、企业人才建设等方面也是极具参考价值的经典文献。许多日本大型企业甚至把这两部作品列于"领导者必读书目"之中，被日本人奉为"经营之神"的松下幸之助也曾表示："三国人物的智慧与谋略，是我最好的老师。"①

---

① 郭景印：《日本人的三国文化情结》，《河南日报》，2014 年 4 月 9 日。

第二章

日本流行文化中的
"三国志"

…………

一、日本的三国改编创作缘起

上一章我们提到，中日两国读者对三国故事与人物的认知存在较大差异。其中一个重要的原因在于语言的不通，无论是《三国志》还是《三国演义》，在最初传入日本时，只在接受过系统汉学教育的皇室贵族、文人精英阶层中流传。而最早完成日译本《三国演义》的湖南文山，虽让普通民众得以阅读这部中国通俗小说文学中的经典名作，但对故事内涵与人物形象做了修整：不但将原作特有的评书式表述改为小说叙事，原作原有的反映中国民间文化传统的审美价值倾向也被一一淡化。

而正是因为湖南文山这一改编，让小说《三国演义》以更符合日本读者阅读与审美习惯的形式出现在大众视野之中，促使三国故事在日本社会文化中得以传播与流行。天保七年至十二年（1836—1841），日本浮世绘大家葛饰北斋的弟子葛饰戴斗二世为池田东篱亭校正、湖南文山编译的《绘本通俗三国志》以锦绘制作插图，博得了广大日本读者的喜爱，推动了三国故事的全国性风靡。明治维新以后，著名文学家幸田露伴等人也各自出版了好几种《三国演义》的日译本作品，其大热程度可见一斑。自第二次世界大战结束以来，日本各大出版社如岩波文库、平凡社、讲谈社等也纷纷推出《三国演义》的多种日译本，在日本国内再一次掀起了"三国热"。

绪论曾提到，自小说《三国演义》于江户时期传入日本，被湖南文山翻译成日文流行于大众以来，日本江户文人墨客们便纷纷开始效仿《三国演义》进行文学创作，逐渐形成了日本特有的三国小说改编创作流派——"翻案小说"。直到近代，著名作家吉川英治的新闻连载小说《三国志》（1939—1943）面世，它不但是日本三国翻案小说的一大经典，更促进了近现代日本各文化创作领域中以三国故事为蓝本的改编创作的全面流行，开启了直到现在仍热度不减的"三国热"时代。毫不夸张地说，现在许多日本读者得以了解三国历史的入门作品，既不是《三国志》也不是《三国演义》，而是吉川的这部翻案作品《三国志》。吉川的这部作品自1939年开始，每天在覆盖日本及台湾地区的五家大型报纸上同步连载，至1943年共历时四年才完成。在正值日本举国上下推动对外侵略战争、大众文化发展停滞的黑暗时期，许多日本读者既通过这部作品获得精神上的慰藉又了解了中国历史，从而受到了深刻影响：如战后开创了日本三国漫画创作的著名漫画家横山光辉，便是其中一人。从这部作品的内容来看，吉川英治在创作中结合了《三国志》与《三国演义》的原始资料,却并未对其进行文本照搬,而是根据自身的理解对战争场面进行选择性的省略,更着重于刻画三国人物的形象:刘备、曹操、诸葛亮、关羽等耳熟能详的英雄们都被他按照自己的见解进行了重塑。此外,小说中随处可见原作中所没有的通俗词句、诗歌乃至对话,通过这些点描的方式,吉川将中国古典名著改编成了日本读者所津津乐道的大众读物,并获得了空前的成功。而值得一提的是,在这部翻案小说中,吉川从特定人物(刘备)的成长故事入手,将中国的历史人物、地理风光娓娓道来,又结合当时正值日本对外侵略的非常时期,他更是在字里行间透露出对战争所带来的血腥罪恶的深刻厌恶,可以说是一部反对侵略、拒绝战争的作品,该作品不仅影响了战时战后的日本读者的三国观与战争观,也奠定了战后三国故事在日本文学艺术创作领域中的鼎盛地位。

如前所述,吉川英治的翻案小说《三国志》掀起了日本流行文化领域对三国故事的改编热潮,其衍生作品层出不穷,遍及各大媒介平台。其中,特别令人瞩目的便是三国故事在日本流行文化的代表——动漫领域中的改编创作:如日本三国漫画的开山鼻祖,横山光辉的《三国志》就是完全以吉川的《三国志》为蓝本的经典作品,这部连载长达 15 年的漫画巨著受到了日本三国爱好者的追捧,后又被改编成动画搬上电视荧幕,并引领了动画游戏界的三国热潮。有关日本动漫产业中的"三国热"现象,我们将在此后的章节陆续阐述,这里我们首先了解一下日本近现代流行文化产业的整体发展。

二、日本的流行文化产业

"二战"以后,日本经济的快速恢复使得日本人民在精神与文化层面的需求与日俱增,而日本文化产业也正是在这个时期开始发展并迅速成熟的。

1999 年,日本开始提出文化强国的战略方针,并重视文化产业的战略性地位,在 21 世纪初就通过了《形成高度信息通信网络社会基本法》。此后,日本政府为推动文化产业发展,出台了一系列相关规定与法规,让日本文化产业逐步规范化、正式化,并为日本经济的发展提供了巨大动力(王海燕等,2016)[1]。而进入 21 世纪以来,随着经济全球化的发展、互联网技术的全球覆

---

① 王海燕、吴君静、蒋锐编著:《中国文化传播软实力研究》,北京:社会科学文献出版社,2016 年,第 38 页。

盖，日本的文化产业更是得到了迅猛发展，成为亚洲文化产业建设的典范，并形成了极具特色的文化产业发展模式。

（一）日本流行文化

20世纪90年代，日本的流行文化开始风靡于全世界，从动漫、服饰、音乐乃至时尚流行，日本元素受到了世界各地粉丝的喜爱与追捧。尤其由于地理位置接近的缘故，日本流行文化在亚洲国家的受众尤为广泛，亚洲年轻一代也更易于接受日本流行文化，生活的方方面面都受到日本流行文化的深刻影响。

而日本的流行文化对亚洲其他国家的文化与元素也十分包容，正如在绪论中笔者曾提到，作为岛屿国家的日本，其社会文化特征具有"拿来/融合"的特性，而在日本流行文化中，这一特性也被表现得淋漓尽致。当外来文化传入日本时，日本受众并非单纯地进行模仿或抄袭，而是尝试将之与本土文化进行融合，例如欧美流行音乐的摇滚与饶舌风格进入日本后，都会迅速地衍生为具有日本本土风格的 J-Rock、J-Rap 乃至日本街舞风格，充分体现了日本传统的拼搏与创新改良精神。

此外，日本流行文化的涉及面也相当广泛，从漫画、动画，到民族音乐、戏剧表演、电影电视等日本文化符号，都给全世界带来了巨大的影响。在"二战"以后，日本的流行文化吸收了不少来自欧美的流行元素，如电影、音乐、体育与舞蹈等，而日本的文化产业在此基础上不断摸索，逐渐发展出了适合日本本土的文化呈现方式，在受到本土年轻人喜爱的同时，又反哺输出国并带来深远影响。从20世纪50年代至60年代开始发展壮大的动漫、音乐以及游戏产业奠定日本流行文化产业的基础以来，到20世纪90年代，日本的文化软实力更是进一步提高，并将其影响力扩展至国际市场，成为亚洲流行文化的带头者；其中，日本的动漫产业可谓日本流行文化产业中的龙头老大。

（二）日本的动漫产业

日本的动漫产业，是日本流行文化产业中最为成功，也最具代表性的产业。被称为"动漫王国"的日本，早在20世纪50年代开始，便迈出了漫画产业与动画产业并行发展的步伐。以日本漫画产业最为蓬勃的2001年来看，全年漫画杂志发行量高达15.947 5亿本，漫画单行本约7.835亿本，纯利润达到约5 864

亿日元①。而随着动漫产业的发展壮大，其相关商业市场的产品制作与消费更是得到了长足发展，如由动漫 IP 衍生的服饰、影音产品、生活用品、娱乐消费制品等，都受到了动漫爱好者的广泛接受与喜爱。以人气动漫作品为基础衍生的大电影也总能创造良好的票房成绩，如《海贼王》《名侦探柯南》等知名长寿漫画作品，自大热以来至今都保持着一年一部大电影的模式，开展电影领域的衍生产品制作。而以知名动漫 IP 衍生的网络游戏作品，则更是数不胜数，一派繁荣。

总的来说，日本在动漫产业的发展方面已经成了世界强国并引领潮流，也为日本的文化产业发展树立了标杆。而日本政府也在推广与促进日本动漫产业的发展上做了许多贡献，如日本政府一直将文化产业的发展放到一个战略高度，致力于为文化产业的发展创造一个良好的发展空间。可见，对于国家综合实力的提升与经济发展来说，国家形象的建构与国家软实力的提升是十分重要的。而动漫产业作为日本文化产业的强势产业，不但能帮助日本树立良好的国际文化形象，提升国家内需动力，也可以打开海外市场并创造可观的文化收益（王海燕等，2016）。

（三）日本流行文化中的三国故事

回到本章的主题，前面笔者曾提到，吉川英治的翻案小说《三国志》掀起了日本流行文化领域对三国故事的改编热潮，其衍生作品层出不穷，遍及各大媒介平台。而日本文化的包容性，更是让三国故事在日本流行文化产业的运用与渗透之中，逐渐与日本的本土文化融合，演变出全新的演绎模式。而其中最值得瞩目的，必然是与日本漫画文化的融合变异。然而，日本的漫画产业发展，最开始也是源自"二战"之前流行于日本的青少年文学等通俗文学领域，可见日本流行文化产业各领域之间的互通融合、交流借鉴，自其产业萌芽的初期便已存在。接下来，笔者将从日本通俗文学、舞台戏剧、电影电视、动漫游戏等流行文化领域梳理《三国志》与《三国演义》两部作品的衍生创作概况。

---

① 王海燕、吴君静、蒋锐编著：《中国文化传播软实力研究》，北京：社会科学文献出版社，2016 年，第 40 页。

三、"三国热"席卷日本

近现代日本通俗文学领域中，真正以大众读者为对象的三国改编作品当属吉川英治的《三国志》。此后，日本众多现当代文学作家陆续创作出彰显其个人特色的三国翻案小说，日本文学创作领域中形成了一股三国改编潮流。

这些作品中，有的作者偏好于着墨三国人物的形象刻画；有的作者热衷于对故事主舞台的背景挖掘；还有的作者致力于虚构情节以增添可读性，创造出一个各具风格、千人千面的三国世界（《三国志特集》，1998）。若论忠实于原作的正统派作品，柴田炼三郎的《英雄在此》（讲谈社，1975），陈舜臣的《秘本三国志》（文艺春秋，1977—1982），北方谦三的《三国志》（角川书店，1996—1998）堪属佼佼者。除正统派以外，其他的三国翻案小说则呈现出日本文学家们千变万化的创造力与想象力。如石川英辅的《SF 三国志》（讲谈社，1995）讲述了以宇宙为背景的三国故事；伏见健二的《奇书三国志》（SUN-MARKS NOVELS，1995—1996）中的主人公刘备，则摇身一变为窈窕淑女；其他以三国武将为主人公的列传作品也是层出不穷、叹为观止；可以说给三国故事带来了更为丰富的多样性与娱乐性（《三国志特集》，1998）。

随着大众媒介诸如舞台戏剧、电影电视、手机电脑的普及与发展，三国故事的改编创作也逐步跳出文学创作的传统框架，走向更为广阔和多样化的媒体舞台。自 1670 年的和刻本《通俗三国志》刊行以来，日本大众文化中就开始出现三国故事的影子。如日本大众文化的代表——歌舞伎表演在文化八年（1811）的剧目中首次提到了关羽，而在万延元年（1860）的剧目中又提及了"桃园三结义"的故事；1999 年，日本著名歌舞伎演员市川猿之助的超级动作剧目《新三国志》开始全国巡演，市川在该剧中首次将京剧的武打动作元素与歌舞伎进行融合，演绎中国的三国故事，可以说是开启了三国故事跨媒介改编创作的新篇章。此外，1982 年，由日本 NHK 电视台制作播出的人偶剧《三国志》，便是根据立间祥介的译作《三国演义》改编而成的。作品中登场的 200多个三国人物人偶，由日本著名人偶艺术家川本喜八郎亲自制作；而通过这些精心制作的人偶所演绎的三国故事，自播出以来便深受各代日本观众的喜爱，该作品被多次重播，还通过 DVD、花絮写真集的传播方式获得日本观众的热烈追捧与广泛热爱。1985 年，日本著名游戏开发公司 KOEI（原名"光荣"）发布了首款电脑策略游戏《三国志》，这不但拉开了该系列的序幕，也将日本的"三国热"推向了另一个高潮：自此，三国游戏作品不仅受到青少年学生群体的欢迎，还获得了众多工薪阶层人士的好评与青睐（杂喉润，2002）。1991 年，日本信浓企画推出全集动画作品《三国志》，该系列改编自横山光辉的漫画《三国志》，由《英雄的黎明》《燃烧的长江》《辽阔的大地》三作组成，制作历时四年有余，是东映动画历史中耗时最长和规模最为巨大的作品，前后耗资14 亿日元（约 8 400 万人民币）。该作还被誉为日本三国动画中最忠实于原作的作品，制作人员为营造出真实的中国风格，曾数次赴中国进行实地取材，并配有专人负责历史事件考证，邀请中国音乐家演奏古筝等中国传统乐器，保证作品真实再现中国风情。而在 2000 年，游戏开发公司 KOEI 自《三国志》系列之后，又发布了全新的三国游戏系列《真·三国无双》，该游戏又一次在日本受众中掀起了"三国热"与"三国人物热"。KOEI 在 2016 年又发行了《三国志13》，为日本最为长寿、持续了 30 多年的三国游戏系列《三国志》再添一笔佳作。而在手机游戏全面鼎盛的今天，日本的三国手游更是百花齐放，一派繁荣：如全世界下载量超过 3 000 万次（2018）的即时策略游戏《三国天武》等。可见，《三国志》与《三国演义》在日本历史悠久的传播过程中，已从最早期可直接阅读中文原作的贵族武士、知识分子阶层，通过日译本、翻案小说的方式传播至更为广阔的大众读者群体中，并通过舞台戏剧、电影电视、漫画动画、手机电脑等大众媒介的跨媒介传播与发展，逐步走入并渗透到日本社会流行文化的方方面面。以三国故事为蓝本的数以万计的各类通俗读物、舞台剧目、人气游戏作品，足以让三国故事与一个个生动鲜活的英雄人物激荡并影响千万日本读者的心灵。

在以上众多大众媒介平台之中，以纸质媒介为载体的漫画创作，利用将文字转换为图像的特质，不仅为日本流行文化的发展增添了浓厚的一笔，也给三国故事的改编创作注入了源源不断的创意与灵感。1971 年，横山光辉的《三国志》开启了日本三国漫画的先河，被公认为是引领了日本漫画创作领域中"三国热"潮流的经典作品。而从日本三国漫画改编创作的发展与变迁过程中，我们也不难看出，漫画创作的最初灵感多来自文学创作领域；而随着新兴大众媒介的出现与竞争，进一步促进与推动了漫画创作领域的推陈出新，促使其表现手法与创作内涵随着社会的发展发生了多元化的变迁。而本书将在此后的章节，着重以日本漫画创作领域中的三国故事改编为核心论题，对其改编创作倾向、发展概况与趋势、创作特征与变迁、表现手法及内涵等层面展开具体考察及阐述。

纵观三国故事在日本流行文化中的改编创作与发展趋势，我们可以总结出其大致的跨媒介发展路线：

日译本—江户时期翻案小说—歌舞伎表演—近现代通俗文学—漫画创作—人偶剧—动画创作—电脑游戏—手机游戏

同时，在各媒介平台上的改编作品可谓层出不穷、经久不衰。三国故事在日本流行文化中多元化、跨媒介的传播与成功向我们证明：电影电视、动漫游戏等流行文化的娱乐传播模式，不仅是能唤起本土民众对外来文化与传统的关注及热情的有效方式，也是受众最易于接受的模式。

第三章

日本的三国漫画

……

上一章中，我们可以看到日本流行文化领域中以三国故事为蓝本的各类改编创作可谓层出不穷、蓬勃兴盛；其呈现形式也丰富多元，涉及的媒介领域也十分广泛；从跨媒介传播到融合媒介演绎与表现，各类作品无一不有。然而，中日两国读者对三国故事及人物的认知存在较大的差异，两国文学艺术领域的创作者在改编创作中，也必然呈现出截然不同的审美价值倾向。总体来说，日本的三国改编创作内容丰富，充满奇思妙想且不拘一格，那么这一生动鲜明的特征，是如何在日本流行文化的代表——漫画创作中体现与呈现的呢？本书基于此疑问，自本章起着重以日本的三国漫画改编创作为中心，通过对历代作品年表的制作与数据整理，围绕漫画创作的内容、发展过程、创作倾向、社会文化传统等层面展开具体的探讨与分析。

第一节　日本三国漫画的发行概况

一、作品年表

绪论中曾提及，本书有三个主要的研究目的，其一便是整理并编制自1971年横山光辉的《三国志》起，到2011年的40年间，日本国内出版的所有以《三国志》及《三国演义》为蓝本的改编漫画作品年表。在这份作品年表基础上，本书将根据出版年代的顺序进行数据统计，总结归纳出日本的三国漫画创作在这40年中的整体发展趋势、改编创作倾向以及创作特征。

收录于"日本三国漫画作品年表：1971—2011年"（附录二）中的作品主要分为两大类：①借用或模仿原作框架与人物设定的改编作品；②仅借用故事框架与人名的原创作品。年表中将记录各作品的作品名称、原作者、连载时间、发行时间、出版社、出版形式、卷数、目标读者、参考蓝本（史书/小说/二者①/原创）、主角及国家背景（魏/蜀/吴）、故事框架这11个类别的数据。相关文献与作品的调查机构及数据库包括：日本各大连锁书店（骏河屋、纪伊国

---

① 二者：两作兼顾，即同时参考了史书与小说两部作品的改编漫画。

屋、淳久堂、Book1st、TSUTAYA）电子书籍目录库、日本京都国际漫画博物馆数据库、日本大阪府立国际儿童文学馆、日本东京现代漫画图书馆、日本三大电子商务网站（日本亚马逊、日本雅虎、乐天市场）电子书籍目录库及搜索引擎①。此外，该年表不仅收录有日本漫画家的三国漫画作品，也将中国大陆、香港、台湾地区的漫画家在日本创作发行的三国漫画作品收录在内。再者，日本的漫画发行形式多以 32 开/小 32 开单行本、16 开/大 16 开单行本、小 32 开文库本三种形式为主，且不少作品在首次发行后，还会在其他出版社以不同的发行形式再次发行，为避免数据混淆，本年表中将不再重复记录这些再次发行的同一作品。基于以上的收录标准，并结合绪论中所提及的作品选取标准，本作品年表共统计并收录了自1971—2011 年的 40 年间，在日本国内发行的 124 部三国漫画作品。

二、年度新作发行趋势

在作品年表的数据基础上，首先我们需要对日本三国漫画的改编创作概况有一个大致的了解，以便于对其创作发展时期和倾向性进行划分与剖析。因此，笔者根据这 40 年的年度新作发行数，以时间顺序制成三国漫画年度新作发行数趋势（图 3 - 1）。

不难看出，自1971—2011 年的 40 年间，日本三国漫画作品的年度发行趋势呈现出三个界限明显的时期：①1971—1990 年，年度新作发行数仅在 1 ~ 2 部之间浮动，可见该时期日本三国漫画的创作与发行走势相对沉寂；②1991—2003 年，年度新作发行数介于 2 ~ 5 部之间，意味着该时期发展趋势趋向动态且逐步形成规模；③2004—2011 年，年度新作发行数在 1 ~ 19 部之间，新作数量波动剧烈，可见该时期三国漫画创作呈现出瞬时迅猛发展的势头。基于此图，本书在此将这三个时期分别命名为萌芽期、渗透期、发展期，以便于此后的考察分析。

---

① 纪伊国屋书店：https://bookweb. kinokuniya. co. jp/。
淳久堂书店：http://www. junkudo. co. jp/。
日本亚马逊：http://www. amazon. co. jp。
Yahoo! 图书：http://books. yahoo. co. jp。
乐天图书市场：http://www. rakuten. co. jp。

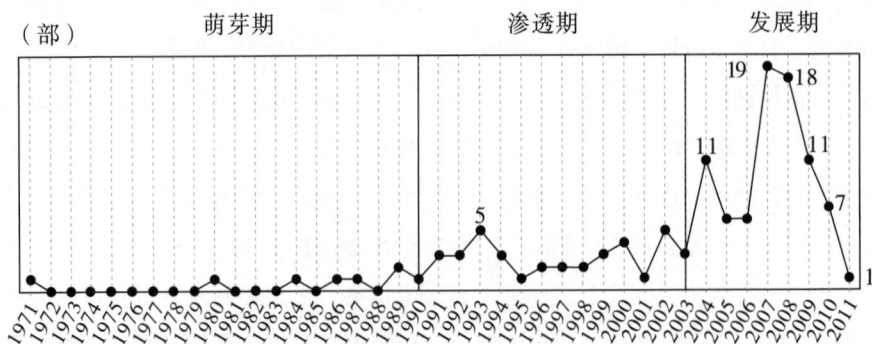

图 3-1 日本三国漫画年度新作发行数趋势：1971—2011 年

资料来源：附录二 "日本三国漫画作品年表：1971—2011 年"，笔者制。

这里值得思考的问题是：图 3-1 所呈现的年度新作发行数的趋势以及明显的三个时期动态，是否是日本三国漫画创作这一领域独有的发展趋势呢？还是说，该趋势与日本书籍出版业、漫画书籍出版业的整体发展趋势实际上是相吻合的呢？基于此疑问，笔者首先对 1971—2011 年这 40 年间，日本国内书籍出版总体状况进行了具体考察（图 3-2）。

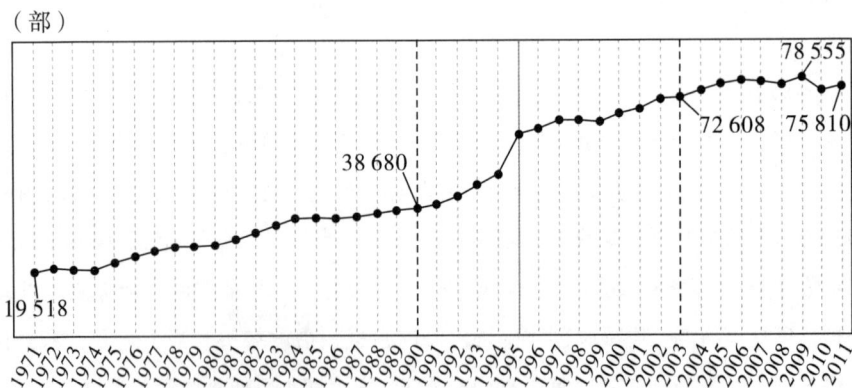

图 3-2 日本书籍年度新作发行数趋势：1971—2011 年

资料来源：《出版指标年报 2012》，社团法人全国出版协会、日本出版科学研究所，2012 年。

注：该年报的书籍收录范围自 1995 年开始改变，较之前的收录范围扩大了许多（以实线为分界点）。

　　从图 3 - 2 可以看出，1970—2009 年的 39 年间，日本国内书籍年度新作发行总数一直处于持续上升的状态，尤其是 2009 年，日本国内共出版了 78 555 部新作，达到该时期的顶峰；此后的 2010 年的年度新作发行总数虽略有下降，但在 2011 年又回升至了 75 810 部。此外，笔者在图 3 - 2 中用黑线划分出三个区间以便与图 3 - 1 中的三个发展时期进行对比。不难发现，在 1971—2011 年的 40 年间，日本书籍年度新作发行总数与三国漫画的年度新作发行总数的发展趋势存在明显的差异：相对于书籍总体发行呈现出的持续且平稳的上升趋势，三国漫画的创作与出版发行在这 40 年间经历了长时间的沉寂至缓慢蠕动，从平稳波动到迅猛增长，再由顶峰急速下滑的非线性增长的波动过程，呈现出升落有致、跌宕起伏的独特趋势。

　　为了进一步证明日本的三国漫画创作与发展趋势的独特性，笔者再进一步对日本的漫画（包括杂志与书籍）年度新作发行数进行了调查。根据日本出版科学研究所《出版指标年报 2012》中公布的数据显示，日本漫画年度新作发行数的统计是自 1978 年才开始的，因此笔者的调查也是以 1978 年公布的官方数据为起始点展开（图 3 - 3）。

（部）

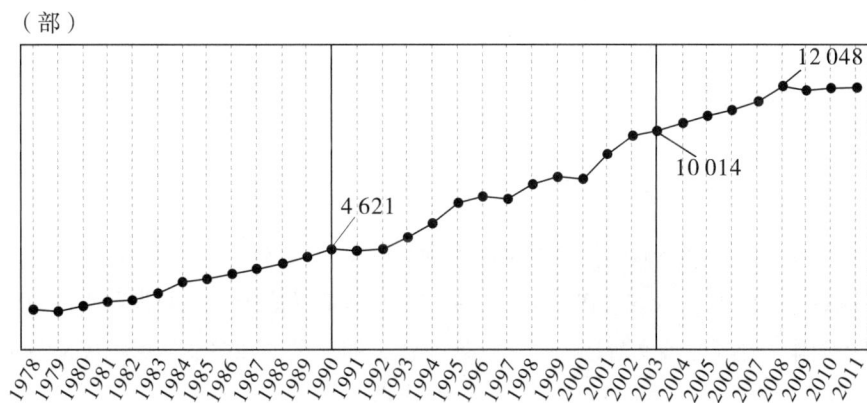

图 3 - 3　日本漫画年度新作发行数趋势：1978—2011 年

　　资料来源：《出版指标年报 2012》，社团法人全国出版协会、日本出版科学研究所，2012 年。

　　从图 3 - 3 中可以看出，日本漫画年度新作发行数的整体发展趋势，与图 3 - 2 所示的日本书籍的整体发行趋势是基本相同的，即虽有部分年份略有回落，但整体发行上持续保持了平稳增长。此外，将图 3 - 3 中用黑线划分的三个时期与图 3 - 1 中同样的三个时期进行对比，也不难看出，日本三国漫画创作由于其原作（《三国志》与《三国演义》）在日本的传播与接受过程中特有的发展趋势，导致其在漫画领域的改编创作呈现出与日本一般的漫画创作所截然不同的发展轨迹。

综上所述，日本三国漫画的创作与发展趋势相较于日本漫画产业的整体发展趋势而言是独特的。那么造成这种独特的波动发展的原因是什么呢？本书在此将日本三国漫画创作的发展趋势以图 3 - 1 为基础划分成三个时期，简单来说其依据有二：①基于对该 40 年中，日本三国漫画的创作与发展趋势的实际数据分析；②基于对日本社会大环境在该 40 年间的发展，以及中日两国在该区间内的政治和文化层面的交流等因素的考察。接下来，本书将对这三个发展时期及其社会背景逐一进行阐述与分析。

第二节　日本三国漫画创作的三个发展时期

一、萌芽期

在第二章中曾提到，日本以《三国志》与《三国演义》为蓝本的改编创作，实际上早在日本的江户时期便已能寻到踪迹。当时的一些文学作品虽未直接冠名《三国志》或《三国演义》，但实际上都是以这两部作品为蓝本进行的模仿创作，也就是前文所述的三国翻案小说，如著名的江户文学家泷泽马琴的《椿说弓张月》（1807—1811）以及《南总里见八犬传》（1814—1842）等（杂喉润，2002）。但此后的很长一段时间内，日本国内以三国为背景的改编创作都仅局限于纯粹的文学创作领域，在日本受众中的传播与普及相当有限。直至1939 年，吉川英治的新闻连载小说《三国志》问世之后，才使得三国故事通过报纸这一最早的大众媒介传递至更为广泛的日本读者群体之中，由此，日本近现代大众文化中的三国改编创作才真正拉开了帷幕。

日本学界一般认为，吉川英治的《三国志》作为一个契机，带动了此后日本通俗文学创作领域中的"三国热"。尤其自 1970 年开始，该文学领域中的

"三国热"现象开始逐渐呈现跨媒介、全国性的欣欣向荣之景。横山光辉的《三国志》，便是自 1971 年开始连载，开启了日本漫画领域中的三国故事改编创作的先河。然而，如图 3－1 所示，在 20 世纪 70 年代初期，日本三国漫画的改编创作活动尚处于摸索阶段：自 1971—1978 年的整整 8 年间，三国漫画创作领域仅有横山的《三国志》一部作品问世。也就是说，日本三国漫画创作的第一阶段，长达 19 年的萌芽期的最初 8 年，三国故事的漫改实际上都处于沉寂状态，直到 1979 年之后，才开始出现新作数递增的趋势。

根据对该时期中日两国政治及文化交流的社会大背景的考察，笔者认为日本三国漫画的创作之所以自 1979 年开始呈现出逐年增长的趋势，其主要原因来自于中日两国之间的两个政治交流层面的大事件：①1972 年中日两国的外交关系正常化；②1978 年《中日和平友好条约》的缔结。①

首先我们需要理解的是，《三国志》与《三国演义》这两部作品从其内容上来看，既不同于被作为儿童文学改编并传入日本的《西游记》，也不同于本是英雄传记小说而能为大众所迅速接受的《水浒传》，若想在语言不通的情况下精准地把握三国故事中宏大的历史舞台背景，鲜活地描绘这个时代的各个英雄人物，对于在"二战"后长时间与中国缺乏社会文化交流的日本读者与文艺工作者而言绝非易事。更不用提在文献资料如此匮乏的情况下，如何让当时的日本漫画家们去理解三国故事中有关中国古代的政治体制以及军事策略了。也就是说，自"二战"结束至 1970 年前后，中日两国的关系因历史原因一直处于冷战期，普通的日本读者若想要接触中国本土原汁原味的三国故事或阅览相关的历史文献，可谓困难重重。在这一段中日文化交流的空白期或停滞期，中日两国信息交流充满障碍的社会大背景下，选取三国故事作为蓝本，在掌握其故事内涵、人物形象、政治军事思想的基础上，还需通过漫画这种代表大众文化、流行文化的传播媒介并以通俗易懂的叙事方式再现给读者，对于当时的日本漫画家而言，无疑是一个煞费苦心的艰巨任务。

然而，1972 年与 1978 年的这两件战后中日政治交流史上的大事件，可以说是打破了这一停滞局面，逐步促进了中日两国政治、文化的深入交流，为现代日本文艺创作者（包括漫画家）全方面地了解中国历史、文化乃至古典文学巨

---

① 中日两国于 1972 年 9 月 29 日在北京发表《中日共同声明》，宣布两国关系正常化。《中日和平友好条约》则是 1978 年 8 月 12 日在中国的北京正式缔结的。

著提供了一个全新的、开放的社会大环境。横山光辉的《三国志》便是一个很好的例子：该作随着作者所处的社会大环境的变化，作者可获取的一手文献资料日益丰富，使得该作的人物设计、作画风格、故事剧情在连载的前期与后期发生了巨大的改变。如前所述，横山《三国志》是自1971年开始连载的，然而在作品连载的前几年，中日两国的外交关系尚未恢复，导致横山无法通过更多的中国本土资料去了解三国时代的真实历史风貌，因此其漫画人物最初的服装外观，都是基于三国时期几百年之后的中国唐宋时期的服饰来描绘的；而三国人物如张飞等人的相貌，也基本参考日本江户时期的流行读物《绘本通俗三国志》中的形象，呈现出许多与历史、原作都不吻合的特征。然而，随着1972年中日两国恢复外交，1978年《中日和平友好条约》的缔结，横山得以前往中国进行实地考察，并收集大量的三国史料。此后，他的漫画连载中所描绘的人物外貌、服饰乃至兵器等，都逐步还原了三国时期的真实细节，甚至在后期，其漫画的分镜构图也出现连环画的影子。可见，中日外交正常化与《中日和平友好条约》缔结这两个政治大事件，的确成为促进日本三国漫画改编创作成熟与发展的推进剂。同时，此后正是在这样的社会大背景下，日本的三国漫画改编创作尝试也开始逐步呈现出三个大的发展方向：①尝试在三国故事中融入更多的中国元素，如道家思想、仙术神话等；②尝试将《三国志》与《三国演义》的内容进行对比、融合并改编，既可还原史实，又增添可读性；③尝试从满足读者/消费者的需求出发，为三国故事增添顺应日本流行文化潮流（萌文化、男装丽人等元素）的、泛娱乐化的新诠释。

综上所述，根据图3-1并参考附录二的作品年表，可以看到自1979—1990年，日本漫画家们先后创作了7部全新的三国漫画作品，其故事内容与创作目的也从传统的历史学习、儿童教育开始逐步转变为更符合日本漫画创作潮流的、更为多元化的表现形式。在这6部作品中，以教育学习为目的而创作的漫画作品分别是久保田千太郎、园田光庆的《三国志》（学习研究社，1979—1980），陈舜臣、手冢治虫的《中国历史4 英雄们的时代 孔明与三国志》（中国の歴史4 英雄たちの時代－孔明と三国志－，中央公论社，1986），三上修平、贝冢广志的《中国历史3 三国志的英雄们》（中国の歴史3 三国志の英雄たち，集英社，1987）；而本宫广志的《吞食天地》（天地を喰らう，集英社，1984—1985）、诸星大二郎的《诸怪志异1 异界录》（諸怪志異1 異界録，双叶社，1989）、白井惠理子的《那日龙落于仙境》（その日仙境に竜はおちて，角川书店，1989）等增添仙术、聊斋志怪等多种中国元素的三国漫画也在此时期开始陆续连载发行。可见日本三国漫画的改编创作，在萌芽期的后半期，开始逐步走向发展壮大。

二、渗透期

1991—2003 年的 12 年，是日本三国漫画创作的第二个发展时期，笔者称之为"渗透期"。从图 3 - 1 中该区间的波动趋势可看出，较萌芽期的长期沉寂而言，该区间的三国漫画发展出现了明显的波动。而影响这一区间波动的原因，主要来自两个方面：

其一，是自 1977—1989 年，日本首部正史《三国志》的完整日译本《世界古典文学全集 24　三国志》（今鹰真、井波律子、小南一郎，筑摩书房）终于完成了全卷出版，并从 20 世纪 90 年代起，引发了日本国内自学界至大众、自上而下的"扶正史，反演义"的热潮。文献综述中曾提到，该日译本共三卷，不仅对原作陈寿的《三国志》、南北朝追记的《裴松之注表》进行了完整编译，还附录了三国时期各国势力图谱、三国人物详解等详尽的历史文献材料，为日本读者了解真正的三国历史提供了绝佳的参考。然而，该译本的整个出版过程十分漫长，自 1977 年出版第一卷起历时 12 年，直到 1989 年才完成全书的出版；甚至在当时的中国本土，都还未出版《三国志》以及《裴松之注表》的现代汉语版的完整释本（倪永明，2007）[①]，可见其内容之烦琐，译作工程之浩大。前文曾提及，日本最早的《三国演义》日译本，是由江户僧人湖南文山完成的。湖南文山的译本，更接近于是对《三国演义》的编译：其故事内容、人物形象、叙事口吻都被译者大幅度地修改，以迎合当时日本社会以及大众的审美价值与阅读习惯。也正因为如此，日本大众读者最初接触到的，便是已经弱化了国别、人物刻板印象的小说版本。再加之正史《三国志》的现代语完整译本的出版，使日本当时的三国爱好者们得以率先了解真实的三国历史与真相，让日本读者对三国历史的熟悉程度甚至不亚于中国本土的受众。自该正史日译本于 1989 年完整出版后，日本国内陆续掀起"扶正史，反演义"的热潮，围绕

---

① 倪永明：《中日〈三国志〉今译与中古汉语词汇研究》，南京：凤凰出版社，2007 年，第34 - 54 页。

《三国志》展开深度研究的学术著作、评论书籍层出不穷。其中，颇具影响力的作品有渡边精一的《三国志人物事典》（讲谈社，1989）、竹田晃的《三国志英杰》（讲谈社，1990）、今夕凯夫的《品味原著：三国志物语》（日本放送出版协会，1994）等。而再纵观该时期三国漫画作品的创作内容，不难发现，以《三国志》为蓝本的改编作品逐渐增加，其中的部分作品甚至开始对《三国演义》中不符合史实的故事情节、虚构人物等提出了质疑。

影响该时期三国漫画创作的第二个因素，是日本三国漫画的读者群体不断扩大这一现实。笔者将渗透期中发行的作品，与萌芽期的作品从涉及领域、目标群体等方面进行对比，发现在渗透期中发行的作品有一个尤为突出的共同点，便是漫画家努力将三国故事的改编创作带出传统的历史教育范畴，勇于挑战其他新领域的题材并融合于创作之中。而这强有力的创作力与融合创作的精神，更是充分体现了日本故事漫画最引以为豪的特点——多元化。日本著名漫画学研究家四方田犬彦在《漫画原论》（筑摩书房，1994）中，就曾以《西游记》为例，详细考证了日本漫画创作中以其为蓝本的改编作品的多样性。四方田通读了从20世纪50年代的手冢治虫与杉浦茂、20世纪60年代的前谷惟光与赤冢不二夫、20世纪80年代的小池一夫，一直到20世纪90年代的鸟山明与漫画太郎等共16种日本《西游记》改编漫画，并在此基础上总结归纳了"二战"后，日本《西游记》漫画的改编创作是如何随着大众媒介的多元化发展趋势而改变与发展的。例如从他所通读的这16部《西游记》漫画作品中，就可以看到来自日本漫才（相声）、好莱坞电影、性别问题、中国民间神话、电视游戏等领域的影响。与四方田的研究成果相似的是，日本三国漫画的改编创作实际上也在相当大程度上受到了日本漫画特有的多元化特征的影响，并在融合来自日本流行文化其他领域的热门作品与话题的基础上，发展出了不同体裁、不同表现形式的改编作品。而总体来说，促使《西游记》漫画乃至三国漫画的改编创作发展出如此多元的改编的根本原因，是漫画整体读者群体本身的不断扩大与需求的多元化。然而，在渗透期这个阶段，真正促使三国漫画改编创作趋于多元化发展的，仅仅是由读者群体的扩大与单方面的需求多样化导致的吗？还是说，漫画家自发性的改编也起到了举足轻重的作用呢？笔者认为，在三国漫画的渗透期，虽然日本漫画整体的读者群体在不断扩大，但对这个时期的三国漫画创作者而言，迎合整体读者群体的扩大趋势，通过自发的改编创作与推动题材多样化，以达到三国漫画的读者群扩大这一目的才是最主要的动因。也就是说，在这个阶段，日本漫画的多元化特征，成了三国漫画创作者们实现其扩大目标读者群的一种必要手段。

三、发展期

最后，自 2004—2011 年的 7 年，是本书第一阶段研究完成时确认的日本三国漫画创作的发展期。如图 3 - 1 所示，该时期日本三国漫画的年度新作发行数呈现出了急剧上升的趋势，尤其在 2007 年，达到了 19 部新作的顶峰。而纵观这 7 年间的日本流行文化整体发展，可以看到的是不仅在漫画创作领域，日本流行文化的其他领域如动画、电影、游戏等都同时出现了"三国热潮"，三国故事的改编创作活动在日本社会中呈现出一片跨媒介的百花齐放、百家争鸣的繁荣景象。这种同一作品在同时期、多媒介、多角度、同步发生的媒体传播现象，在日本传播学领域中被称为"媒体综合效应"（Media Mix Effect），尤其在 21 世纪以来，这种媒体综合效应式的传播手段在日本大众文化、流行文化的发展中被广泛运用且发展态势蓬勃兴盛。因此，日本三国漫画作为跨媒介多样化传播的表现手段之一，在置身于如此传播大浪潮之中时，其改编创作在故事内容、表现形式上发生翻天覆地的变化也是必然的。然而，必须明确的是，本书的研究核心是对日本三国漫画的创作概况与内涵进行考察。虽然前文所述的这种媒体综合效应在日本漫画创作的其他领域也同样发生了，但三国漫画的改编创作是具有明显独特性的，因此我们必须与其他漫画创作领域有所区分。也就是说，在此后的考察中总结归纳出的日本三国漫画创作上所体现出来的媒体综合效应的应用及特点，不可以等同于日本其他漫画领域的媒体综合效应现象，二者不可混为一谈。

总体来说，在媒体综合效应不断深入应用发展的这个时期，日本三国漫画的改编创作受到了来自日本宅文化（Otaku Culture）、人气游戏系列、热门电影三大方面的影响。这些流行文化媒介的热门作品与发展趋势，不仅有力地促进了日本三国漫画的改编创作作品在数量上的剧增，同时也丰富了这些作品的故事内涵，很大程度上改变了日本三国漫画的整体改编创作倾向。

综上所述，1971—2011 年的 40 年，日本流行文化各领域中的三国故事改编创作活动十分活跃。横跨通俗文学、舞台戏剧、电影电视、动画漫画乃至网络游戏等传统或新兴的各大媒介领域，以三国故事为蓝本的改编创作可谓层出不穷。在前面几章对日本流行文化中的《三国志》与《三国演义》的传播与接受概况进行梳理的基础上，本章以日本流行文化的代表——漫画文化为切入点来探讨这两部作品在漫画创作领域中的改编创作发展过程与趋势。通过对1971—2011年这40年间在日本国内发行的124部三国漫画作品进行年度新作发行数趋势的总结，将日本三国漫画创作的40年发展时期划分为萌芽期（1971—1990）、渗透期（1991—2003）与发展期（2004—2011）三个时期，并在结合各时期社会背景、中日交流重要事件、日本社会文化的发展趋势等因素的基础上，分别对三个时期各自的发展特征进行了具体阐述。总体来说，这三个承前启后的发展阶段相互间的作品发行数呈现出增长的波动趋势；各阶段的作品内容也趋于多元化。在这一系列发展变迁的背后，我们不仅能看到萌芽期中，中日两国政治关系的正常化促进了漫画家创作环境的改善，也发现日本漫画创作整体共同的多元化、多样性特征对三国漫画改编创作走向多元繁荣起到了关键性的作用。最后，自2004年开始的发展期中，受到日本流行文化发展中媒体综合效应的影响所呈现出的三国漫画创作在作品数量、故事内容、体裁主题上的剧增与多样化，更是让我们对《三国志》与《三国演义》这两部中国古典巨著如何在日本流行文化的代表——漫画文化领域中由单一表现体裁走向多体裁、跨媒介、多元化发展的趋势有了一个更深刻的理解与认识。

第四章

日本三国漫画的
改编创作倾向

…… ……

第一节　日本三国漫画改编作品的具体情况

第三章中，笔者以日本三国漫画自 1971—2011 年 40 年的年度新作发行数趋势（图 3 - 1）为基础，具体划分出为萌芽期（1971—1990）、渗透期（1991—2003）与发展期（2004—2011）的三个时期并做出了具体介绍，且分别考察与阐述了对各时期发展趋势的形成造成影响的诸多社会客观因素。在本章，笔者将根据附录二"日本三国漫画作品年表：1971—2011 年"的数据做进一步的探讨，深度了解具有多彩的故事内容、多元化的表现体裁的日本三国漫画改编创作的具体概况。

首先，先从构成一部漫画作品的几个基本要素入手来了解日本三国漫画的具体发行情况。这些基本要素包括出版形式、参考蓝本、主角设定、主要国家/历史背景、体裁类型和目标读者群这 6 个方面（图 4 - 1 至图 4 - 6）。

简单来说，当下日本国内的漫画作品首先需要在周刊、双周刊或月刊制的漫画杂志上开启连载，并在连载到一定篇幅之后，才会考虑单行本（多为 32 开）的发行。也就是说，日本国内大多数的漫画作品，都会遵循在漫画杂志连载的同时兼顾单行本发行的出版方式。因此，为了保证所收录作品的完整性，本书主要记录了以单行本等整书形式的漫画作品的发行状况（图 4 - 1）。

纵观日本三国漫画的出版形式，可以发现 124 部作品中的大多数为 32 开单行本——104 部，其余为 64 开文库本 4 部，网络形式 6 部，大型绘本形式 2 部，系列丛书形式 8 部。其中，小 32 开的文库本漫画都是以学习教育为目的的传统历史漫画作品；其他形式的 2 部是硬皮装大型画本书。这里值得注意的是，通过网络连载发行的 6 部作品，都是由日本 Media Factory 公司于 2005 年 1 月 28 日创刊的双月刊制漫画杂志《漫画三国杂志》发行的，该杂志自 2007 年 9 月起由纸质杂志转为 "Yahoo! 漫画" 的线上电子杂志，这 6 部作品都是该杂志在转型为网络杂志后发表的作品①。然而，《漫画三国杂志》虽从字面来看是杂志，但

---

① 《漫画三国杂志》，Yahoo! 漫画，http://comics. yahoo. co. jp/magazine/（已于 2009 年 10 月关站）。

因其发行时间不固定、不具备日本一般漫画连载杂志的特征，故此笔者将这 6 部作品归入"网络漫画"而非"网络杂志"的范畴。

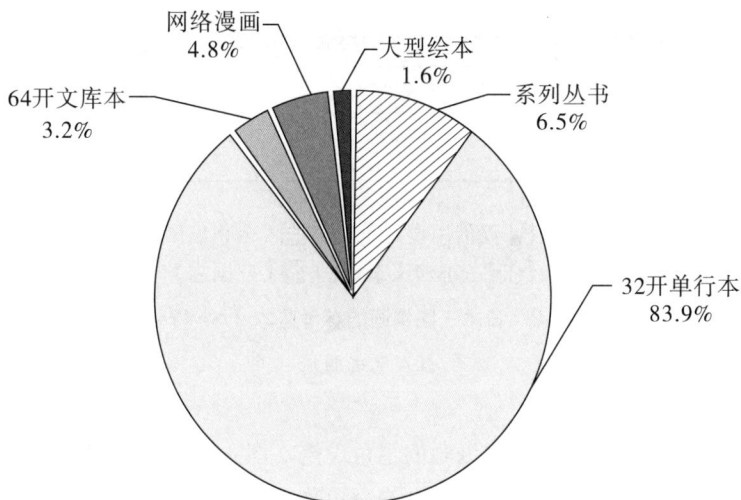

图 4 - 1　日本三国漫画的出版形式（n = 124）

注：笔者制。

图 4 - 2 是 124 部作品的参考蓝本统计。统计显示，日本三国漫画的参考蓝本主要分为 6 个方面：《三国志》、《三国演义》、正史 + 小说、仅借用三国故事及人物设定、作者独创、《全相三国志平话》。其中，将《三国志》与《三国演义》相融合，同时以两部作品为基础创作的漫画作品最多，达到 50 部；其次是仅以《三国演义》为蓝本创作的 34 部作品，可见相较于《三国志》，《三国演义》的受众群体还是略广；而对罗贯中的《三国演义》创作起到了举足轻重作用的元代另一部著名的三国改编作品《全相三国志平话》[①]，虽仅有 1 部作品以其为蓝本，但这提示我们该作在日本普通读者中也得到了一定程度的关注。此外，仅借用三国故事及人物设定的作品有 9 部，这些作品虽使用了三国故事的舞台背景、人物形象，然而故事走向与原作完全不符，因此笔者将其单独归纳为一个类别。最后，虽冠以"三国"之名，但从故事框架、人物形象、舞台背景上来看都与两部经典巨著毫不相关的日本漫画家原创的作品，高达 29 部。

---

① 中国宋代发行的史话本，后被收纳为元代刊行的《全相平话》五种之一。

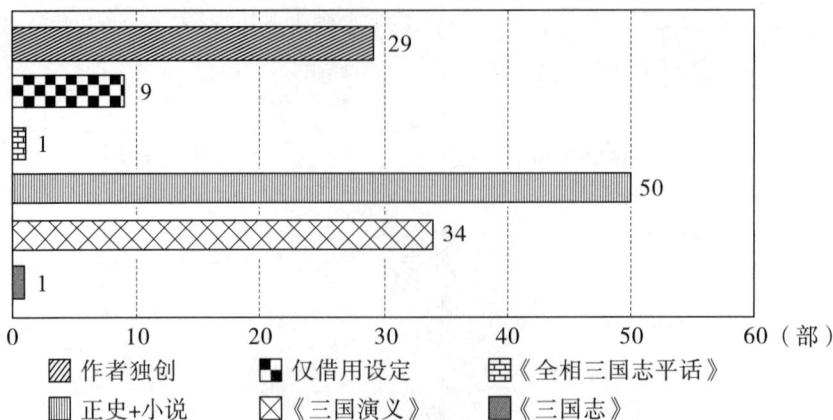

图4-2 日本三国漫画的参考蓝本 (n=124)

注:笔者制。

　　接下来统计的是日本三国漫画的主角设定(图4-3)以及主要国家/历史背景(图4-4)。首先从图4-3中我们可以看到,至2011年底已发行的124部日本三国漫画中,并没有特别突出以某特定人物为主角,对三国人物百像进行逐一描绘的作品占多数,有34部。而以单一主角出场的作品,其所选定为主角的三国人物也十分多样化,主角化较多的三国人物前三名,主要以中日两国都耳熟能详的刘备(18)、诸葛亮(15)、孙策(9)以及曹操(5)为主;总体来看,以蜀国人物为主角的作品仍占多数。

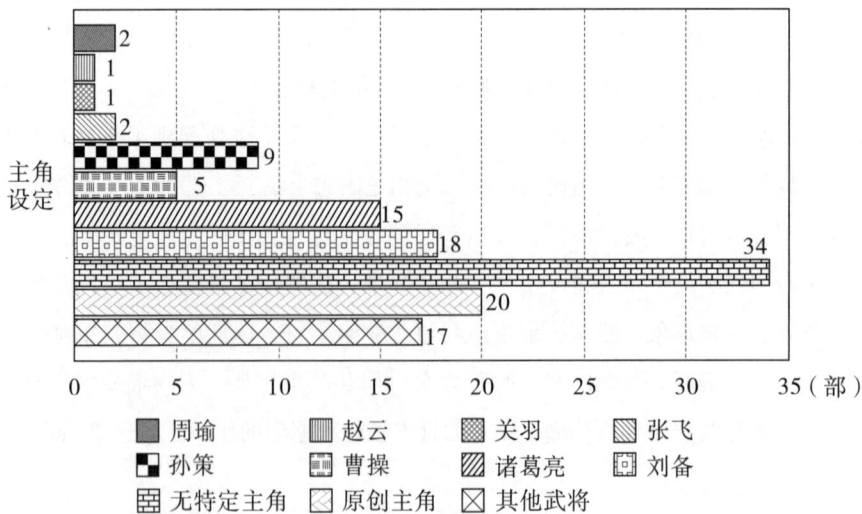

图4-3 日本三国漫画的主角设定 (n=124)

注:笔者制。

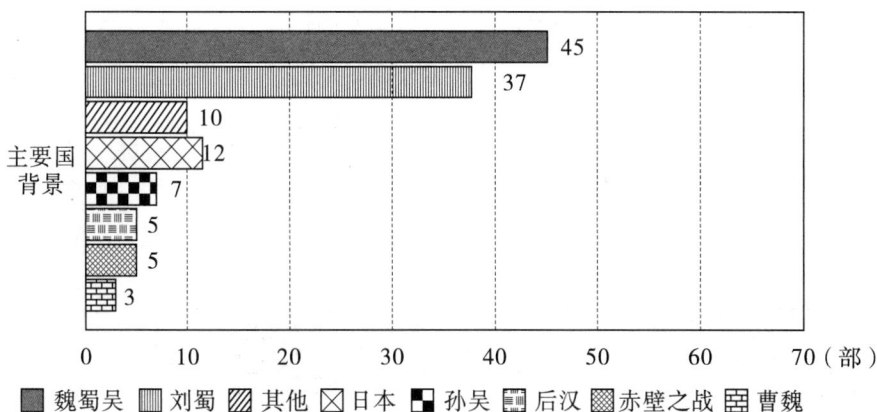

图4-4　日本三国漫画的主要国家/历史背景（n=124）

注：笔者制。

而综合图4-4的数据可发现，日本三国漫画的创作者仍偏爱以蜀国、蜀将为中心展开创作，这与前文提及的日本国内原作读者对曹操以及魏国的评价更为正面的情况截然不同。此外，值得关注的是，无论是主角设定还是主要国家背景的选择，以被传播国日本为视角展开的作品不在少数，这也从侧面反映出日本三国漫画创作的多元化特征。最后，图4-4中归类为"其他"范畴的漫画作品，都是以单个著名战役或人物历史事件为视角的中国古诗词学习漫画。

最后，图4-5、图4-6是124部三国漫画所属的体裁类型与目标读者群的统计整理。为了便于笔者全面掌握日本三国漫画的整体发行状况以及改编创作的发展倾向，这里有必要将两张图进行结合考察：一部漫画作品，从体裁类型上它可以同时归属于历史与教育两个门类，目标读者群可能同时兼顾青年和少年两个不同的群体①。由于存在这种可能性，两张图中各门类的数据合计可能会超过124。

总体来说，日本三国漫画作品的绝大多数都属于历史漫画（105部）这一体裁类型。因其所参考的故事蓝本无论是《三国志》抑或《三国演义》，都是以述说历史为主要内容的，因此这一结果并不意外。也正因为其主要的体裁是历史漫画，图4-6的目标读者群中，面向全年龄人士所占比例最高这一结果，也是意料之中。而图4-5中所示跨越幻想、搞笑、格斗、妖怪、灾难等多样化

---

① 目标读者群体的划分标准参照日本各大漫画杂志发行定位、故事内容的特征以及作家的评价三个要素。

体裁类型的数据，更是向我们展示出日本三国漫画创作的多元化发展趋势；图4-6中，虽然女性向、男性向、成人向的作品数量并不多，但也能反映出日本三国漫画创作者们为扩大作品的目标读者群，在故事内容、表现手法上所做出的努力。

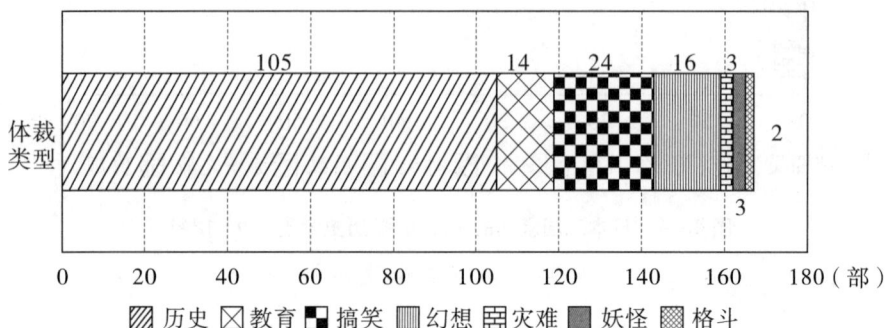

图4-5　日本三国漫画的体裁类型（n=124）

注：笔者制。

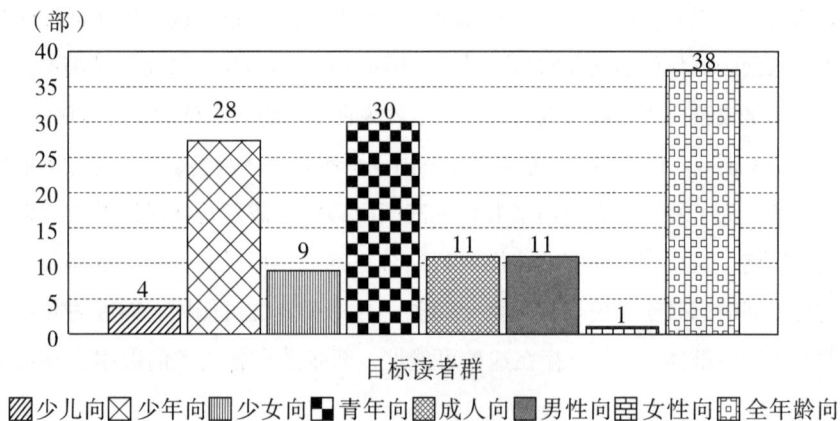

图4-6　日本三国漫画的目标读者群（n=124）

注：笔者制。

第二节　日本三国漫画的三个改编创作倾向

在上一节中，笔者用数据图可视化地展示了构成日本三国漫画的几大基本要素的具体情况。自此，本节将进入日本三国漫画的具体概况阐述以及分析。笔者将根据漫画作品发行的年代顺序划分出三种跨区间、共存的改编创作倾向，并阐述不同改编创作倾向的特征、对作品的影响以及产生的原因等。为便于读者理解这几种不同的改编创作倾向，本书将采用Ⅰ、Ⅱ，以及更为细化的标记符号Ⅰ－A、Ⅰ－B等来进行编号。

笔者在绪论中对"改编创作倾向"做出了详细解释：该词在本书中意在指代以《三国志》和《三国演义》为蓝本的改编创作在发展过程中所体现出的表现手法、体裁类型、受众群体等层面上的共同点和方向性。在此理解基础上，本节将从这些共同点与方向性的角度出发，对收录于附录二的124部日本三国漫画作品具体改编创作倾向划分，并对符合各创作倾向的作品群进行整理归纳。

综上所述，笔者将1971—2011年在日本国内发行的124部三国漫画作品的改编创作倾向划分为以下几个类别：

①创作倾向Ⅰ（以学习中国文化/历史为目的的改编创作）

②创作倾向Ⅱ（为扩大读者群、漫画家自发的改编创作）

创作倾向Ⅱ－A（以幻想/仙术/妖怪要素为特色的改编创作）

创作倾向Ⅱ－B（融合日本搞笑文化的改编创作）

创作倾向Ⅱ－C（以特定三国人物为视点的改编创作1）

创作倾向Ⅱ－D（挑战新兴领域的改编创作）

③创作倾向Ⅲ（以满足消费者需求的改编创作）

创作倾向Ⅲ－A（基于人气游戏"角色热"的改编创作）

创作倾向Ⅲ－B（基于"萌文化"的改编创作）

创作倾向Ⅲ－C（基于人气电影《赤壁》系列的改编创作）

一、倾向Ⅰ:以学习中国文化/历史为目的的改编创作

以学习中国文化与历史为目的的改编创作,在日本三国漫画的萌芽时期便已存在。至今,以此为特色的日本三国漫画作品仍层出不穷,经久不衰。日本三国漫画的开山鼻祖——横山光辉于1971年开始连载的《三国志》便是该创作倾向中的经典代表作品。第三章中曾提到,以横山《三国志》为代表的日本三国漫画创作的第一个时期"萌芽期"中,影响三国漫画创作最主要的社会因素是中日外交关系的恢复(1972)、《中日和平友好条约》的缔结(1978)两个政治大事件,以及其所推动的日本国内开放与活跃的创作大环境。这里值得一提的是,横山在开始连载《三国志》之前的1967—1971年,便已在潮出版社发行了其中国经典名著系列漫画的第一部作品《水浒传》,《三国志》是这一系列的第二作。因此,无论是横山光辉,还是决意发行中国经典名著系列漫画的潮出版社,都是在中日关系紧张胶着的时期促进中国文化在日传播的先驱者。潮出版社在准确判断中日两国政治与文化交流状况、预判中日两国关系未来必然趋向友好的大前提下,邀请当时日本漫画界首屈一指的大家横山光辉主笔,推出一系列以介绍中国文化与古典文学为目的的漫画作品,成功吸引了大批对中国历史文化充满好奇的漫画读者的关注。其后,以横山光辉的《三国志》为契机,以三国故事为蓝本,旨在介绍中国文化、历史的学习教育漫画在日本国内陆续发行(表4-1)。

表4-1　属于改编创作倾向Ⅰ的作品

名称	作家	出版时间	出版社	年表序号
《三国志》	横山光辉	1971—1986	潮出版社	01
《三国志》	久保田千太郎、园田光庆	1979—1980	学习研究社	02
《中国的历史4　英雄们的时代　孔明与三国志》	陈舜臣、手冢治虫	1986	中央公论社	04
《学习漫画　中国的历史3三国志的英雄们》(旧版)	三上修平、贝冢弘	1987	集英社	05

（续上表）

名称	作家	出版时间	出版社	年表序号
《三国志英雄传 诸葛孔明》	三上修平、 小室孝太郎	1993	创美社	16
《三国志英雄传　刘备》	三上修平、 小室孝太郎	1994	创美社	21
《三国志英雄传　曹操》	三上修平、 小室孝太郎	1995	创美社	23
《漫画中国大人物传（1） 诸葛孔明》	石森章太郎 工作室	1996	世界文化社	24
《诸葛孔明传》	濑户龙哉、 藤原芳秀	1997	小学馆	26
《诸葛孔明传完结篇》	濑户龙哉、 藤原芳秀	1998	小学馆	28
《绘本通俗三国志》（文库）	守屋洋、 富新藏	2000	三笠书房	33
《学习漫画　世界的历史4 三国志的英雄和隋、 唐的辉煌》	平势隆郎、 小井土繁	2002	集英社	38
《NHK 历史转动的时刻 漫画版（三国志篇）》 （文库）	NHK 取材组、 小川修	2004	豪姆社	46
《三国志英雄传》	三上修平、 小室孝太郎	2004	岛中书店 （2007 年关闭）	47
《学习漫画 中国的历史3　三国志和 群雄的兴亡》（新版）	春日井明、 岩井久幸	2006	集英社	64
《与马并行　三国志》	大泽良贵、 荒木风羽	2008	Media Factory	93

注：笔者制。

二、倾向 II：为扩大读者群、漫画家自发的改编创作

紧随创作倾向 I 的脚步出现的创作倾向 II，同样起步于萌芽期，但一直到渗透期（1991—2003）整体发展才达到兴盛。总的来说，属于这一改编创作倾向的三国漫画作品，都是因漫画家自发的改编创作而呈现出了故事内容、体裁类型等方面的多元化与多样性。

属于创作倾向 II 的改编漫画作品虽仍是以《三国志》与《三国演义》为蓝本，但是多数作品都融入了漫画家自己的独特见解与认知，其故事内容、人物形象的解读都已经发生了变异。此外，在前面章节对渗透期的日本三国漫画的特点的解析中我们可以了解到，漫画家们为了扩大三国漫画的目标读者群，融合与活用日本漫画创作整体共同的多元化与多样性特征，在改编创作中增添了各式各样的、体现中国传统文化特色的新元素，促使该倾向中的三国漫画作品具有浓厚的改编创作色彩；同时，漫画家还逐渐尝试将日本漫画创作其他固有的人气创作元素融入创作之中，使得作品内容更为丰富，可读性大幅提高。

（一）倾向 II – A：以幻想／仙术／妖怪要素为特色的改编创作

创作倾向 II 中最早的作品，同样也是倾向 II – A 的代表作品，是本宫广志在集英社开始连载的《吞食天地》（天地を喰らう，1984—1985）[①]。该作以小说《三国演义》为蓝本，作者本宫创新性地添加了中国民间传说中的仙术元素进行创作，使故事更富有新意与趣味，情节更为跌宕起伏、引人入胜。尽管该作中个别三国人物与原作呈现的传统形象差异较大，但通过漫画的夸张描写，反而使得其人物形象更易被读者所接受。该作在 1985 年发行全 7 卷单行本后，于 20 世纪 90 年代又推出了全 4 卷的精装豪华版套装，可见其受读者欢迎的程度之高。自本宫的《吞食天地》开始，将幻想、仙术、妖怪等中国元素增添至三国故事中的漫改作品陆续增加，著名的作品还有诸星大二郎的《诸怪志异 1 异界录》（諸怪志異 1　異界録，双叶社，1989）、白井惠理子的《那日龙落于仙境》（その日仙境に竜はおちて，角川书店，1989）与《黑之李冰·夜话》

---

① 本作曾被改编为日本国内风靡一时的街机动作游戏《吞食天地》与《吞食天地　赤壁之战》。

（黒の李氷・夜話シリーズ，角川书店，1991—1995）等（表4－2）。其中最具代表性，受到日本读者广泛喜爱并一直连载至今的人气作品则是自1993年起，在《月刊少年漫画》（月刊少年マガジン，讲谈社）杂志上开始连载的《龙狼传》（龍狼伝，山原义人，讲谈社，1993—2006），及续篇《龙狼传　中原缭乱篇》（龍狼伝　中原繚乱编，山原义人，讲谈社，2007—2015）。

表4－2　属于改编创作倾向Ⅱ－A的作品

名称	作家	出版时间	出版社	年表序号
《吞食天地》	本宫广志	1984—1985	集英社	03
《诸怪志异1　异界录》	诸星大二郎	1989	双叶社	06
《那日龙落于仙境》	白井惠理子	1989	角川书店	07
《黑之李冰・夜话》	白井惠理子	1991—1995	角川书店	11
《龙狼传》	山原义人	1993—2006	讲谈社	19
《龙狼传　赤壁战之新传说》	山原义人	1999	讲谈社	30
《龙狼传　破凰和天运》	山原义人、草野真一	2003	讲谈社	44
《怪・力・乱・神　酷王》	志水秋	2003—2008	Media Factory	45
《JOKER》（原名《女祸》）	大西巷一	2004	讲谈社	50
《BLADE　三国志》	真壁太阳、壹河柳乃助	2006至今	SQUARE・ENIX	67
《怪异道士传　八卦之空》	青木朋	2006至今	秋田书店	68
《龙狼传　中原缭乱篇》	山原义人	2007—2015	讲谈社	85
《龙狼传"龙之子"飞来篇》	山原义人	2008	讲谈社	98
《龙狼传"云体风身"的术篇》	山原义人	2008	讲谈社	99
《龙狼传・军师孔明的谋略篇》	山原义人	2009	讲谈社	112
《龙狼传　江西百虎"扬越"篇》	山原义人	2009	讲谈社	113
《龙狼传"龙娘娘"的忧郁篇》	山原义人	2009	讲谈社	114

注：笔者制。

（二）倾向Ⅱ－B：融合日本搞笑文化的改编创作

搞笑漫画，是日本漫画文化中固有且拥有广泛读者的一个创作流派，呈现的是日本传统的以漫才(双簧相声)、落语(单口相声)、小品为代表的搞笑文化的底蕴与内涵。而在日本三国漫画的改编创作中,将这一日本传统大众文化要素增添于其中的首个尝试,是1991年白井惠理子在角川书店连载发行的《STOP刘备君! 白井版三国志游戏》(STOP 劉備くん! 白井版三国志遊戲,1991—2002)系列。白井以刘备为主角,运用四格漫画的表现手法,以诙谐脱线的叙事口吻为读者讲述三国时代的点点滴滴。她甚至还会在故事中,让刘备穿梭于历史与现代,以刘备的视角来讲述当下社会的热点故事,给予读者贴近生活的亲切感。其他同类型的搞笑漫画作品还有片山正之的《SWEET三国志》(讲谈社,1992—1995)、末弘的《那个三国志》(アレ三国志,Media Factory,2007—2008)等(表4-3)。

表4-3 属于改编创作倾向 Ⅱ-B 的作品

名 称	作 家	出版时间	出版社	年表序号
《STOP 刘备君! 白井版三国志游戏》	白井惠理子	1991	角川书店	09
《SWEET 三国志》	片山正之	1992—1995	讲谈社	14
《续·白井版三国志游戏 STOP 刘备君!》	白井惠理子	1994	角川书店	20
《再续·白井版三国志游戏 STOP 刘备君!》	白井惠理子	1997	角川书店	27
《GOGO 玄德君!! 白井式小三国志》	白井惠理子	2001	潮出版社	37
《续·GOGO 玄德君!!》	白井惠理子	2002	潮出版社	39
《再续·GOGO 玄德君!!》	白井惠理子	2002	潮出版社	40
《三国志 天下三分计划》	二世	2004	JIVE 株式会社	51
《那个三国志》	末弘	2007	Media Factory	69
《刘备君! 回归!》	白井惠理子	2007	Media Factory	72
《Super 那个三国志》	末弘	2008	Media Factory	88
《刘备君 08 年春在桃园》	白井惠理子	2008	Media Factory	89
《刘备君走一走、赤壁奥林匹克》	白井惠理子	2008	Media Factory	90

（续上表）

名　称	作家	出版时间	出版社	年表序号
《与马并行　三国志》	大泽良贵、荒木风羽	2008	Media Factory	93
《刘备君　青天的赤壁》	白井惠理子	2009	Media Factory	107
《那个三国志特别篇赤壁反省会》	大泽良贵、末弘	2009	Media Factory	109

注：笔者制。

（三）倾向Ⅱ-C：以特定三国人物为视点的改编创作1

日本三国漫画的改编创作在经历了融合中国民间文化要素、日本大众文化要素等多样化的发展阶段之后，又进入了一个新的发展阶段：以特定三国人物为主角或视角展开的漫改创作，并呈现出全新的特征。

属于这个改编创作方向的作品具有一个共同的特征：以特定的三国人物为主角，立足于塑造人物的视角，汇集该人物相关的故事或场景来展开三国故事的叙述。这里笔者之所以为该倾向编号为"1"，是因为该类别中的作品都是以刘备、诸葛亮、曹操这三个在中日两国都最受瞩目的三国人物为主角展开的，为与今后出现的同类别，但不同主角的其他作品进行区分。该倾向的代表作品是由讲谈社连载发行的，李学仁担纲剧本、王欣太（原名 King Gonta）主笔的曹操传《苍天航路》（讲谈社，1994—2005）。其他作品还有以刘备为主角的《暴风三国志　我王之乱》（山口正人、川边优；日本文艺社，1998—2001）等（表4-4）。

表4-4　属于改编创作倾向Ⅱ-C的作品

名称	作家	出版时间	出版社	年表序号
《苍天航路》	李学仁、王欣太	1994—2005	讲谈社	22
《暴风三国志　我王之乱》	山口正人、川边优	1998—2001	日本文艺社	29

（续上表）

名称	作家	出版时间	出版社	年表序号
《破三国志1》	桐野作人、井上大助	2004	学习研究社	49
《超三国志》（原名《霸　LORD》）	武论尊、池上辽一	2004—2011	小学馆	56
《三国志　诸葛孔明　卧龙动乱》	竹川弘太郎、久松文雄	2007	讲谈社	73
《三国志　诸葛孔明　赤壁燃烧》	竹川弘太郎、久松文雄	2007	讲谈社	75
《三国志　诸葛孔明　天下三分》	竹川弘太郎、久松文雄	2007	讲谈社	79

注：笔者制。

（四）倾向Ⅱ–D：挑战新兴领域的改编创作

总体来说，纵观前面介绍的三个类别的作品概况，无论从作品数还是创作发展趋势而言，这三个改编创作倾向已经发展定型，至今仍陆续有新作品发行。然而，除了这三个具有较为成熟的发展历程的改编创作倾向之外，还有一些以三国故事为蓝本，挑战日本漫画其他固有领域，尝试吸引不同目标读者群体的实验作品。因这一类作品的数量目前较少，整体发展尚停留在起步阶段，因此笔者暂时将其归纳为一个类型——改编创作倾向Ⅱ–D之中。因为这一类作品随着今后日本流行文化、漫画文化的趋势及潮流的改变，还有进一步发展的可能性，所以可变性将是这一类型作品最主要的特征之一。从以下两表（表4–5、表4–6）可看出，该倾向中已发行的作品有尝试挑战少女向漫画领域的《江东拂晓》（江東の曉，泷口琳琳，秋田书店，1999—2000）、《诸葛孔明　时之地平线》（諸葛孔明　時の地平線，诹访绿，小学馆，2000—2009）等（表4–5）。值得注意的是，影响这一类少女向漫画创作的客观因素虽不同于下一节中提到的改编创作倾向Ⅲ–A，但从漫画家的主观动机来看，为三国漫画增添女性读者这一目的是共同的。最后，还有挑战成人向漫画领域的《三国志艳义》（志水清，HIT出版社，1999）等三部作品（表4–6）。

表4-5　属于改编创作倾向Ⅱ-D的作品（少女向漫画）

名称	作家	出版时间	出版社	年表序号
《江东拂晓》	泷口琳琳	1999—2000	秋田书店	32
《诸葛孔明　时之地平线》	诹访绿	2000—2009	小学馆	35
《三国志烈传　破龙》	长池友子	2004—2007	秋田书店	54

注：笔者制。

表4-6　属于改编创作倾向Ⅱ-D的作品（成人向漫画）

名称	作家	出版时间	出版社	年表序号
《三国志艳义》	清水清	1999	HIT出版社	31
《后宫三国志　色情浪漫史》	松久由宇、高山纪芳	2006	豪姆社	66
《三国志F》	一智和智	2009	CORE杂志	110

注：笔者制。

三、倾向Ⅲ：以满足消费者需求的改编创作

日本三国漫画的第三个改编创作——倾向Ⅲ，出现于第二个发展期，即渗透期后半期（2000年以后），一般来说，第三个发展期（2004—2011年）中发行的绝大多数作品，都隶属于这个改编倾向。第三章曾提到，日本三国漫画创作的第三个发展期，正值日本流行文化中媒体综合效应现象的多媒介、同时发生的激烈竞争时期。正因为如此，该时期的三国漫画创作，因不再仅是单纯地以实现漫画家扩大目标读者群为主观目的而变得多元化，而是在其他陆续崛起的新兴媒介（互联网等数字媒介）的发展壮大这一大背景下，更多地去考虑迎合受媒体综合效应现象影响的读者，这里更应称之为消费者的日益增长与多元化的需求，才能为三国漫画创作的未来发展奠定坚实的基础。因此，隶属于创作倾向Ⅲ的作品从故事内涵与表现方式上来看，呈现出比前两类改编作品更丰富多彩的多样性特征；在此基础上，以满足消费者需求为主要目的的这一类漫改创作，尤其受到日本三国人气游戏系列、日本萌文化潮流、人气电影系列三

大社会文化事件的深刻影响。笔者根据这三大社会文化事件的具体特征，将改编创作倾向Ⅲ细化为以下三个类别：

创作倾向Ⅲ - A（基于人气游戏"角色热"的改编创作）
创作倾向Ⅲ - B（基于"萌文化"的改编创作）
创作倾向Ⅲ - C（基于人气电影《赤壁》系列的改编创作）

（一）倾向Ⅲ - A：基于人气游戏"角色热"的改编创作

2000 年以来，首先为日本三国漫画创作注入新元素的，是受到日本人气游戏系列引领和全国性的角色热影响的倾向Ⅲ - A。第二章中曾提到，日本著名游戏开发公司 KOEI 自 1985 年发布主机策略游戏《三国志》系列并获得成功后，自 2001 年起发布的以索尼游戏主机 PS2 为平台的格斗游戏系列《真·三国无双》（しん·さんごくむそう，又名 Dynasty Warriors）①，这一游戏系列不仅再一次于日本受众中掀起三国热潮，更是引领了一次三国角色热的全国性爆发。其中，在全游戏系列中最受欢迎的三个三国人物赵云、吕布、马超，以及长期居于游戏人气排行榜前 20 名的三国武将们，成了包括三国漫画创作在内的日本流行文化各领域创作的风云人物。而漫改作品中较为有名的有：以郭嘉、陆逊与姜维三人为主角的《三国志断简　空明之歌》（桑原祐子，集英社，2004），以赵云、典韦、凌统与甘宁为主角的《三国志断简　地涯之舞》（桑原祐子，集英社，2006）等少女向漫画；《关羽、出阵!》（岛崎让，Media Factory，2005)、《云汉遥远　赵云传》（黄十浪，Media Factory，2008 至今）等历史漫画。总体来说，纵观倾向Ⅲ - A 中作品的故事建构，其显著的特征是以特定三国人物相关著名战役或事件为具体故事背景，并通过漫画家的解读赋予人物生动鲜活的形象与生命力，引人入胜。

---

① 《真·三国无双》系列作品：
《真·三国无双 1》：http://www.gamecity.ne.jp/products/products/ee/new/smusou/。
《真·三国无双 2》：http://www.gamecity.ne.jp/products/products/ee/new/smusou2/。
《真·三国无双 3》：http://www.gamecity.ne.jp/products/products/ee/new/smusou3/。
《真·三国无双 4》，http://www.gamecity.ne.jp/smusou4/。
《真·三国无双 5》，http://www.gamecity.ne.jp/smusou5/。
《真·三国无双 6》，http://www.gamecity.ne.jp/smusou6/。
《真·三国无双 7》，http://www.gamecity.ne.jp/smusou7/。
《真·三国无双 8》，http://www.gamecity.ne.jp/smusou8/。

表4－7　属于改编创作倾向Ⅲ－A的作品

名称	作家	出版时间	出版社	年表序号
《三国志断简　空明之歌》	桑原祐子	2004	集英社	48
《关羽、出阵!》	岛崎让	2005	Media Factory	57
《霸王之剑》	塀内夏子	2005	讲谈社	58
《三国志断简　地涯之舞》	桑原祐子	2006	集英社	65
《江南行　三国作品集》	佐佐木泉	2007	Media Factory	70
《异乡的草　三国作品集》	志水秋	2007	Media Factory	71
《说三分》	佐佐木泉	2007	Media Factory	74
《蜀之甘宁》	中岛三千恒	2007—2008	Media Factory	83
《RANJIN　三国志吕布逸闻》	川村一正	2008—2009	新潮社	102
《云汉遥远　赵云传》	黄十浪	2008 至今	Media Factory	103
《江南行续　赤壁赋》	佐佐木泉	2009	Media Factory	108
《漫画三国志　猛将传说》	宫崎骏	2009	豪姆社	111
《魏志文帝传　建安大学者!》	中岛三千恒	2009 至今	Media Factory	115
《吕布起兵!》	岛崎让	2009 至今	Media Factory	116

注：笔者制。

（二）倾向Ⅲ－B：基于"萌文化"的改编创作

日本流行文化中特有的"萌文化"（萌える文化，Moe Culture）由来已久，自20世纪90年代前后出现该词以来，至今已近30年。而"萌"一词应用于日本二次元文化之中的起因，说法不一。一般来说，对该文化名词的起源有三种说法：一是认为"萌"一词是"燃"的谐音（日语中都读作"Moe"），类似于指代"有趣"的网络用语；二是该词来自于日本科幻动画《恐龙星球》（恐竜惑星，The Planet of Dinosaur，NHK 电视台，1993）的女主角小萌；三是认为该词起源于1994年的人气动画系列《美少女战士S》（东映动画制作，朝日电视台播出）中的美少女角色土萌萤的名字。无论该词起源于何时，20世纪90年代以来，萌文化都在不断发展壮大，并成为日本流行文化的一大特色，该文化更是通过美少女动漫、养成系主机游戏的方式在世界舞台上获得了大批受众。

　　而日本三国漫画的改编创作Ⅲ－B中的漫改作品，就是以日本萌文化中的主体——男性二次元文化受众为目标读者群而改编的。因此，这一类别中的三国漫画，大多数都对三国人物进行了性别转换，让叱咤风云的三国武将们以萌系美少女的姿态出现在故事中。而开启这一角色性转之先河的，便是自2000年连载至今的人气漫画《一骑当千》（盐崎雄二，鳄鱼书店）。作者盐崎曾在采访中表示，在最开始构思故事时，他就打算创作一个将武打格斗与美少女高中生这两个元素相结合，以展现女性充满斗志、奋起斗争的故事，他在充分了解了（男性）漫画读者们对萌系美少女的偏好的基础上，把自己从小就十分喜爱的三国故事作为故事创作的主舞台，认为自己不但能将自己的"三国情怀"传递给读者，还能满足广大漫画读者当下的阅读需求与兴趣。①

　　《一骑当千》中，作者不但让三国武将以女性形象登场，还融入了大量萌系美少女文化中的经典元素，如女仆装、绷带装等造型以迎合男性读者的趣味，将女性的身体作为一种消费对象加以建构与加工；有关这类作品的具体考察将在此后的章节进行详细阐述。这里需要强调的是，这种迎合读者兴趣的性别转换设定，与以三国故事为蓝本之间并无直接的因果关系，会选择三国故事作为蓝本，很大程度上是因为漫画家的主观偏好导致，因此这一类作品的故事建构与人物形象塑造，不一定会忠实于原作，故事发展的随意性也会更强。除《一骑当千》之外，隶属于该类别且较为知名的作品还有铃木次郎的《魔法无边天使刺杀!!吕布子》（SQUARE·ENIX，2007）（表4－8）。

表4－8　属于改编创作倾向Ⅲ－B的作品

名称	作家	出版时间	出版社	年表序号
《一骑当千》	盐崎雄二	2000至今	鳄鱼书店	36
《DRAGON SISTER！－三国志百花缭乱－》	nini	2002—2008	马戈花园出版社	41
《三国乱舞》	吉永裕之介（裕介）	2004—2008	讲谈社	55
《一骑当千·官方作品集》	盐崎雄二	2007	鳄鱼书店	80

---

　　①　［日］《变身女高中生的关羽！三国漫画中的萌系美少女热》，朝日新闻社，2005年10月3日，第65页。

（续上表）

名称	作家	出版时间	出版社	年表序号
《真萌4图恋爱少女无比感动★全少女三国志演义》	多作家合作	2007—2008	Enter – brain出版社	82
《魔法无边天使刺杀!! 吕布子》	铃木次郎	2007 至今	SQUARE · ENIX	86
《三国游戏　滔天》	田代琢也	2008 至今	Media Factory	104
《一骑当千　吕蒙子明篇》	盐崎雄二	2009	鳄鱼书店	106

注：笔者制。

（三）倾向Ⅲ－C：基于人气电影《赤壁》系列的改编创作

最后一个类别倾向Ⅲ－C中的主要创作动因，来自于人气电影《赤壁》系列的全球公映所带动的"赤壁热"，故此类作品都集中在电影公映的2008—2009年这两年中发行。

分别于2008年与2009年发行的电影《赤壁》系列，是由著名香港导演吴宇森执导的人气作品。参演演员包括金城武、梁朝伟、赵薇、林志玲等人气明星；另外，日本国宝级歌舞伎演员中村狮童也参与了《赤壁（下）》的拍摄。该系列电影自公映以来，在全球范围内引起了一股"三国热"与"赤壁热"，尤其在日本国内。自前期宣传开始，日本媒体就展开了铺天盖地的地毯式报道。分析其在日本大热的原因，一是日本受众对三国故事本身就耳熟能详，二是该跨国合作的大制作中，拥有日本血统的金城武、在日本极具人气的林志玲、日本本土国宝级演员中村狮童的参演，都为该系列在日本的大热加分不少。

因此，自2008年电影《赤壁（上）》公映以来，日本国内以赤壁之战、长坂坡之战等电影中提及的著名战役为主舞台的三国漫画作品便井喷式地出版发行，形成了日本三国漫画自1971年诞生以来最为盛大的一场狂欢。附录二的年表中，序号90以后的许多作品都是在这个时期发行的。其中，以赤壁之战为主题改编且较为知名的作品有松田一辉的《绝战三国志　赤壁之战》（竹书房，2008）、久保田千太郎、园田光庆的《三国志　孔明 VS 曹操　赤壁之战!!》（讲谈社，2008）等（表4－9）。然而，由于这一系列的作品都聚焦于赤壁之战，因此从故事完整性来说，它们对三国世界的描绘给予读者的印象大都是片段性、场景式的。

表4-9 属于改编创作倾向Ⅲ-C的作品

名称	作家	出版时间	出版社	年表序号
《赤壁乐队》	中岛三千恒	2008	Media Factory	91
《绝战三国志 赤壁之战》	松田一辉	2008	竹书房	94
《三国志大战赤壁 从三顾之礼到赤壁决战 完全收录!》	G. Rockets 七重正基 辻本佳古美	2008	株式会社 G. B.	95
《三国志 孔明 VS 曹操 赤壁之战!!》	久保田千太郎、园田光庆	2008	讲谈社	96
《刘备君 青天的赤壁》	白井惠理子	2009	Media Factory	107
《江南行续篇 赤壁赋》	佐佐木泉	2009	Media Factory	108
《那个三国志特别篇 赤壁反省会》	大泽良贵、末弘	2009	Media Factory	109

注:笔者制。

第三节 具体分析对象的甄选

根据第二节中的考察,我们可以看到,日本三国漫画从创作内容的方向性与特征上来看,可以分为三个大的改编创作方向,其中倾向Ⅱ与倾向Ⅲ分别可细化为四个和三个具体的创作倾向。在后面的章节中,笔者将深入探讨这些三国漫改作品的表象及内涵。在此,笔者将根据绪论中设定的代表作品排除与甄选标准,通过双重筛选的方式提取出接下来展开具体考察的代表作品。在此,有必要重新阐述一下绪论中设定的作品排除以及甄选标准。

排除标准:

①因作者个人兴趣而创作的同人志/插画作品。

②以改编动画或电影为基础的三次改编作品。

③仅借用原著的人物名字及故事舞台,故事毫无关联的原创作品。

④以教育/学习为目的再现原著、无改编创作要素的作品。

⑤以宣扬宗教思想为目的的宗教类作品。

在以上标准的基础上对附录二作品年表中的作品进行第一轮筛选，并根据以下的甄选标准，再进行二次筛选以提取具体考察的研究对象。

甄选标准：

①在日本国内曾具高话题性，发行量、网络搜索指数均位居前 10% 的作品。

②以完整原著故事为基础，故事情节完整度高，作品进展好的作品。

③符合本书各改编创作倾向特征的代表作品。

由于本书的研究对象是日本漫画创作中，以《三国志》与《三国演义》为蓝本的漫改作品，因此，为了考察日本创作者与受众的主观认识对改编创作本身的影响，收录于作品年表中的日本海外漫画家（如中国香港、中国台湾等）在日本发行的漫画作品将不纳入考察范围。此外，笔者的一个研究核心在于考察漫画家的主观认知与读者定位之间的相互关系，因此，将动画、游戏、电影作品照搬为漫画形式的三次改编作品，以及由多个作者合作分工、难以区分作者主观认知的漫画作品集①也不纳入考察。而为了充分阐述日本漫画创作的多元化特征，笔者还将在对三国漫画各改编倾向的代表作品的考察基础上，列举数部与日本流行文化、社会问题紧密相关的作品并进行考察。最后，为更直观地展示中日读者在认知上、创作者在改编创作上的差异，笔者还选取了一部自 2000 年以来，在中国本土以新漫画（故事漫画）的形式创作并受到好评的三国漫画作品进行对比考察。

综上所述，笔者根据以上排除及甄选标准对 124 部日本三国漫画作品进行双重筛选，最终从创作倾向Ⅰ、创作倾向Ⅱ–A 中各提取一部代表作品，从创作倾向Ⅱ–C 中提取两部代表作品，并辅以两部与在日本社会文化中长期受到瞩目的性别问题相关的代表作品，在对其进行具体考察的基础上，与中国本土于 2009 年发行的一部三国新漫画作品进行对比考察。

（1）创作倾向Ⅰ：横山光辉的《三国志》。

横山光辉的《三国志》，既是日本三国漫画创作的开山鼻祖，也是创作倾向Ⅰ中最具代表性的经典作品。该作以吉川英治的新闻小说《三国志》为蓝

---

① 作品年表中带有"#""*""△"标记的作品。

本，辅以作者横山对中国史料的亲自调研，描绘了三国时期壮阔的历史与纷争。该作曾连续三年获日本漫画家协会优秀奖的殊荣，日本当代的许多三国爱好者，初次接触三国时期这段历史都是通过这部作品。因此，作为日本三国历史漫画的代表作，横山的《三国志》在很多层面上都有着举足轻重的影响力。

（2）创作倾向Ⅱ－A：山原义人的《龙狼传》。

《龙狼传》共分为三部，第一部《龙狼传》自1993年开始连载至2009年完结，单行本共发行37卷；第二部《龙狼传 中原缭乱篇》自2007年开始连载至2015年完结，共发行17卷；第三部《龙狼传 王霸立国篇》自2016年开始连载至今，仍未完结。这部在日本月刊制漫画杂志《月刊少年 Magazine》上连载已超过26年的三国漫改作品，集历史、仙术、妖怪、格斗等多种中国元素于一身，其故事情节天马行空，引人入胜，至今在日本仍是人气极高的三国漫改作品之一。第一部《龙狼传》的故事创作曾受到日本20世纪80年代后期至90年代前期流行的少年漫画作品的影响，在剧情框架大致以《三国演义》为蓝本的基础上，增添了不少当时日本少年漫画中的流行元素与主旨思想，值得进行深入探讨。

（3）创作倾向Ⅱ－C：李学仁、王欣太的《苍天航路》。

《苍天航路》是倾向Ⅱ－C中最早也是最具代表性的人气作品。该作由日籍韩裔李学仁担纲剧本，知名日本漫画家王欣太主笔，自1994年至2005年连载于讲谈社漫画杂志《Morning》。之所以选取该作进行具体考察，最主要的原因在于该作是日本三国漫画创作中第一部真正意义上以《三国志》为蓝本的改编作品：担纲剧本的李学仁不但以正史为基础进行故事创作，作品的主角也选取由曹操这一极具争议的人物担任；因此该作连载之初，虽与三国漫画创作的主流趋势不太符合，但充分体现了作者对三国故事的自主认知，具有独创性。此外，该作中还融入了儒家、道家、法家等多种中国传统文化思想，可见创作者的苦心。

（4）创作Ⅱ－C：武论尊、池上辽一的《超三国志》。

《超三国志》（原名《霸 LORD》）由日本著名漫画脚本家武论尊（曾担纲《北斗神拳》的脚本制作）负责剧本，写实派漫画家池上辽一主笔，自2004年至2011年完成了第一部的连载，第二部自2011年连载至2013年完结。该作呈现给读者的是尤为不同且颇具争议性的三国故事。其故事架构、形象塑造、关系建构中融入的作者对中日意识形态的大量主观臆想，是笔者选取该作进行具体考察的主要原因。

（5）性别差异视角：盐崎雄二的《一骑当千》。

在上一节的创作倾向梳理中，曾提到自 2000 年以来，在日本流行文化中媒体综合效应的同时多发、萌系美少女文化的发展成熟的大背景下，日本消费者（读者）日益增长的阅读需求逐渐影响了三国漫画创作的体裁类型与内容建构。其中，笔者尤为关注的是漫画创作者与消费者（读者）的相互关系在此社会文化背景下究竟发生了怎样的变化，而这种相互关系的改变又如何影响三国漫画的改编创作。故此，笔者将目光放在了倾向Ⅲ"以满足消费者需求的改编创作"的作品上，首先选取受"萌文化"影响而创作的代表作品——盐崎雄二的《一骑当千》为研究对象，从女性身体的消费、男女的性别差异视角展开具体考察。

（6）性别差异的视角：吉永裕之介的《三国乱舞》。

吉永裕之介的《三国乱舞》，也是以三国人物的性别转换为卖点的三国漫改作品。然而，该作在人物设定、故事框架上都与盐崎的《一骑当千》有着显著的差异。《三国乱舞》最受瞩目的创意在于主角的男装丽人这一设定。日语中的"男装丽人"即汉语中的"女扮男装"，该设定在我国民间故事传说中并不少见，如梁山伯与祝英台、女驸马等，女主角往往出于迫不得已的原因而隐瞒女性身份，以男子之态登场。在日本漫画文化中，不少知名漫画都使用过这个设定。如手冢治虫《蓝宝石骑士》（リボンの騎士，讲谈社，1953—1956），不仅是现代日本少女向漫画的开山之作，同时也是最早使用男装丽人设定的作品；此外还有以法国大革命为故事背景，风靡海内外的《凡尔赛玫瑰》（池田理代子，集英社，1972—1973），其看点之一，便是女扮男装的主角奥斯卡。而《三国乱舞》在性别转换这个卖点上再融入男装丽人的特色，无疑是独特且充满创意的。然而，这种双重设定的运用，是漫画家有意为之，还是为迎合读者口味，抑或只是对大师（手冢、池田）的一次模仿？有待笔者在之后的章节逐一解谜。

（7）对比考察：陈维东、梁小龙的《三国演义》。

前言所述，为更直观地展示中日读者在认知上、创作者在改编创作上的差异，笔者选取了 2009 年出版的由陈维东和梁小龙共同创作的三国新漫画（故事漫画）《三国演义》（安徽美术出版社，2009）。这部作品自出版以来，就受到国内漫画界的认可与好评，被称为"中国新漫画"，许多本不允许孩子接触漫画的家长也对其赞不绝口，反响热烈。从表现手法来看，该作不同于我国传统的连环画，其采用了现代绘画技巧进行创作，全彩的画面也令读者回忆起二十世纪八九十年代风靡于海峡两岸暨香港、澳门的武侠漫画，是一种全新的漫画风格。①

综上所述，本章首先对日本三国漫画的改编创作概况进行了详细剖析；其次，把研究目光锁定于改编创作倾向的具体情况上，通过对日本三国漫画的改编创作倾向的划分与考察，对其运作背后的社会文化现象、媒介环境变迁等问题进行了逐一阐述。最后，通过排除/甄选的双重筛选，选取出 6 部日本三国漫画、1 部中国三国漫画开展具体考察，在下一章中，本书将首先从表象入手，对各漫画作品进行详尽探讨。

---

① 《神界漫画首席漫画家梁小龙：期待国产动漫的辉煌》，中国网·滨海高新，http://creativity. 022china. com/2009/0414/61321_ 0. html，2009 年 4 月 14 日。

《梁小龙：漫画版四大名著　劲吹中国风》，《深圳商报》，http://www. zhongman. com/Article_ IM4/interview/cartoons/cartoons/200907/42987. html，2009 年 7 月 17 日。

《对梁小龙关于〈三国演义〉的采访》，腾讯动漫，http://comic. qq. com/a/20071206/000049. htm，2007 年 12 月 6 日。

第五章

日本三国漫画作品的
表象研究

…………

本章开始，将以第四章甄选出的作品为具体研究对象展开考察，对作品的表象、内涵、创作特征三个层面进行分析。

第一节　三国漫画各类别代表作品的表象研究

在这一章中，将首先对日本三国漫画作品进行表象分析。具体来说，笔者将对各作品的基本数据、作画风格、人物外貌与服饰设计、战争场面描绘这四个方面进行考察。基本数据的考察包含对作品的连载时间、发行方、单行本、参考蓝本、体裁类型、故事主国家背景以及主要人物关系等内容的考察。其中，人物外貌与服饰设计的分析将对百姓、官僚、女性这三个类别进行考察，同时参照中国各朝代服饰进行对比；主要的参考文献有《中国古代服饰研究（增订本）》（沈从文，上海书店出版社，1997）以及"中国古代服饰网"① 的官方参考图。通过本章的考察，笔者旨在证明日本三国漫画的多样性特征的同时，探寻日本受众对中国历史文化、文学作品的认知程度以及具体的变异过程。

在此赘述本节考察的作品：代表倾向Ⅰ的横山光辉《三国志》、倾向Ⅱ-A的山原义人《龙狼传》、倾向Ⅱ-C的《苍天航路》（李学仁、王欣太）与《超三国志》（武论尊、池上辽一）。

一、横山光辉的《三国志》

（一）作品梗概

横山光辉的《三国志》被誉为日本三国漫画创作的开山鼻祖，该作自 1971 年开始连载至 1986 年完结，耗时 15 年，最初连载于日本潮出版社的月刊制漫画杂志《希望之友》（1978 年改名为《少年世界》，1980 年又改名为《Commixtum》），在潮出版社旗下的《希望漫画》发行了共 60 卷的漫画单行本。最初，横山是以吉川英治的新闻连载小说《三国志》为蓝本展开创作的，但随后他在参考吉川原作的同时，还通过查阅历史文献等方式加入了自己对三国历史的独

---

① 中国古代服饰网，http://hk.chiculture.net/1303/html/a01/1303a01.html，2012 年。

特见解。因此，虽然吉川的原作最终仅描写了至诸葛亮去世为止的故事，横山却通过大量的史料积累，在漫画中增添了诸葛亮死后直至蜀国灭亡的这段历史。作为三国历史漫画的经典代表，横山光辉的《三国志》相当完整地描绘了史书《三国志》前半部的主要情节，同时也是三国历史上最为热血澎湃的历史，在经由横山改编创作后，这段历史更是得到了充实丰富，人物形象更为生动鲜活，战争场面的描写也有其独到之处。

　　横山光辉的《三国志》从参考蓝本来看，可知该作的主要国家背景与主角切入点，是以刘备、诸葛亮为代表的蜀国。这里我们首先梳理一下该作与《三国志》《三国演义》及吉川的《三国志》在故事框架与人物关系上的相关性。首先，横山《三国志》的故事开始于中国后汉时期的黄巾起义，至刘备建立的蜀国最终走向灭亡而告一段落，故事的基调与展开和吉川的《三国志》，以及吉川作品的蓝本《三国演义》几乎无异；唯一不同的是吉川仅描写至诸葛亮去世为止的历史，此后至蜀国灭亡的故事情节都是由横山独自增补完成的。其次，横山《三国志》中的人物与相互关系都与吉川的作品保持了一致，如在故事开头登场的刘备的初恋情人白芙蓉、刘备的母亲等是《三国志》或《三国演义》中都未曾出现的人物，都是吉川在创作小说时虚构的（杂喉润，2002），而横山在漫画创作中，原封不动地照搬了这些虚构人物，其他的主要人物关系则基本沿用了《三国演义》的设定。

（二）表象考察

1. 作画风格

　　横山《三国志》虽属于历史漫画，但横山没有像其他作者那般用写实的手法去描绘这段历史，而是灵活运用自己独特的作画风格来创作该作品。横山的漫画风格一向轻快简洁、线条明快，因此在其《三国志》中，常能看到采用脱离历史时代感的现代漫画手法如"三头身"等夸张手法来描绘作品（图5-1）。

"您暂且忍耐一会儿吧。"

"痛痛痛！"

图5-1　《三国志》中脱离时代的现代漫画人物形象

资料来源：横山光辉：《三国志》第3卷，第89页。

2. 人物外貌与服饰设计

众所周知,《三国志》所描绘的是我国三国时代,即公元 220 年至 280 年的历史①,历史上被称为后汉时期,其人物的外貌与服饰本应符合我国汉代的设计。然而,笔者这里将《三国志》漫画中的各人物形象与服饰外观与我国汉朝的服饰资料进行对比,发现横山在描绘武将铠甲、官僚服饰、女性服饰时更多地借鉴了我国唐时期的服饰设计(图 5 - 2、图 5 - 3)。

图 5 - 2 《三国志》中的武将铠甲(左)、官服(中)、女性服饰(右)

资料来源:横山光辉:《三国志》第 1 卷,第 206 页;第 3 卷,第 56、158 页。

图 5 - 3 中国唐代武将铠甲(左)、官帽(中)、女性服饰(右)

资料来源:中国古代服饰网。

---

① 三国时代的年代划分存在多种说法。本书使用的是"公元 220 年说"。此外,还有"公元 184 年起""公元 190 年起""公元 208 年起"等多种学说,无论哪种提法,三国时代都属于中国后汉时期,从当时的民俗、风土习惯、服饰外观来看,与后汉时期的特征也是一致的。

此外，横山的《三国志》中不仅在服饰设计上存在着大量与历史不符的地方，还有其他许多不符合原作与常理的人物外貌描绘：如身为宦官的十常侍竟能长出胡须①、蜀将张飞被描绘成佩戴孙悟空紧箍的巨人（图5-4）、董卓的体格不再魁梧反显得瘦削等，都与《三国演义》的设定有所出入。

"这不是张飞大人吗?"

"刘备大人，这些事情就由我来做吧!"

图5-4　佩戴紧箍的巨人张飞

资料来源：横山光辉：《三国志》第1卷，第168页。

这里值得关注的是，这些不符合史实的设定基本都出现于横山《三国志》的前期创作，横山在后期创作中对这些设定都进行了修正。那么为什么会出现这些变化呢？笔者在横山的一段访谈中，发现了其创作前期会出现这些问题设定的缘由：

（作品）是在中日邦交恢复的两个月前开始连载的，手头没有（参考）资料。虽说两国恢复了邦交关系，但也不可能突然一下子就获得大量的资料呀。

---

①　宦官即太监，是中国古代专供皇帝及其家族役使的官员，均为被阉割后失去男性能力之人，在分泌雄性激素上存在缺陷，成年后多呈现较女性化的体型特征，一般不会长出胡须。

所以，最初都是以《绘本通俗三国志》中葛饰北斋①的锦绘作为参考资料，再加上自己的想象描绘出来的，你们也注意到了人物服饰上的一些变化了吧。②

　　如横山在访谈中所述，该作开始连载时，中日两国尚未恢复外交来往，因此想收集中国古代的史料并用于创作是一件十分困难的事情。而这段访谈，也印证了笔者在第三章对日本三国漫画三个发展阶段的社会动因分析中提出的论点——导致第一阶段萌芽期长期沉寂的最主要原因是中日外交关系尚未恢复这个政治现实。此外，笔者找到了横山在访谈中提到的"葛饰北斋的锦绘"（即《绘本通俗三国志》，创作期不详），以对比横山《三国志》中的人物外貌设计（图5-5）。

"好久不见！"（左图）

图5-5　横山《三国志》的张飞（左）与葛饰戴斗二世的张飞（右）

　　资料来源：横山光辉：《三国志》第1卷，第133页；《绘本通俗三国志》第1卷，第11页。

---

　　①　日本学界对《绘本通俗三国志》的作者有两种说法，其一是葛饰戴斗，即日本江户时期著名浮世绘画家葛饰北斋（かつしか ほくさい，1760—1849），"戴斗"是他的画号，是以横山此处说的是"葛饰北斋的锦绘"；其二也有学者认为是北斋的大弟子葛饰戴斗二世。本书采用的是早稻田大学图书馆的《绘本通俗三国志》版本，其署名为葛饰戴斗二世，本书其余地方沿用此说法。

　　②　《THE INTERVIEW - 横山光辉》，《杂志三国志涂鸦》，第107页，光荣，1996年5月15日。

　　图 5-5（左）是横山《三国志》中所描绘的张飞初次登场的情景，可见其魁梧的巨人体格、头戴孙悟空式的紧箍等设计，从中国本土读者的角度来看，无疑是难以令人信服的。但正如横山所言，因资料的匮乏他不得不仅以江户时代便开始流行于日本民间的《绘本通俗三国志》中的插图作为蓝本，图 5-5（右）即是收藏于日本早稻田大学图书馆的《绘本通俗三国志》（葛饰戴斗二世作画）中的张飞人物肖像。仔细观察可见，张飞头戴紧箍，发型张扬，与横山《三国志》中的张飞如出一辙，印证了横山的话语。此外，再参考图 5-6 可见，横山《三国志》中的人物外貌与服饰设计，在创作前期都参考了《绘本通俗三国志》中的设计，并增添作者自身对中国古代的固有印象而进行创作，最后变异为身着唐宋时期衣着的形象。这也从侧面反映出，日本大众对中国古代历史文化印象最为深刻的历史阶段，是中日古代交流最为密切的唐宋时期。

图 5-6　《绘本通俗三国志》中佩戴唐宋头饰的刘备

资料来源：《绘本通俗三国志》第 1 卷，第 9 页。

3. 对连环画的参考

　　此外，横山在访谈中还提到，由于前期资料极度匮乏，漫画创作中存在许多与史实不相符合的设定，然而，随着中日外交关系的恢复，横山《三国志》

后半期的创作在作画风格、页面分镜、故事细节上都发生了显著的变化。笔者曾在日本京都精华大学漫画学部举办的"三国志恳谈会"中有幸与日本著名民间三国爱好者论坛"NPO 三国志论坛"① 的运营者——同为日本三国志学会会员的清冈美津夫进行了讨论，在讨论中得到了十分有价值的意见与文献材料。以下内容来自横山《三国志》责任编辑冈谷信明的访谈：

问：杂志是如何进行漫画创作相关材料的收集的？

答（冈谷）：这可是我们的商业机密（笑），横山先生为此奔波得十分辛苦。他特意前往中国并带回来许多珍贵的资料。后来，成都武侯祠博物馆的研究员也有将自己的著作赠送给横山先生。于是，蜀国栈道、连弩、木牛流马的细节描绘都得以出现在漫画中，这些文献资料起到了很大的作用。②

冈谷的访谈证实了横山前往中国进行史料收集之事。此外，笔者在与清冈的合作考察中也发现，横山在漫画创作中逐步纳入了对中国连环画的参考。我们以漫画的"格"为单位分析横山《三国志》的画面构成，发现直至横山《三国志》单行本的第 14 卷即吕布死前的故事为止，其画面表现对中国连环画的参考及依赖程度都相对较低，然而，自单行本第 15 卷开始，对中国连环画的参照便急剧攀升。因此，笔者与清冈将 20 世纪 60—70 年代，先发行于中国香港地区的传统连环画作品《三国演义　连环画》（新雅文化事业有限公司，1967—1975），后于 20 世纪 80 年代（与横山《三国志》后半期创作同时期）发行的日译本《画本　三国志》（陈舜臣编译，中央公论社，1982—1983）的全 12 卷内容与横山《三国志》进行了具体对比（图 5-7、图 5-8）。

从这两张图的画面对比可以看出，横山在《三国志》后半期的创作中，明显受到了中国连环画的影响：无论是画面构图还是格局分配都是根据连环画来进行建构的。尤其图 5-8 描绘的诸葛亮书写《出师表》时的情景，可见画面的视角虽然有所不同，但二者所描绘的诸葛亮从外貌、服饰、桌上物品的摆放甚至人物背后的壁画（漂浮的云彩）都几乎一模一样。虽然横山本人从未公开表示过其创作受到连环画的影响，但从笔者的考证来看，横山《三国志》的后期

---

① NPO 三国志论坛，http://www.sangokushi-forum.com/。

② 《责任编辑的亲身叙述》，参见潮出版社漫画编辑部：《永久保存版　横山光辉"三国志"大百科》，东京：潮出版社，2003 年，第 52 页。

创作对连环画的依赖度是相当高的。

"陛下，可不能让他掌握兵权啊！"

图5－7 横山《三国志》（左）对中国连环画（右）的分镜模仿①

资料来源：横山光辉：《三国志》第49卷，第167页；陈舜臣编译：《画本 三国志》第10卷，第15页。

"诸葛亮一笔一笔写下的，正是那篇将其对蜀国的赤胆忠心淋漓展现的《出师表》。"

图5－8 横山《三国志》（左）对中国连环画（右）的分镜模仿②

资料来源：横山光辉：《三国志》第4卷，第175页；陈舜臣编译：《画本 三国志》第10卷，第16页。

4. 战争场面描写

最后，我们来看一下横山《三国志》的战争场面描写。前文所述，横山的作画风格并不写实，偏向于简笔。因此，横山作品中战争的正面描写并不精细，大多数表现人数浩瀚、场面恢弘的画面都采用了剪影式的表现手法（图5–9）。而在突显武将在战场上的英勇时，横山更多采用的是仅对该人物进行细致描绘、背景中的军队仍以剪影呈现的手法（图5–10）。此外，在描绘军队行进与作战等大场面时，横山也多采用人影来表现。这种手法是否能展示出战争时期的千钧一发与紧迫感，实难定论。

图5–9 剪影式的战争场景

资料来源：横山光辉:《三国志》第1卷，第60页。

此后，以横山《三国志》的大热为契机，以学习中国历史文化为目的的三国漫画在日本国内迅速增加，可见横山《三国志》对日本三国漫画创作所带来的影响是巨大的。然而，在该作之后出版的各类三国漫画，大多未能如横山一般讲述完整的三国历史，有的作品在中途戛然而止，有的作品仅以单一人物作为主角展开叙述，更多的作品在故事建构与人物形象塑造上都做了大幅改动。换言之，将中国后汉王朝灭亡、

图5–10 武将的突显方式

资料来源：横山光辉:《三国志》第2卷，第120页。

黄巾起义、三国争霸乃至晋朝建立这一漫长历史完整展现给日本读者的，仅横山《三国志》一作。因此，该作不单是日本三国漫画的开山鼻祖，也是日本漫画史上一部极为重要的杰出作品。

二、山原义人的《龙狼传》

自横山《三国志》拉开日本三国漫画创作的帷幕之后，各式各样的三国漫画作品在日本国内陆续出版。其中，继 1971 年至 1990 年的第一阶段——萌芽期之后，第二阶段渗透期中更涌现出许多由漫画家自发进行改编的作品。其中尤其值得关注的，是为三国故事增添仙术、妖怪、武打等中国元素的倾向Ⅱ－A；而代表该类别的经典作品，便是山原义人的《龙狼传》系列。

（一）作品梗概

《龙狼传》分为三部，第一部《龙狼传》自 1993 年开始连载至 2009 年完结，单行本共发行 37 卷；第二部《龙狼传 中原缭乱篇》自 2007 年开始连载至 2015 年完结，共发行 17 卷；第三部《龙狼传 王霸立国篇》自 2016 年开始连载至今，仍未完结。该作品至今仍连载于月刊制漫画杂志《月刊少年漫画》（讲谈社），单行本隶属旗下的“月刊少年漫画图书”。由于在笔者开展研究时，该作的第二部尚未完结，因此本书主要以故事告一段落的第一部《龙狼传》为研究对象展开考察。

首先，山原以小说《三国演义》为故事参考，并在此基础上增添了原创的虚构人物与情节以完善故事内容，尤其还将中国后汉时期真实发生的匈奴入侵的历史也加以融合。总体来说，该作从基调上来看仍属于历史漫画，但由于增添了仙术、妖怪、武打等新元素，历史部分的描绘也有较大幅度的改变；其故事背景选取的是三国争霸时期的中国后汉时代，且作者采用了不设特定国家视角的叙事方式，让故事的表现更为完整。

其次，山原采用了虚构主角的方式来展开故事：与全班一同乘飞机前往中国旅行的天地志狼与泉真澄，是两个普通的日本中学生。然而他们所乘坐的飞机在飞行途中被天降神龙吞噬，导致两人穿越时空来到了公元 207 年的中国古代，即三国争霸之时。百姓们目睹乘龙从天而降的二人，将其视为“龙之子”供奉，也因此导致二人卷入了战火不断的三国争霸之中。在故事初期，二人被刘备收留安置于蜀国，但随后泉真澄便被蜀国最大的敌人——具有"破凰之相"的魏国武将仲达（司马懿）掳走，而本置身于三国争霸之外的志狼为了营救泉真澄，毅然以"龙军师"的身份投身群雄争霸之中。志狼不但在修行中学会了"云体风身""斗仙术"等能与三国武将并肩的战斗能力，还在此后不断的奋斗中成长，逐步明确了自己的使命与责任，活跃于三国时代的舞台之上。赤壁之战之后，志狼与泉真澄重逢，并卷入了仲达策划的新战争——一统匈奴之战中。在第一部的最终卷中，志狼决定与魏国君主曹操联手，讨伐共同的敌人司马仲达；而在第二部《龙狼传 中原缭乱篇》的开篇，志狼甚至改投曹操旗下，被封为"征南将军"并建立了自己的龙骑兵队，在中原地方展开新战役以对付司马仲达及其手下"五虎神"。

接下来，需要对《龙狼传》的主要人物关系进行梳理。前文所述，山原的人物关系构建，是以虚构人物主角为中心展开的（图5-11）。从图中可以看到：虚构主角、三国历史人物共存于故事之中。首先，作为故事核心人物的"龙骑兵四人组"，除左慈以外都是作者虚构的角色，而左慈在三国历史中是否真实存在，实际上也是存在争论的；也就是说，对于作者山原而言，其作品的四个主心骨人物都具有"虚构性"，相对易于进行改编创作；主角天地志狼与女主角泉真澄在此不再赘述，中国少女莲花这一虚构角色，在全书中起到了调节故事发展的重要作用。其次，其势力划分主要有蜀国、吴国、魏国以及仲达一派四个势力集团，对比《三国演义》可见，吴蜀两国的设定实际上并无改动，山原仅对魏国的人物关系设定做出了较大的调整：如在《三国演义》中本为君臣关系的曹操与仲达（司马懿），在《龙狼传》中被改编为敌对关系；而隶属仲达一派的几个主要人物，除仲达是真实存在的历史人物之外，其他身持仙术或魔力的角色都是虚构的；更甚者，仲达一派与后汉王室之间的关系，也被改编为统治与被统治的关系。

从故事大纲与人物关系两个层面的考察我们可以看出，《龙狼传》的故事虽然最初是以《三国演义》为蓝本展开，人物建构上也沿用了大部分三国人物的原型，但从目前的故事进展与人物关系来看，其故事已基本脱离了原作大纲，人物关系也做出了大幅修改，故事整体的创作目前已基本为作者的改编原创，故事类型也从历史故事转变为奇幻风的格斗类漫画。

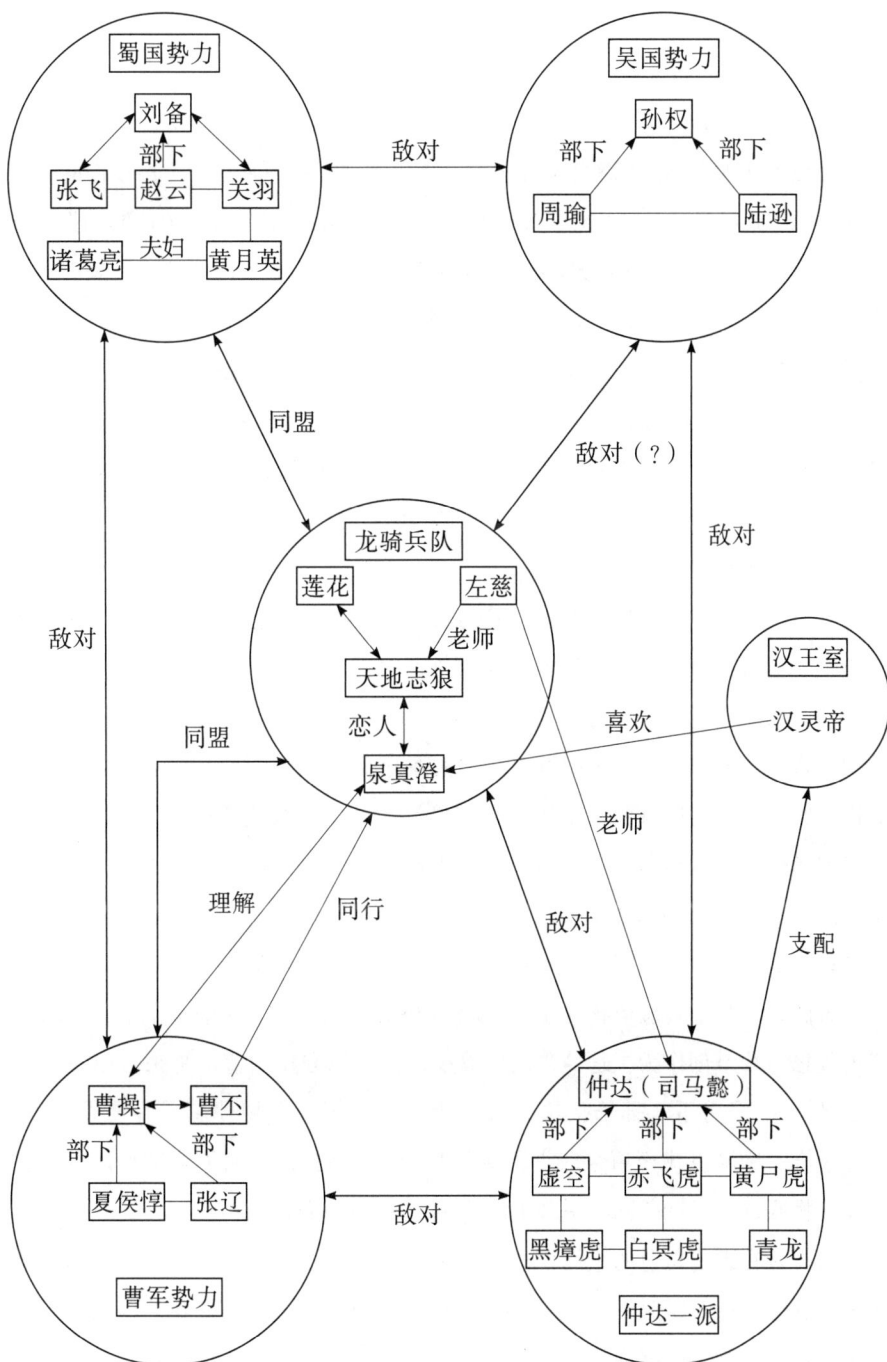

图 5－11 山原义人《龙狼传》（第一部）的主要人物关系图

注：笔者制。

(二) 表象分析

1. 作画风格

梳理了《龙狼传》的基本故事框架与人物关系,接下来需要考察该作的表象特征,如作画风格、人物外貌与服饰设计、战争场面的描写。《龙狼传》创作主题包含了历史、仙术、格斗三大日本少年向漫画的热门元素,因此其画面表现上有许多值得关注的细节特征。首先,该作与横山《三国志》类似,虽然是以历史为题材的漫画作品,但并未采用写实手法进行创作,故事中不乏神态、姿势夸张的漫画人物形象,在场面描写上也并未采用太多的写实派表现手法;唯独在战争场景,特别是主要角色的格斗场景描绘上,用了大量的线条与网点来突显人物在身体、动作、神态上的真实感,有关这一点笔者将在随后进行详细阐述。

2. 人物外貌与服饰设计

首先,需要考察该作在人物外貌与服饰设计上,是符合历史事实还是做出了改变。笔者将该作的人物形象分为百姓、官吏、武将、虚构角色四个类别进行整理,发现百姓与官吏的人物服饰多以汉代服饰为基本原型,并增添了丰富的图案线条以充实细节,其中以曹操的服饰特征最值得关注。如图 5 – 12 所示,曹操的服饰基本是以汉朝天子服为基础设计的,尤其在花纹装饰、腰带细节上与汉朝天子服有着异曲同工之妙,体现出作者山原试图通过服饰细节来突显曹操在故事与历史上共同的重要地位,以及作者对该角色的重视。而武将铠甲的外观设计,也是以汉代铠甲为基础,增添唐宋两朝的装饰与花纹细节而成,可见作者山原十分重视服饰视觉上的丰富性与层次感。作为佐证,山原曾在有关资料收集与故事创作为主题的访谈中提及,其故事创作的蓝本是来自小说《三国演义》,并参考了《孙子兵法》等历史文献;而在人物外貌与服饰设计上,更是融合了中国汉代至唐宋时期的服饰特征。[①] 因此,正如笔者考察所见,该作在人物服饰的设计上同时呈现出汉、唐、宋三朝服饰的特点。

而作者在虚构角色的服饰设计上也十分具有特色,尤其在两位主要的女性角色泉真澄与莲花的服饰上更是各有千秋。虚构的中国少女莲花的服饰,是在中国清朝的满族民族服饰——旗袍的基础上进行的改良 (图 5 – 13),虽然超短裙这个设计也并不符合汉朝的民俗习惯,但由于莲花在漫画中是一个武艺高强、

---

① 《THE INTERVIEW – 山原义人》,《三国志涂鸦》,光荣,1996 年,第 112 页。

身轻如燕的角色，因此短裙设计更贴合其灵活轻巧的身姿与特色。此外，从莲花的发型设计上，我们还能看出其对 20 世纪 90 年代风靡世界的街机游戏《街头霸王》中的中国女性角色春丽的模仿。

图 5–12 曹操的服饰外观（左）与汉朝天子服饰（右）对比

资料来源：山原义人：《龙狼传》第 4 卷，第 170 页；中国古代服饰网：汉代天子的服装。

图 5–13 虚构人物莲花的改良版旗袍

资料来源：山原义人：《龙狼传》第 30 卷，第 1 页。

而女主角泉真澄的服饰（图5－14）则与横山《三国志》的女性服饰类似：
丝绸质地的华丽腰带搭配精致绚丽的服饰与头饰，都是取自我国唐朝的女性服
饰。这一设定，一是让我们再次体会到，中国唐宋文化对日本人的深刻影响；
二是从改编创作的角度上来看，相较于历史人物外貌上的相对忠于史实，作者
山原在对虚构人物的创作上更加自由多变。

"（宦官家族的）出身对朕而言实乃一大耻辱。"

图5－14　女主角的服饰（左）与唐代女性服饰（右）对比

资料来源：山原义人：《龙狼传》第4卷，第170页；中国古代服饰网：
唐代女性服饰。

3. 战争与武打场面描绘

《龙狼传》描绘的是主角天地志狼如何从一个普通的日本中学生，成长为中
国古代群雄争霸的三国时期叱咤风云的英雄的故事。因此，对个人能力与成长的
描绘，是该作的主题。故相较于大型战争场面的描绘，作者更偏向于呈现人物单
打独斗的场面（图5－15、图5－16）。此外，仙术作为贯穿该作的重要元素，也
常在对战场面中被重点突显（图5－17）。从笔者所列举的图像可看出，山原在角
色对决的战斗场面描绘上十分写实，运用了大量表现速度的线条并配以拟声词以
呈现节奏感，对人体肌肉线条的细节描写也耗费了不少笔墨；这些呼之欲出的战
斗写实画面，与格斗场面之外的简洁描绘形成了鲜明的对比。

"居然连这种本该是弱点的部位都无法被剑刺穿，这还是人类的身体吗?!"

图 5 - 15　《龙狼传》中的角色对战场面①

资料来源：山原义人：《龙狼传》第 28 卷，第 106、107 页。

"但是，没有见效。"

"我的出拳……""这就是你全部的'力量'吗?"（从右至左）

图 5 - 16　《龙狼传》中的角色对战场面②

资料来源：山原义人：《龙狼传》第 28 卷，第 85、86 页。

"仙气发动！"

图 5 - 17　《龙狼传》中的仙术元素

资料来源：山原义人：《龙狼传》第 8 卷，第 28 页。

　　有趣的是，图 5 - 15 与图 5 - 16 中对格斗场景的描绘，让笔者联想到了开启日本 SF 格斗漫画先河的著名作品《北斗神拳》（武论尊、原哲夫，集英社，1983—1988），因此，笔者对《龙狼传》连载开始前日本国内的漫画流行趋势进行了调查。由于该作是于 1993 年开始连载的，故笔者对日本 20 世纪 80 年代后期至 20 世纪 90 年代前期的人气漫画作品进行了梳理，发现有数部作品给山原的创作带来了影响。其一，以描绘主人公成长奋斗为主线的《龙狼传》，在故事中无时无刻不向读者们传递着自身的努力、热血与宿命、人定胜天等主题思想，笔者认为这是受到了日本当时大受欢迎的热血漫画《圣斗士星矢》（车田正美，集英社，1986—1990）的影响；其二，《龙狼传》中之所以会增添中国的仙术与神仙元素，与另一部大热作品《七龙珠》（*Dragon Ball*，鸟山明，集英社，1984—1995）引领了日本仙术漫画热潮也有着紧密的联系；其三，该作在战斗场景的描绘上运用了大量的写实派手法，这种充满紧张感的表现方式，正是《北斗神拳》的特色。然而，这三部在 20 世纪 80 年代后半期至 90 年代前期引领日本漫画潮流的热门作品，都连载于《周刊少年 Jump》（集英社），也就是《龙狼传》隶属的讲谈社在漫画市场中最大的竞争对手。因此，笔者认为，出于与竞争对手的对抗及市场竞争上的考虑，作者山原或责任编辑有意地在作品中加入了这些流行元素，意图抢占当时的漫画市场。

综上所述，《龙狼传》与其说是描写三国时代群雄争霸的历史漫画，不如说是作者借用三国故事与人物框架并将其服务于独创的衍生漫画。纵观第一部的故事展开，赤壁之战结束后的故事已与原作《三国演义》完全脱离，特别是在加入匈奴事件的情节之后，三国人物在很长一段连载中都未再登场。而第二部《龙狼传　中原缭乱篇》的开篇，作者似乎又把故事拉回到三国历史的正轨上，但其核心讲述的却是志狼与曹操联手共同讨伐仲达（司马懿）的故事，与原作仍大相径庭。然而，这部集历史、仙术、武打等多种元素于一身的作品，正是因其天马行空、跌宕起伏的故事情节受到了广大读者的青睐；加之作者在对如左慈、黄月英等历史人物的描写中添加了许多亦真亦幻的元素，反而增添了故事的新鲜感与可读性，促使更多的读者对中国的三国历史产生浓厚的兴趣。以此为先驱，此后隶属于该类别的日本三国漫画作品，都纷纷呈现出虽以三国故事为蓝本，但更突显创作者自发、大胆的改编创作的趋势与特点。

三、李学仁、王欣太的《苍天航路》

20 世纪 80 年代以来，日本三国漫画创作中以漫画家自发的改编创作为特色的作品遍地开花，以山原《龙狼传》为代表的仙术类漫改作品陆续问世。而在 1989 年，日本首部正史《三国志》的日译本全卷发行，引起日本国内三国爱好者与学者们的高度关注并掀起了一股反演义、扶正史的自省热潮。在这样的社会大背景下，日本三国漫画的创作也出现了聚焦于特定三国人物叙述三国历史，并对其进行重新评价的趋势。随着这一类作品数量的增加，这种创作趋势也作为一种固定的改编创作倾向被定型，笔者称这一倾向为改编创作倾向Ⅱ-C——以特定三国人物为视点的改编创作 1。之所以增添"1"的编号，主要在于隶属于这类别的作品均以刘备、诸葛亮、曹操这三位在中日两国知名度都最高的三国人物为视角创作的，由于此后该类别中还可能出现其他三国人物视角的作品，加之该倾向的创作动因又有别于倾向Ⅲ-A 的游戏"角色热"，便采用了如此的编号方式以示区分。

本节首先对该类别中，首部以曹操为主人公而创作的著名作品《苍天航路》进行具体考察。

（一）作品梗概

《苍天航路》是由日籍韩裔漫画脚本家李学仁①担纲剧本，日本知名漫画家王欣太主笔的三国漫画作品。该作于 1994 年至 2005 年间，连载于漫画杂志《Morning》（讲谈社），全 409 话，并在讲谈社旗下的《早安漫画 KC》发行了单行本共 36 卷，是隶属于创作倾向Ⅱ–C 最初且最具代表性的作品。担纲剧本的李学仁以正史《三国志》为蓝本构建故事，并借用了小说《三国演义》中的部分虚构人物（如貂蝉等）及片段以丰富漫画内容。然而，由于李学仁罹患肝癌于 1998 年去世，他的剧本也在描述至官渡之战的中途被搁置；自官渡之战至曹操去世为止的故事，则是由主笔王欣太独自完成的。总体来说，该作以曹操为主角，奉魏国为正统，是日本三国漫画发展史中真正意义上还原了历史史实的经典作品。此外，该作品在忠实于正史的写实派叙事中，还适当增添了仙术元素以丰富其故事内涵，如山原的《龙狼传》一般，也是受到了 20 世纪 80 年代后期至 20 世纪 90 年代前期流行于日本漫画市场的、以《七龙珠》为代表的仙术漫画的影响。

之所以认为《苍天航路》对曹操的人物评价极高。首先，从该作品的责任编辑岛田英二郎对曹操的评价中就可见一斑：

英雄曹操（孟德），被称为"乱世奸雄"，在中国历史上留下了极恶之名，然而，他精彩的人生充满了只有受到苍天眷顾之人才有的光辉灿烂，而这个故事，就是因这些光芒照射而成的新版《三国志》。②

此外，在《苍天航路》漫画单行本第 1 卷开头还附有李学仁做的诗评：

恶者，真是恶人？

善者，真是善人？

历史不只有善恶。

曹操孟德，二千年来，常被诅咒，

---

① 李学仁（Yi Ha Gin, 1945—1998）：韩国庆尚南道出身的日籍韩裔电影导演、作家、漫画脚本家。

② ［日］李学仁、王欣太：《苍天航路》（第 1 卷），东京：讲谈社，封面。

恶名远扬，源于亚洲，世界闻名，

然诽谤中伤，却从不低头。

正史《三国志》的作者陈寿称其为"出格之人"，

是无法以常人之标准来衡量的英雄。①

该作对曹操的正面评价还不止于此，漫画连载初始的宣传中常出现"曹孟德，受苍天眷顾之人"，"颠覆常识的新三国志"等话语；回顾以往，但凡提及曹操，"恶人""奸诈"等语便随之而来，可见曹操作为"恶人"的形象长久以来深入人心。而《苍天航路》是首次在漫画创作的领域，将曹操作为主角来重新审视，对其人生、品格进行重新评价，从侧面反映出当时日本国内的三国爱好者、学者们对正史《三国志》的关注度之高，对三国人物的重新审视与评价的盛况更是空前未有。

如前所述，担纲该作剧本的李学仁曾明确表示，该作是以《三国志》为基础进行的故事创作，故此可以认定该作的故事框架、人物关系是照搬正史原型。然而，在此基础上为丰富故事内容与人物形象，李学仁一方面遵循正史设计剧本，另一方面又借用了部分《三国演义》中的虚构人物（如貂蝉）的故事情节。究其原因，李学仁在单行本第 7 卷的卷末评论阐述了其理由："之所以沿用了虚构人物貂蝉的设定，是将她作为活跃于三国时代，拥有与男性并驾齐驱的野心，却未留名于历史的众多女英雄的代表"（1999）；此外，李学仁还表示该作除了尝试对曹操这一富有争议的人物进行重新审视与评价外，更力图再现三国时期真实残酷的众生相。②

（二）表象分析

1. 作画风格

《苍天航路》的表象分析将延续前面两节的方式，从作画风格、人物外貌与服饰设计、战争场面描写三个大方面展开。作画风格上值得关注的是，主笔王欣太为符合中国背景的故事设定，不但将自己作为漫画家的笔名"King Gon-ta"改成了中国名"王欣太"，在作画上也下了不少功夫：他以毛笔为工具，模

---

① ［日］李学仁、王欣太：《苍天航路》（第 1 卷），东京：讲谈社，第 1–10 页。
② ［日］李学仁、王欣太：《苍天航路》（第 1 卷），东京：讲谈社，第 11 页。

仿中国水墨画的描线方式对原本的作画风格进行了大幅调整，从图 5 - 18、
图 5 - 19 的线条呈现中可见其苦心。正如王欣太在访谈中提及，最初决心开启
连载该作的契机，来自当时责任编辑对他说的一句话："要不要尝试用百老汇音
乐剧的方式来讲述三国故事?"① 因此，他不仅在笔名上做出了调整，还专门去
钻研中国水墨画的绘画技巧、毛笔的作画方式，以应用在绘画创作中，从而完
成了这部在作画风格与艺术元素上都尝试贴近中国绘画的杰出作品。

图 5 - 18 《苍天航路》的官服设计（左）与汉代官服（右）

资料来源：李学仁、王欣太：《苍天航路》第 5 卷，第 143 页；中国古代服饰网：汉代官吏服饰。

图 5 - 19 《苍天航路》的铠甲设计（左）与汉代铠甲（右）

资料来源：李学仁、王欣太：《苍天航路》第 6 卷，第 75 页；中国古代服饰网：汉代武将铠甲。

---

① 《Morning》（杂志创刊 25 周年特集）：《苍天航路》原作者的一问一答环节第一问（Q1），http://morning.yahoo.co.jp/pickups/souten.html。

2. 人物外貌与服饰设计

这一部分的考察包括百姓、官吏与武将三个方面。与横山《三国志》、山原《龙狼传》相比，《苍天航路》在人物服装上的设计基本是以中国汉代的服饰为原型，并尽可能地对其进行了再现（图 5-18、图 5-19）：不但外观完全按照汉代服饰描绘，也没有添加奢华绚丽的花纹，总体线条简洁；尤其是图5-19中铠甲的设计，连外观纹路都几乎还原了汉代原型。

此外，责任编辑提到的"音乐剧"这一个概念也让笔者十分在意。提到音乐剧、舞台剧的概念，自然会想到美国的百老汇音乐剧、意大利的歌剧等代表各国文化的经典剧式，那么中国传统文化中闻名于世的"音乐剧"便是国粹京剧了。故此，笔者在考察《苍天航路》的人物服饰、外貌妆容乃至行为特征时，还重点考察了其中是否存在京剧元素。从结果来看，《苍天航路》的人物面部表情、服饰外观、行为姿态上的确被作者有意地加入了大量中国传统京剧的舞台表现元素（图 5-20、图 5-21）：如在单行本卷首彩色插画中的人物铠甲配饰上加入京剧风格的旗、翎子；在曹操做出夸张的面部表情的同时增添京剧脸谱式的妆容；人物的动作姿态、行为定点模仿京剧表演姿态等。从这些京剧特色的表现中，可以看出主笔王欣太确实采纳了责任编辑提出的"音乐剧"概念，并以中国京剧为参考来创作这部讲述三国故事的中国式"音乐剧"。

"敌人就是这舌头！"

图 5-20　京剧脸谱式的妆容与表情

资料来源：李学仁、王欣太：《苍天航路》第 1 卷，第 22、126 页。

"来者何人?!"

图5-21　京剧风格的服饰与姿态

资料来源：李学仁、王欣太：《苍天航路》第1卷，第118页。

3. 战争场面描写

在《苍天航路》的战争场面描写中，同样可看到基于"音乐剧表演"意识的表现方式（图5-22）：王欣太热衷于用夸张的抽象表现来呈现战争场面，图中所描绘的人物姿态动作与其说是在战斗，不如说是在做舞台表演的定点展示。然而，王欣太也不是在所有的战争场面中都会采用这种方式，在描绘曹操、关羽、赵云等代表正面形象的武将战斗时，他才会采用这种舞台定点的表现手法以突出其英勇无敌；在描绘董卓、吕布等负面人物时，王欣太更多地采用写实手法以表现杀戮场面的血腥残忍，以突显他们心狠手辣、凶残暴虐的性格。

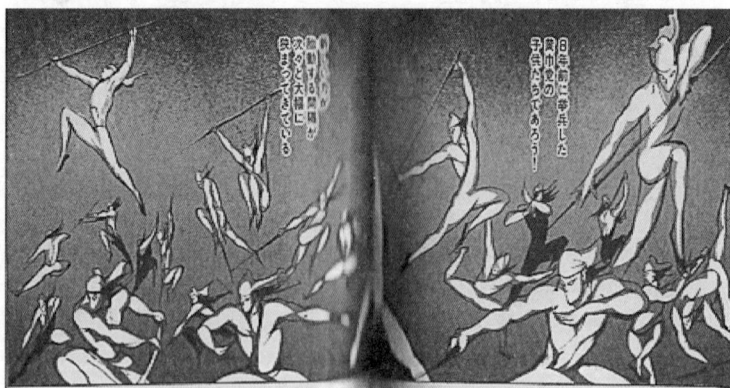

图5-22　战争场面的抽象表现手法

资料来源：李学仁、王欣太：《苍天航路》第7卷，第95、96页。

　　总体来说，《苍天航路》基本采用了写实派的漫画描绘方式来讲述正史《三国志》的故事，而为了构建鲜活的人物形象，作者也适当增添了神仙/仙术元素于其中。当然，其中有部分原因也是由于当时日本漫画市场中仙术漫画大为流行的现实。而被仙术元素丰富的三国人物形象，主要是在中日两国读者中都大受欢迎、极具魅力的蜀国军师诸葛亮。该作中的诸葛亮从初次登场开始便与众不同：直至赤壁之战结束之前，他都是以金发仙人的姿态登场，赤壁之战之后才转变为黑发凡人模样，仙人姿态荡然无存。观其前因后果，是由于诸葛亮最初对世事漠不关心，常徘徊游荡于神仙奇幻世界，其姿态也介于人仙之间，此后他虽出任蜀国军师，却对敌营主帅曹操充满了兴趣，经常做一些多管闲事的举动以吸引曹操的注意；然而，对被描绘为极端现实主义的曹操而言，从头至尾他都对介于人仙之境的诸葛亮视而不见，令诸葛亮受到极大的打击从而彻底清醒，回归至凡人姿态。如此令人印象深刻的形象塑造，作者是出于怎样的考量呢？李学仁在单行本第 9 卷的卷末评论中对此做出了解释，他认为，一直以来，诸葛亮的形象都因被作为向后人推行儒家精神的宣传代表而被美化了，因此他为了颠覆这一固化形象，有意地将诸葛亮设计成一个介于人仙之境最后回归凡世的人物。[①] 采用神仙/仙术等超现实元素的主要原因，也是出于使诸葛亮与极端现实主义、代表道教精神的曹操产生鲜明对比这一目的。

　　综上所述，《苍天航路》在作品立意、故事内涵、人物形象塑造上都是十分具有创新意义的一部杰出漫画作品。该作将一直充满争议、常年被视为恶人的曹操作为主人公展开故事，并对曹操的人生、品格、成就都重新做了审视与评价。如前所述，小说《三国演义》中将曹操称为"乱世奸雄"，其恶人形象基本固化定型，因此在以往的三国漫画中，曹操都以过于脸谱化的形象出场，如横山光辉《三国志》中的乱世奸雄，山原义人《龙狼传》中老奸巨猾的武林高手等；其人物形象僵硬、缺乏可塑性。而随着正史《三国志》日译本在日本国内的出版与普及，众多三国爱好者发现，实际上曹操的一生着实受到了苍天眷顾且成就卓越；故此，受到正史影响的李学仁与王欣太在《苍天航路》中塑造的曹操，是一个完整丰满、有血有肉的英雄人物：作品从曹操的少年时代开始，刻画了一代枭雄的成长历程。《苍天航路》中的曹操从不掩饰自己的野心、狡诈和不择手段，但他始终是活得酣畅淋漓的。此外，作者对形象业已固化的

①　［日］李学仁、王欣太：《苍天航路》（第 4 卷），东京：讲谈社，卷末评语。

诸葛亮、刘备等人都进行了一定程度的审视与再评价。通过对这些三国人物的细致刻画，创作者尽可能地从客观角度描绘了三国时代的真实：人类的野心勃勃以及对权力的渴望使得人与人之间如野兽般相互撕咬争斗，至于这其中的是非善恶到底如何，作者旨在让广大读者在阅读作品了解历史之后再做评判，或许这就是书名中的"苍天"之含义。

最后，作者在连载初始便表示将以正史《三国志》为蓝本进行创作，强调了其忠实于历史的立场；而在漫画表现上也可以看到漫画家为再现中国文化、艺术、民俗所付出的努力：在作品的作画风格、服饰设计、人物表现中都可以看到大量的中国元素，如水墨画、京剧表演等。从这个层面来说，该作与日本三国漫画创作渗透期的其他作品的风格是明显不同的。作者强调作品的创作忠实于正史《三国志》这一立场，更是有力地证明了自 1990 年之后，《三国志》日译本掀起的"反演义，扶正史"的社会动因对三国漫画创作的深刻影响，以及笔者提出的自中日外交关系恢复后，日本三国漫画创作者们在文献史料的搜集上更为便捷，大幅提高了其还原历史的能力这一观点。

总而言之，《苍天航路》是日本三国漫画中不可多得的精品，也是极具艺术感染力的历史漫画佳作。它的出现，一方面标志着日本漫画文化对中华文化的精髓有了更深层次的解读；另一方面，通过描绘三国时代的故事，作者阐述了自己对如何窥视人的真实内心、行为的善恶与时代背景的相关性以及何为理性、何为正义这些于现代社会仍需探讨的人类心理、道德问题的独特见解。[①]如此，通过主人公的形象塑造来表达、代言作者人生态度与见解的创作倾向，也由《苍天航路》开启，并在此后的三国漫改作品中得以开花结果。

四、武论尊、池上辽一的《超三国志》

（一）作品梗概

武论尊、池上辽一的《超三国志》（原名《霸　LORD》），与《苍天航路》同属创作倾向Ⅱ–C，该作在故事内涵、人物塑造上都极具争议性，充满主创者对原作、中日历史以及两国意识形态的主观臆断。

《超三国志》自 2004 年开始在半月刊青年漫画杂志《ビックコミックスペ

---

① ［日］李学仁、王欣太：《苍天航路》（第 7、20、28 卷），东京：讲谈社，卷末评语。

リオール》（Big Comic Superior，小学馆）中连载，至2011年3月第一部完结，并在小学馆旗下的《Big Comic Superior》发行了单行本共22卷。自2011年开始连载第二部《超三国志2》（原名《SOUL 霸》）至2013年完结。由于本研究进行时（2011）第二部尚未完结，因此本书选取的是故事告一段落的第一部《超三国志》的单行本全22卷展开考察。

该作的创作方式与《苍天航路》类似，分为剧本担纲与主笔作画两个部分，其中，担纲剧本制作的是日本知名漫画脚本家，曾为人气SF格斗漫画《北斗神拳》（集英社，1983—1988）创作剧本的武论尊，主笔则是日本著名的写实派漫画家池上辽一。武论尊在故事创作上同时参考了正史《三国志》与小说《三国演义》两部作品，将其中的人物故事进行融合，并运用三国人物作为代言人，表达作者自身对三国时代的理解，甚至还借此阐述了其对中日两国意识形态、社会价值观的主观认知。在上文中，笔者曾提到这种通过漫画人物表达作者见解的人物形象塑造手法，在《苍天航路》中已有所体现，然而《超三国志》中将主人公作为作者代言人的塑造方式，更是被作者发挥得淋漓尽致。

从体裁类型来看，《超三国志》是一部历史漫画作品，故事背景设定在卑弥呼女王一统倭国的日本古代，而与之平行的中国则处于三国成立前夕的后汉王朝，从故事中的描述来看，具体年代为公元184年。漫画主人公燎宇，既是卑弥呼女王的恋人，也是助其一统倭国的功臣；倭国统一后，他为了掌握"霸道"之真谛，独自一人渡海来到中国幽州并结识了刚结为义兄弟的刘关张三人。燎宇在与三人同行的过程中了解到刘备并非仁慈之人，遂与关羽合谋取而代之，此后他为掌握中国内地的"霸道"真谛，投身于后汉王朝的群雄战乱之中。第一部完结卷讲述的是曹操取代汉献帝成为霸主，与燎宇（即刘备）锋芒对峙的结局，故事进展实际上并未涉及三国群雄争霸的核心部分。

《超三国志》的剧本担纲武论尊虽号称参考了《三国志》与《三国演义》进行创作，但通读作品后，笔者发现其人物形象的塑造与关系建构，与原作相差甚远，实际上是以虚构的"刘备"为主角，在原作故事框架内大幅调整人物关系。因此，为理清该作各人物的实际关系，笔者绘制了"《超三国志》主要人物关系图"（图5-23）。

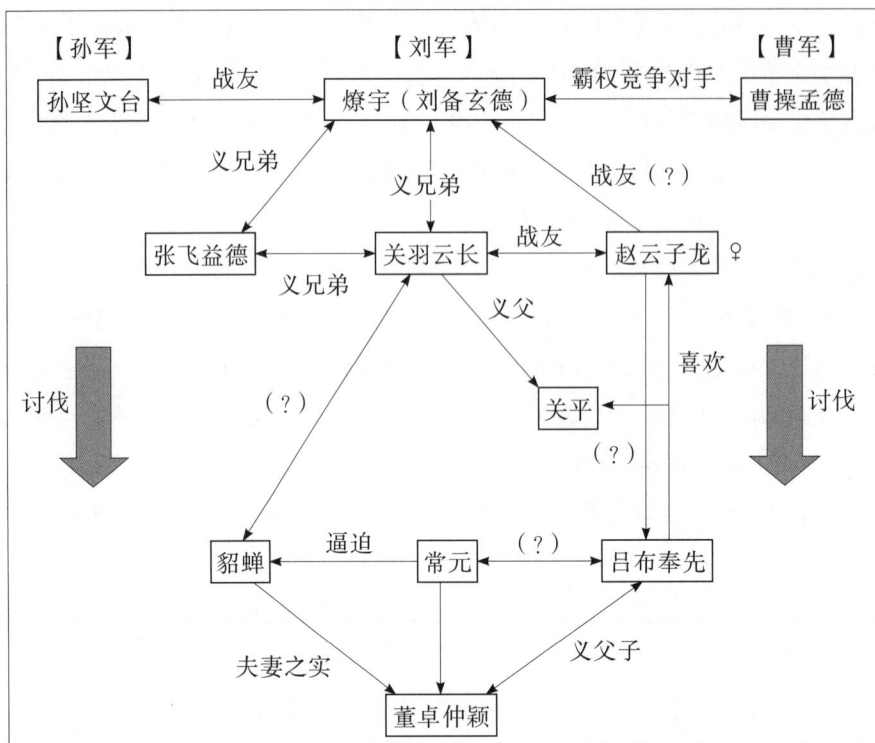

图5-23 《超三国志》主要人物关系图

注：笔者制。

从图5-23可以看出，作者在人物关系建构上进行了大幅调整与改编，除将刘备取而代之的燎宇是倭国武将之外，汉王室中掌握人脉的"常元"这一角色也被设定为倭人，二人贯穿故事进展，十分活跃；此外，刘备的军中大将赵云，在该作中被塑造为男装丽人，即女扮男装的女将，并与吕布（隶属董卓军）之间存在情感纠葛还育有一子，其子被作为关羽的养子抚养成人，名为关平。实际上，无论在正史还是小说中，关羽与关平的确是养父子的关系，也未曾对其前因后果进行详细的阐述，正因为原作《三国志》与《三国演义》中对人物关系来龙去脉的阐述有所缺失，促使武论尊在创作剧本的时候，对其做出了大胆且荒诞的诠释。其次，《超三国志》中同样沿用了《三国演义》中的虚构角色貂蝉，并且该角色在故事发展中起到了至关重要的作用。《三国演义》所塑造的貂蝉，是汉朝大臣王允用以挑拨董卓与吕布关系的养女，而在该作中，貂蝉却是有着汉王室血统的王族后裔，且与关羽之间存在情感纠葛。而刘军中备受瞩目、大受欢迎的天才军师诸葛亮，在该作中还只是一个三岁儿童，虽已与燎宇会面却未成大器，另一位天才军师——孙军旗下的周瑜，则统率着清一色由靓丽女子组成的娘子军。如此这般，可见《超三国志》中虽沿用了原作的人物角色，但在人物形象、人物关系方面都被作者做了大幅改动。

最后，从思想主题来看，该作展示的是武论尊与池上辽一共通的"大日本主义"，因此作品中随处可见倭人重情重义与汉人崇尚力量的对立思想体现。而且从许多细节上也能看出作者对资本主义、社会主义两种不同体制的隐晦描绘。可见，作者虽描绘的是中国的古代历史，反映的却是他眼中的中日关系与差异性。也就是说，这部作品看似遵循中国经典巨著但实际上对原作的故事内容、人物形象进行了大幅重新建构，重点描绘的是主人公燎宇（刘备）与曹操之间的权力争霸战，而这场博弈所展示的，正是作者主观认知中的中日关系。通过阅读这部作品，不仅能了解创作者个人的国家观念与政治理念，还能从侧面了解以其为代表的部分日本民众对中日两国关系的认知。

（二）表象分析

1. 作画风格

《超三国志》的漫画主笔是日本知名的写实派漫画家池上辽一，他的作画风格豪迈洒脱，逼真写实，不仅受到日本国内众多漫画家的高度评价，也影响了中国香港、台湾地区大为流行的武侠漫画的表现风格。① 池上辽一尤其善于运用素描的方式对人物形象进行描绘，而在《超三国志》的创作中，他也将这一绘画技巧发挥得淋漓尽致，人物形象写实逼真、生动鲜活。

---

① ［日］日下绿：《香港武侠漫画简述》，《漫画研究》2003 年第 4 期。

2. 人物外貌与服饰设计

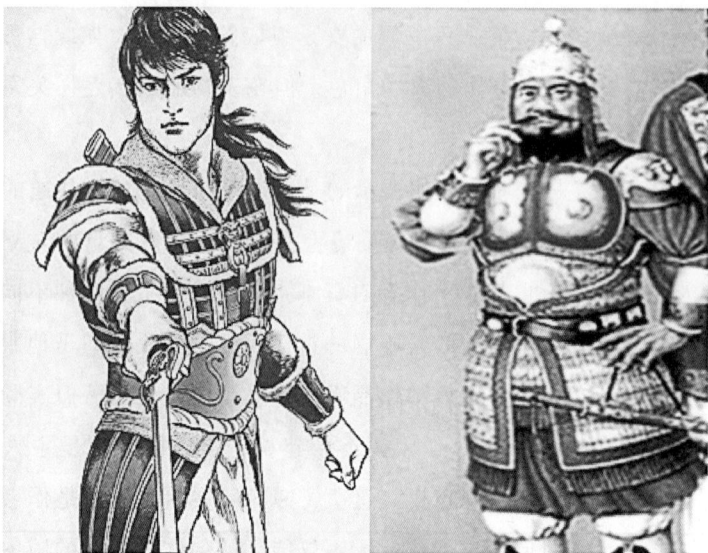

图 5-24　《超三国志》的武将铠甲（左）与五代十国的铠甲设计（右）

资料来源：武论尊、池上辽一：《超三国志》第 2 卷，第 83 页。

　　在人物、服饰设计方面，池上辽一更多采用了糅合中国各时代服饰特征于一体的方式进行创作。例如作品中对百姓与官吏的服饰设计，均是在中国汉代服饰的造型基础上，添加了华丽的花纹与图案以丰富视觉效果；其中，官吏的日常装束经过加工，更接近于宋明时期的服饰外观。而武将的铠甲设计上，则更接近于隋朝、五代十国时期的铠甲造型（图 5-24），可见作者更偏好该时代的铠甲在外观上的视觉效果。而在人物外观上，作者的设计则带有现代武侠漫画风格，尤其是男性人物的发型，令人瞩目。中国古代后汉时期至三国时代，成年男子都有束发的风俗。[1] 因此，如图 5-25 中散发的发型设计，虽并不符合汉代的男子发型风俗，在武侠漫画中却是十分流行的造型；其他诸如关羽被设计为头戴紧箍的僧人，都体现出池上辽一在创作中大胆融入自己独特的作画习惯的尝试。

---

[1]　沈从文编著：《中国古代服饰研究（增订本）》，上海：上海书店出版社，1997 年。

图 5 – 25　武侠漫画中常见的男性发型

资料来源：武论尊、池上辽一：《超三国志》第 2 卷，第 117 页。

3．战争场面描写

有别于前面分析的三部作品，池上辽一在《超三国志》中所描绘的战争场面非常精致写实，战争场面的每一个细节，如士兵的武器、配饰都被刻画得十分逼真；而且池上辽一非常热衷于使用跨页描写的方式来表现军队推进等战争场面的恢弘壮丽。一般漫画连载杂志每期刊登故事以"集"为单位，包含约32～37 页的内容，而单行本一本通常会收录五至六集连载故事的内容，如《超三国志》单行本平均每本 224 页，其第一部共发行了 22 卷单行本，那么合计约有 4 928 页漫画描绘。

那么，在这 4 928 页的漫画描绘中，跨页描绘大约有多少张？平均一本有多少页呢？笔者在这里对单行本各卷中的跨页描绘进行了统计整理，共整理出342 页跨页描绘画面，而具体单行本各卷的出现频次归纳于图 5 – 26 中。

如图 5 – 26 所示，《超三国志》中共有 342 页跨页描绘，即平均每 14.4 页故事中就会使用一次跨页描绘作画，可见其使用频率之高。总体来看，池上在描绘宏大的战争场面（图 5 – 27）、军队整体推进（图 5 – 28）以及突显主角的名台词时，便会使用跨页描绘来强调其壮丽感或重要性。

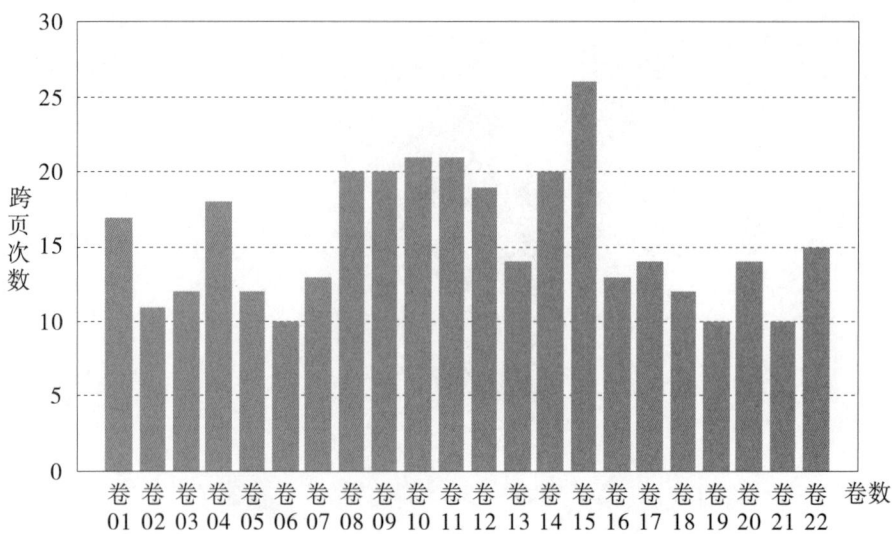

图 5 - 26　《超三国志》单行本各卷跨页使用频次

注：笔者制。

图 5 - 27　《超三国志》中战争场面的跨页描绘

资料来源：武论尊、池上辽一：《超三国志》第 1 卷，第 108 - 109 页。

图 5 - 28　《超三国志》中军队行进场面的跨页描绘

资料来源：武论尊、池上辽一：《超三国志》第 3 卷，第 29 - 30 页。

　　总体来看，主笔池上辽一在《超三国志》的创作中，充分发挥了他擅长的现代武侠漫画式的写实派作画风格，在人物描绘、场景表现上淋漓尽致地展现了武侠漫画的魅力。此外，池上也热衷于使用跨页描绘的方式来突显战争场面的宏大与人物台词的重要性，这都是《超三国志》在作品表象中所展示的与其他作品明显不同的特征。

　　三国英雄的故事，如繁星般点亮了三国群雄争霸、战火纷飞的黑暗时代的夜空。他们精彩纷呈的故事、相互间的激烈斗争吸引了无数日本漫画家以此为蓝本展开了各种体裁类型的漫改创作。如横山《三国志》、山原《龙狼传》等。而武论尊与池上辽一合作的《超三国志》，以倭国武将的视角展开，从其故事开篇的基调来看，叙述了战乱时代男人之间的友情，"为信念而生，为忠义而死"的英雄豪迈，获得了众多日本读者的关注。

第二节　小　结

　　本章对四部代表日本三国漫画各改编创作倾向的经典作品逐一展开了表象研究。从考察中我们首先发现的是，按时间顺序陆续出版的这些作品的表象特征产生了明显变化，且这些变化与各作品出版时的社会政治文化背景有着紧密的关系；其次，从创作者层出不穷的改编创作中，我们也看到漫画创作者所代表的日本读者群体对《三国志》《三国演义》以及中国历史文化乃至中日两国的意识形态与政治体系的见解与认知变迁。

　　首先，在对日本三国漫画的开山鼻祖——横山《三国志》的表象研究中我们发现，由于作品连载开始时中日两国尚未恢复外交来往，无法获得相关时期的历史文献资料，因此人物的外形设计基本是参照日本江户时代流行的《绘本通俗三国志》中的插图并添加作者的想象完成的，这一点在作者横山的访谈中得到了证实。故此，横山《三国志》在创作前半期中，出现了许多与历史不符的设定及表现；从这一点来看，我们还能得到一个结论便是，对日本文化影响最为深刻的中国传统文化多来自唐宋两朝，这也是为何在众多三国漫画中，常见唐宋两朝的文化元素的缘故。此外，笔者在前面的章节中曾提出一个论点：中日两国恢复外交来往以及《中日和平友好条约》的缔结，为日本三国漫画创作乃至各文化领域的改编创作提供了良好的社会大环境。而这一论点也在横山的访谈中得到证实：横山表示自两国恢复友好关系后，他得以亲自前往中国进行史料收集，并从中获得了许多有利于漫画创作的细节与灵感。而笔者在横山《三国志》后半期的创作中，也确实发现原本不符合历史的部分都被加以修正，并且对中国香港发行的连环画作品的依赖性与日俱增：从漫画分镜、页面分割、人物形象甚至物品摆放的位置都与连环画中的几乎完全一致。

　　其次，在 1993 年开始连载的山原《龙狼传》的考察中，可以看到作者既有忠于历史的创作，创造性的改编内容也在增加。从人物外貌与服饰设计上来看，山原在对历史人物的创作上，是较为忠于历史的；而在虚构人物的设计上，他发挥了更为大胆的想象力，创作出了独具特色的服装风格，如对唐代女性服饰、清代女性服饰进行大胆改良等。此外，《龙狼传》中还增添了包括仙术、武打、格斗、热血等全新的元素以丰富故事内涵，第一个原因自然是作者对中国的仙术、妖怪、武打等元素的理解与运用更为灵活；第二个原因则是受到了当时日本漫画界三部人气作品《圣斗士星矢》《北斗神拳》以及《七龙珠》所引领的热血、格斗与仙术漫画潮流的影响（同时，也是出于对抗竞争对手的市场意识）。

再次，本章对日本三国漫画中首个以曹操为主人公的作品《苍天航路》进行了考察。第三章中曾提到，1989年，日本首部正史《三国志》（包括《裴松之注表》）的完整日译本最终卷得以出版，在这个时期，甚至在中国本土都尚未出版如此完整的现代汉语版的正史注释本。故此，日本读者对三国历史以及人物的认识并不逊色于中国本土的读者。尤其随着正史日译本的出版发行，正史《三国志》与小说《三国演义》中对特定人物相互矛盾的阐述引起了三国爱好者与研究者的关注，甚至在日本国内掀起了"反演义，扶正史"的热潮。这股对三国人物重新审视、重新评价的热潮自然影响了该时期的三国漫画创作，而最早也是最具代表性的便是李学仁与王欣太共同创作的这部《苍天航路》。该作以曹操为主角，尝试颠覆其长久以来被固化的"恶人"形象并进行重塑，试图将曹操卓越的一生还原于读者眼前，因此担纲剧本的李学仁在连载初始便强调，该作是完全以正史《三国志》也就是以史实为蓝本创作的。此外，在漫画的作画风格、形象塑造、服饰设计乃至场景描绘中，都能看到作者力求贴近中国传统艺术、再现中国文化所付出的努力，例如主笔的王欣太在完整还原汉代服饰外观的基础上，还以毛笔作画、增添水墨画描绘、增添京剧表演元素来丰富作品的视觉效果。

最后，本章考察了武论尊与池上辽一共同创作的第一部《超三国志》。该作与《苍天航路》类似，是以特定三国人物为主人公的作品，然而与《苍天航路》不同的是，《超三国志》的故事建构看似借用并融合了《三国志》与《三国演义》两部作品的故事框架与人物关系，但事实上对其进行了极大幅度的调整与改编。创作者通过描绘刘备与曹操之间的权力斗争与合作，实质上讲述的是作者对当代中日关系的个人见解；这种将漫画人物作为创作者代言人的故事建构方式，为日本三国漫画创作带来了全新的发展可能性，也让我们能通过作品，窥见以漫画创作者为代表的部分日本民众对中国历史文化、中日两国关系的认知。

　　综上所述，从对日本三国漫画各改编创作倾向的代表作品的表象考察中，我们对日本漫画创作者如何理解三国故事，如何将其体现于漫画创作之中有了一个大致了解。尤其是我们看到，随着中日两国政治关系、文化交流的加深，日本三国漫画创作呈现出多姿多彩的内容变异与体裁多样性。可见，漫画文化与社会文化之间的关系是十分紧密的。在第六章中，笔者将对四部作品做进一步的考察，充分分析各作品在人物形象塑造、故事框架建构、作者与读者的相互关系等层面的差异与特点。

第六章

日本三国漫画作品的内涵研究

…… ……

　　前一章中，笔者对四部日本三国漫画的表象进行了具体考察，让我们对日本三国漫画创作在视觉表现上的变迁有了一个大致了解。这一章，将进一步对四部作品的人物形象、创作特征等层面进行研究。

　　首先，在人物形象塑造的研究中，本书将具体从四个三国人物展开：刘备、诸葛亮、曹操以及董卓。前三人在中日两国皆为最受读者喜爱的角色，其中曹操作为极具争议的三国人物，尤其值得关注；董卓作为三国故事中的极恶人物，在日本三国漫画创作中也呈现出多元化的鲜明特征，值得一提。总体来说，在掌握中国本土读者对这四人的普遍认知的基础上，通过日本漫画作品中对其形象的塑造与表现方式，更能突显出两国读者在认知上的差异。

　　其次，将对四部作品所代表的三个改编创作倾向的特征进行总结归纳。在这一部分，本书主要从主人公、读者、作者的视角，漫改作品、参考蓝本的故事框架，改编程度、忠实程度这三个方面进行考量；在对比各层面所包含的各元素之间的关系与对等性的基础上，对各改编创作倾向的特征做出详细阐述，并在此基础上思考作者与读者的相互关系及定位，以及这两个要素会为实际的改编创作带来怎样的影响。

第一节　日本三国漫画作品中的人物形象塑造

　　如前所述，本节重点考察日本三国漫画中的三国人物的形象塑造过程，为了让读者更好地理解中日两国在认知上的差异性，笔者选取了四个在中日读者中最为知名的三国人物作为代表以展开研究。该四人分别是：刘备、诸葛亮、曹操与董卓。这里必须说明的是，这四个角色在不同的作品中的登场情况各不一样。因此，本节将根据各作品的具体情况决定如何进行对四角色的考察，若有某人物从未登场的作品，将在该人物的小节中略过此作品。

一、仁德君主：刘备

第二章中曾提到，小说《三国演义》中，刘备作为汉王朝的血脉被作者奉为正统，在创作中也被塑造成一个仁慈有爱的正面人物形象，使得刘备这一王朝正统继承人的仁者形象被代代相传，扎根在中国读者的心中。然而，这个被认为是名正言顺的王朝后裔，在日本三国漫画创作中又是被如何展现的呢？尤其在20世纪90年代日本国内掀起的"反演义，扶正史"的浪潮中，对刘备的评价是否有所改变呢？本节笔者将主要围绕这些疑问，按照日本三国漫画四部代表作品的出版顺序展开考察，以探讨刘备这个历史人物的形象究竟发生了怎样的变化。

（一）横山光辉的《三国志》

横山《三国志》是以吉川英治的新闻连载小说《三国志》为蓝本展开创作的，虽然在创作后期，横山亲自前往中国内地收集资料并独自完成了吉川原作中未曾提及的直至蜀国灭亡为止的历史故事，但该作的主人公还是沿用了吉川《三国志》中的刘备，并且仍然是以蜀国为基调展开的故事创作。

该作中，刘备初次登场便被描绘为一个对母亲尽善尽责的大孝子，随后当他得知自己是汉王室的血脉后裔时，便顿悟了自己拯救人民于水火的使命，与结拜兄弟关羽、张飞共谋汉王朝的复兴大业并创建了义勇军；此后将诸葛亮纳入旗下并建立蜀国，投身于中原的群王争霸之中。有关他的故事都与我们在小说《三国演义》中所读到的基本无异。而横山在细节描绘中，也沿用了吉川《三国志》中的描写，以突显刘备为王室正统的身份，如通过佛寺大法师的讲述，让读者了解到刘备佩剑的不同寻常，以暗示其王室血脉等（图6－1）。此外值得关注的是，横山在设计刘备的人物外貌时，特意将他描绘成一个个头矮小的普通男性形象，尤其与关羽、张飞相比更是相形见绌（图6－2），而横山正是想通过这个细节来展示刘备并非依靠出众的外貌与身材，而是以卓越的人品来获取人心这个人物特征。

"这把剑绝非常人能有,这是王者之剑!虽然剑身已老旧,却是一把绝世名剑,你可有用它比划过?"

图6-1 "王者之剑"

资料来源:横山光辉:《三国志》第1卷,第44页。

再者,如图6-3所示,刘备明知未来必然命运多舛,曲折艰辛,仍胸怀天下与百姓,毅然决然地投身于战乱之中。这类描绘刘备不顾个人安危得失,忧心天下与百姓以展现其仁德与王者气概的画面,在横山《三国志》中频繁出现,而这些描绘也让读者对他此后必然会成为一个品德高尚、为百姓所敬爱的英雄与君王毫不怀疑。

图6-2 身材矮小的刘备

资料来源:横山光辉:《三国志》第2卷,第10页。

"这腔热血让他明知前途多难也要继续前进，因为这是为了美好的明天。"

图6-3　勇于投身战乱的刘备

资料来源：横山光辉：《三国志》第2卷，第86页。

综上所述，在横山的《三国志》中，刘备的人物形象与我们中国读者所熟知的仁者君王并没有什么两样，可见在日本三国漫画创作的初期，小说《三国演义》所定型的三国人物形象，在日本也影响深远。

（二）山原义人的《龙狼传》

山原的《龙狼传》，是以小说《三国演义》为蓝本创作的，因此该作中的三国人物形象，也基本参考《三国演义》中的人物设定。刘备在该作中，也基本是以我们所熟知的形象登场，并在漫画的前半部分十分活跃。在故事中，刘备被作者描绘成一个具有崇高理想、武功高超、德才兼备的人物。然而，在第六章中笔者曾提到，该作是以虚构人物——天地志狼为主人公创作的故事，而且作者除了描绘三国故事之外，还增添了统一匈奴等历史材料并原创了不少故事情节。因此，在第一部《龙狼传》的故事后半部分，整个叙事中心完全转移到了天地志狼的主线故事上，导致刘备以及其他三国人物几乎不再出现，甚至到第二部《龙狼传　中原缭乱篇》中完全不见了踪影。

因此，笔者主要以第一部《龙狼传》的前半部分为基础，考察了刘备出现较为活跃的章节。总体来说，作者根据《三国演义》的设定，依旧是把刘备塑造成一个心系天下百姓的仁君，从他的外观描绘上可以发现，作者特意为他设计了一对招风耳（图6-4），可见作者对刘备"垂肩耳，过膝手"的天生异相多有留意，因此相较于横山的《三国志》而言，山原对刘备的外貌描绘更贴近小说与历史。

"龙之子大人，初次见面，我是刘备玄德。"

图6-4 刘备垂肩耳的外貌

资料来源：山原义人：《龙狼传》第1卷，第59页。

另外，和横山的构思相同的是，山原在《龙狼传》中也将刘备设计成了一个身材矮小的人物。在图6-5中，主人公天地志狼第一次与刘备相遇便感叹："太不可思议了……刘备居然比关羽和张飞个子小这么多？但为什么他的气场如此的高大伟岸？"这种立足于"身材矮小却气场伟岸，因其人品高尚"的视角对刘备的人物形象进行的阐述，在日本三国漫画中并不少见。

综上所述，在对横山的《三国志》以及山原的《龙狼传》这两部作品中的刘备形象进行考察后，我们发现在日本三国漫画的创作初期，刘备的形象仍然是建立在以人品服众、胸怀天下与百姓的王室后裔这个固有形象之上，与我们中国读者从《三国演义》中所了解的刘备无太大的出入。而自1989年，日本国内首部正史《三国志》的完整日译本出版以来，日本国内掀起"反演义，扶正史"的热潮，从学者到普通的三国爱好者都开始研读正史，对曾经从《三国演义》中了解到的一个个三国人物进行重新审视与评价。受到这种社会思潮的影响，日本读者乃至三国故事的改编创作者们，对刘备这一人物的认识，也必然会发生改变，在此后的三国漫画改编作品中，我们便能看到这种变化。

"太不可思议了……刘备居然比关羽和张飞个子小这么多？但为什么他的气场如此的高大伟岸？"

图6-5　身材矮小，气场却显得高大伟岸的刘备

资料来源：山原义人：《龙狼传》第1卷，第59页。

（三）李学仁、王欣太的《苍天航路》

日本读者对刘备的认知，随着日译本《三国志》的出版在不断改变，尤其李学仁与王欣太合作的这部《苍天航路》，更是明确反映这一变化的典型例子。

如前所述，《苍天航路》的主人公是曹操，其参考蓝本是正史《三国志》，此外，担纲剧本的李学仁在连载初期便表示自己是在充分理解了正史《三国志》的基础上，打算在作品中颠覆刘备与诸葛亮固有的"正派人物"形象，并根据自己对史书以及其他历史文献的理解，对这两个人物进行全新的塑造。从这一点来看，相较于前面两作（横山的《三国志》与山原的《龙狼传》），《苍

天航路》中的刘备在其人物形象的表现上
或许更贴近于史实。

　　《苍天航路》中的刘备首先从外表来
看，完整还原了其著名的天生异相"垂肩
耳、过膝手"（图6-6）。而且，这个刘
备还说着一口江户方言，用语虽粗俗但说
话爽快，给读者以直截了当、大刀阔斧的
利落之感。再则，作者有意将刘备设定为
一个英俊潇洒、幽默风趣的人物，因此每
逢他的出场，必然会穿插一些令读者欣然
一笑的场面（图6-8），而这样充满人情
味的描写，与该作主人公曹操出场时的严
肃感形成了鲜明对比。

图6-6　刘备的垂肩耳

资料来源：李学仁、王欣太：
《苍天航路》第3卷，第146页。

图6-7　富有人情味的刘备

"布噜噜，叭啊啊……"（逗小孩的声音）

资料来源：李学仁、王欣太：《苍天航路》第17卷，第52页。

再者，图 6 - 7 与图 6 - 8 所呈现的刘备，从人物表情、行为举止中都流露出更多的人情味，这也是横山《三国志》或者是山原《龙狼传》中的刘备所缺乏的特色。而之所以将刘备塑造成一个如此幽默风趣、平易近人的形象，担纲剧本的李学仁表示他是有意地将小说《三国演义》中为宣扬儒家思想而被美化的刘备，重新诠释成一个有血有肉的性情中人，因此读者所看到的《苍天航路》中的刘备，会为兄弟两肋插刀，会与朋友插科打诨，会在战场上英勇杀敌，也会为博年幼儿子一笑而做出鬼马表情；这些充满人性的表现都是作者根据正史《三国志》加以诠释的，是作者自发的改编创作，很好地表达了作者自身对三国历史的理解。

张飞："大哥！你那头发是咋回事！"

刘备："不许笑！你们的刑罚可都靠我这头发给免了，还不快谢谢我！"

图 6 - 8　刘备的出场必会引起读者一笑

资料来源：李学仁、王欣太：《苍天航路》第 11 卷，第 130 - 131 页。

（四）武论尊、池上辽一的《超三国志》

最后考察的，是与《苍天航路》同样代表改编创作倾向Ⅱ－Ｃ的《超三国志》。这部作品的视点，与以往的漫画作品都大不相同，其主人公可谓是原作者彻头彻尾的代言人。

首先，结合第五章的表象分析来认识一下这部作品中的刘备。在《超三国志》中，刘备这一人物形象实际上具有双重意义，作者有意将刘备设定为两个人：一个是中原土生土长的刘备，因其个性暴虐，最后被取而代之；而将其取而代之的，则是该作的主人公——实际上来自倭国的武将燎宇。他取代了原本中原的刘备以后，活跃于三国时代。从这个设定便可看出，《超三国志》从人物设定的初始，便已完全脱离了原作。

基于以上的设定，再细致分析"刘备"（燎宇）这个角色，可以发现该角色具备与其他作品全然不同的特点。

首先，从外形来看，由于这是一个取而代之的"刘备"，因此形象上与历史或小说中的描述完全不同，而根据作者的设定，主人公燎宇因年少时曾被汉人救助，因此虽为了掌握"霸者真谛"前往中国，但实际上还抱着对汉人报恩之目的，故此，在他将刘备取而代之时，他也认定这是自己的宿命并欣然接受。

其次，前面曾提及，真正的汉人刘备并不具有王者之范，也正因如此他才会被燎宇所替代，而这个"刘备"（燎宇）虽试图夺取中原霸主的宝座，却也尤其仁慈。他尊重生命，热爱生命，常对旗下的士兵强调生命的美好，敦促他们要努力活下去，这样的描写更接近于《三国演义》中所塑造的刘备形象。而他常常强调的"活着"的信念，就如同口头禅一般经常出现在作品之中，如在单行本第2卷中，面对加入义勇军的士兵，他的一番"活下去、活下去、活下去，无论怎样艰苦，都要坚强地活下去，这才是我刘备的兵"的演讲慷慨激昂（图6-9），令人印象深刻。而对于成为霸主的条件，他更是主张应立足于当下，体恤百姓心情，强调若要建立一个国家，必须时刻以仁德、忠义、诚信、民众为信念；而这样的设定，也是较为还原原著的。

最后，笔者将以上的描写，与单行本第8卷中的描写进行了综合考量。第8卷中，吴国君主孙坚的一番话"这在后汉时代已然死去的精神（忠义），在异国之邦居然能如此充满生机，太让人不甘了"（图6-10），则将作者的"大日本主义"精神暴露得淋漓尽致。也就是说，对于作者而言，替代刘备成为主人公的燎宇，实际上表达了以作者为代表的一部分日本民众的价值观念，即主人公燎宇（刘备）实际上是倭人思想的代言人，向读者传递的是作者个人的主观认知与社会见解。

"活下去、活下去、活下去，无论怎样艰苦，都要坚强地活下去，这才是我刘备的兵。"

图6-9　"刘备"（燎宇）的名言"活下去"

资料来源：武论尊、池上辽一：《超三国志》第2卷，第2页。

"这在后汉时代已然死去的精神（忠义），在异国之邦居然能如此充满生机，太让人不甘了。"

图6-10　忠义到底是什么

资料来源：武论尊、池上辽一：《超三国志》第8卷，第173页。

综合四部作品的考察结果,在横山《三国志》与山原《龙狼传》中,刘备的形象仍与中国读者所熟知的形象大致相同,是一位胸怀天下与百姓、充满人格魅力的英雄豪杰,从侧面佐证了刘备这一人物形象,在日本三国漫画创作的初期,仍然是与《三国演义》较为接近的。然而,由于 1989 年日本首部《三国志》日译本的出版,三国爱好者与研究者们得以进一步了解被《三国演义》所掩盖的史实与人物真相。因此在 1994 年开始连载的《苍天航路》中,对刘备形象的重塑这一思想逐渐萌芽:作者在通读《三国志》的基础上,认为《三国演义》中的刘备是为宣扬儒家思想而被美化的形象,因此将其塑造得更加具有人情味儿,令人印象深刻。最后,在 2000 年开始连载的《超三国志》中,刘备的形象被进一步重构,诠释出了全新的意义。该作中的主人公"刘备"实则是由来自倭国的武将假扮,在这一点上,就已经是完全脱离原作故事框架的改编;另外作者之所以仍然将这一角色塑造为符合《三国演义》的仁者形象,更多是为了利用其作为代言人以阐述自己的政治思想与社会见解,因此从根本上与其他作品的立意有所不同。

以上四部漫画作品对刘备的人物形象塑造各有特色,在不同的发展时期也展现出了相当明显的变化。这些重塑的合理性暂且别论,仅从各时期、各作品中作者在对刘备这个人物的形象塑造上所体现出的认知变化与新的理解,确实反映出日本受众对刘备固有形象的认知在不断改变,并且通过考察所发现的这些变化,可以让我们看到,日本受众对三国人物的认知并不逊色于中国本土受众。

二、天才军师:诸葛亮

对诸葛亮的评价,大部分是关于他的才智以及卓越的军事谋略。当然,在《三国演义》中,诸葛亮被描绘成一个前无古人、后无来者的天才军师,无论是在中国还是日本,详细论述诸葛亮的军师才能、用兵谋略的书籍都层出不穷、五花八门。此外,小说《三国演义》不但将诸葛亮描绘成天才军师,更是突出描写了他对刘备以及蜀国死而后已的忠诚之心,尤其是他身先士卒的结局更是为其奠定了悲剧英雄的伟岸形象,催人泪下。对于中国读者而言,诸葛亮作为军师的天才风范、作为部下的忠心耿耿,自儿时起便以各种形式留存在记忆之中,如他写给刘禅的《出师表》被收录在高中语文教材中,作为古文经典代代学习传诵。

在第三章中笔者也提及,日本读者对诸葛亮的认知与中国读者是十分相似的,然而,这种认识是否会如同刘备一般,随着日本读者对正史《三国志》的深入理解而改变呢?带着这个疑问,笔者对四部三国漫画的代表作品中的诸葛亮形象的塑造与变迁进行了具体考察。

（一）横山光辉的《三国志》

横山的《三国志》中所塑造的诸葛亮，与作为参考蓝本的吉川的《三国志》以及吉川的参考蓝本《三国演义》中的诸葛亮是基本一致的。在横山的《三国志》中，诸葛亮初次登场于单行本第 21 卷（图 6 - 11），他是一个极具军师才能的人才，但没有出人头地的野心，因此在山林间平淡地生活，只为等待真正的伟人出现，以奉献自己的才华与能力。图 6 - 12 中的独白如此写道："孔明并不指望出人头地或获取名利，而是静待某日能一统天下的伟人出现时，他能为其出谋划策，贡献一份力量。"这一独白不仅体现了诸葛亮淡泊名利的品格，更是在他最终选择刘备作为君主的那一刻，映衬出刘备的高尚人格。

在第五章的研究中，笔者发现作者横山自中日恢复外交往来之后，便为了漫画创作亲自前往中国收集各种文献资料。在此基础上，横山在漫画中对木牛流马①、连弩②等汉代兵器做了十分细致的描述与介绍，而这些在三国时期性能极为卓越的武器的发明者，正是诸葛亮。可见横山在塑造诸葛亮作为天才军师这一形象上，下了不少功夫。

图 6 - 11　诸葛亮的初次亮相　　图 6 - 12　静待伟大人物出现的诸葛亮

资料来源：横山光辉：　　资料来源：横山光辉：《三国志》第 21 卷，第 97 页。

《三国志》第 21 卷，第 3 页。

---

① 诸葛亮发明的一种交通工具，在战争中经常出奇制胜，威名远扬。

② 诸葛亮发明的一种弩，又被称作元戎弩，一次能发射十支箭，火力极强。

"看，那颗闪耀之星便是我的命星，它正在散发最后的光芒，很快，它就要陨落了。"

图 6 – 13 孔明生命中最后的时刻①

资料来源：横山光辉：《三国志》第 59 卷，第 100 – 101 页。

"孔明的逝去，令众人悲泣，时值蜀历建兴十二年八月二十三日，终年五十四岁。"

图 6 – 14 孔明生命中最后的时刻②

资料来源：横山光辉：《三国志》第 59 卷，第 103 页。

最后，横山在漫画创作中沿用吉川小说中的描写，详细描绘了诸葛亮在刘备死后继承其遗志，数度率大军北伐魏国，并最终病死于途中的悲壮结局（图 6 – 13、图 6 – 14），令人动容。总体来说，横山的《三国志》完全再现了小说《三国演义》以及中国民众普遍熟知的那个对刘备与蜀国忠心耿耿、死而后已的天才军师诸葛亮。

（二）山原义人的《龙狼传》

作为创作倾向Ⅱ－A的代表作品，山原义人的《龙狼传》中对刘备的塑造，与参考蓝本《三国演义》所塑造的形象是基本一致的。然而该作中对诸葛亮的形象塑造，既有忠实于原作的部分，也有作者重新诠释的内容。

如前所述，《龙狼传》的参考蓝本是小说《三国演义》，而且，作者不但增添了虚构的男女主人公，在三国故事的描绘中也加入了许多原创的情节。在诸葛亮的形象塑造上，作者山原义人也较为特立独行，并没有让诸葛亮带着天才军师的光环登场，而是以一个较为笨拙的憨厚形象亮相（图6－15），而这种憨厚单纯、笨拙淳朴的形象在之后的故事进展中也常被突显，这明显有别于横山的《三国志》中的诸葛亮形象。

"啊……疼死了，又从床上摔下来了。"

图6－15　憨厚笨拙的诸葛亮

资料来源：山原义人：《龙狼传》第2卷，第172页。

然后，随着故事的进展，对诸葛亮出类拔萃的军事才能的描写慢慢出现，但由于作者在第一部作品的后期转向以原创故事为中心，此后几乎看不到诸葛亮运筹帷幄的画面。从他出场的单行本第2卷至第4卷为止的故事来看，诸葛亮是出于对曹操的冷酷无情的愤慨而毅然加入刘备一派的，然而在投身战乱之后，他逐渐意识到若要实现自己的理想，即帮助刘备一统天下，会导致更多的将士战死沙场，面对这一残酷的现实，他一直处在极度的矛盾与困惑之中。而对诸葛亮这种矛盾心理的描绘，实际上都是出于作者自己对这个人物的重新审视、对战争的自我理解而做出的改编。因此，相较于该作中刘备的形象并没有太大的改编来说，诸葛亮的形象重构在这个时期（20 世纪 90 年代初期）已经开始萌芽了。

（三）李学仁、王欣太的《苍天航路》

《苍天航路》是改编创作倾向Ⅱ－C 中，首个以曹操为主人公并加以重新诠释的经典作品。然而，该作不仅仅是对曹操进行了重新审视与评价，在对其他著名的三国人物如前文考察的刘备等，也做出了或多或少的形象重构。在这些被重新解读的三国人物中，诸葛亮也是其中之一。

首先，《苍天航路》中对诸葛亮的外貌呈现十分与众不同。在该作中初次登场的诸葛亮，是一个游走于人界与仙界之间、飘忽不定的金发仙人（图 6 －16），在成为刘备的军师之后，他仍然保持着我行我素、逍遥随意的自由生活（图 6 －17）。

"那些都是淫邪低贱的感官之物。"

图 6 －16　诸葛亮是脱离俗界的"仙人"的存在

资料来源：李学仁、王欣太：《苍天航路》第 17 卷，第 89 页。

其次，该作中有趣的是，身为刘备军师的诸葛亮，对敌对的曹操却十分执着。之所以会做出如此编排，担纲剧本的李学仁在单行本的卷末评语中曾提到，由于他在通读正史《三国志》以后，对刘备与诸葛亮二人的看法有所改变，认为二人在《三国演义》中被呈现为儒家思想所美化的形象。① 因此，他根据自身对历史的解读，对这两个人物做出了重新诠释。而对诸葛亮的形象重塑，他也表示需要与曹操在该作中的形象塑造相结合来理解。

图 6 - 17　被曹操吸引的诸葛亮

资料来源：李学仁、王欣太：《苍天航路》第 27 卷，第 29 页。

这里笔者选取了几幅诸葛亮与曹操之间的互动以解释二人之间的象征性意义。在图 6 - 17 中诸葛亮评价曹操，"曹操大人，你深知这人世间的黑暗，深知这世道的灰暗，也深知如何将自己内心的黑暗转变为力量"，可见其如此执着于曹操的缘由。然而，这个仍以神仙姿态示人的诸葛亮，在作者看来仍是一个被儒家思想所美化的人物，即人世间并不存在的完美人物。因此，即便诸葛亮施展法术企图与曹操在精神层面上进行交流，但作为道教精神的代表，以人为本

① ［日］李学仁、王欣太：《苍天航路》（第4卷），东京：讲谈社，卷末评语。

的曹操根本没有将其看在眼里。如图6-18中，诸葛亮对曹操一直对自己视而不见表示疑惑不解，而随即在图6-19中，诸葛亮的两个神仙随从对此解释道："孔明，你既如此执着于曹操，却没发现问题所在吗？正如草民不谈天下事，曹操也从不谈及你，因为对于他而言，你根本就是不存在的！"借两个随从之口，作者再次强调了作为神仙姿态的孔明的虚构性，并对这段故事设计评论："对于只活在当下的人而言，他（诸葛亮）只存在于虚构的童话世界之中。"而在该作单行本第24~26卷中，作者用长达三卷之幅来描述赤壁之战，其中，诸葛亮施展法术将曹军逼入绝境，并试图以此吸引曹操的注意（图6-20至图6-23）。然而，即便诸葛亮对其赶尽杀绝，曹操只是轻描淡写地抛出一句："烦人！"（图6-22）这让执着的诸葛亮备受打击；随后曹操还道："等你从赤壁的悬崖下来，走进汉土民巷，染上人情世故再来挑衅我！"（图6-23）之后曹操便撤退了。这段对白表明，以人为本的曹操对美化的人物诸葛亮是毫不关心、毫无兴趣的。

"为什么？为什么你要离我远去？为什么你对我视若无睹？"

图6-18　不被曹操知道存在的诸葛亮

资料来源：李学仁、王欣太：《苍天航路》第24卷，第63页。

图6-19　在"现实"世界不存在的诸葛亮

资料来源：李学仁、王欣太：《苍天航路》第25卷，第68页。

"怎么样？曹操！我才是最了解你的人！"

图 6 - 20　将曹操逼入绝境的诸葛亮①

资料来源：李学仁、王欣太：《苍天航路》第 24 卷，第 211 页。

"铭记我孔明的名字，与这凡世间的污秽一起消失吧！"

图 6 - 21　将曹操逼入绝境的诸葛亮②

资料来源：李学仁、王欣太：《苍天航路》第 24 卷，第 247 页。

图 6-22　否定诸葛亮（左）的曹操（右）①

资料来源：李学仁、王欣太：《苍天航路》第 24 卷，第 248 页。

图 6-23　否定诸葛亮的曹操②

资料来源：李学仁、王欣太：《苍天航路》第 24 卷，第 249 页。

从这一段精彩的故事呈现中，我们可以看到作者根据自己的理解，尝试颠覆诸葛亮长久以来为宣扬儒家思想而被美化的形象，也尝试向读者传达一个信息，即诸葛亮固然有聪明才智与英雄谋略，但始终是一个凡人，不应该对其形象过多地神化与吹嘘。而与之相对照，主人公曹操以人为本、实用主义者的形象，更令人有脚踏实地之感，这种印象派、隐喻式的表现手法，着实令读者印象深刻。而在这段赤壁之战的故事的最后，作者以如下对白落下了这场战役的帷幕：

此后，曹操脑中庞大的名单里终于添上了孔明的名字。然而在陈寿编撰的正史武帝纪（曹操传）中，却没有留下"诸、葛、亮、孔、明"中的任何一个字①。

由于在武论尊、池上辽一的《超三国志》中，诸葛亮仅是一个三岁儿童，并未参与到故事发展之中，直到最新的第二部连载也未见其踪影，因此对该作中的诸葛亮形象塑造的考察无从下手，故将该作略过不做考察。

总体来说，在日本三国漫画创作的萌芽期，如横山的《三国志》中对诸葛亮的人物描绘，依然是以突出其天才军师以及对刘备和蜀国忠心耿耿的英雄形象为主。而在山原的《龙狼传》中，诸葛亮虽仍是具有领袖气质的军师形象，但作者对他的塑造显得更有人情味：会因战乱导致生命逝去而感到自责、矛盾，会笨拙地从床上滚下地。而在李学仁与王欣太共同创作的《苍天航路》中，作者更是对诸葛亮长久以来被神化的高大形象做出了大胆诠释，通过描绘他与曹操之间的交流互动，对其人物形象是否被过于美化提出了质疑。但总体来说，长达40年的日本三国漫画创作中，对诸葛亮的人物形象塑造是随着日本读者对小说以及历史的深入理解而不断改变的，诸葛亮的形象塑造也从过往的神化转为人性化的表现，但无论对其进行怎样的诠释，他作为军事家的谋略与才智，从未被质疑或颠覆。

三、争议人物：曹操

无论是正史《三国志》还是小说《三国演义》，曹操都是一个十分重要且充满争议的人物。他是一个具有两面性的人物，自古以来对他的评价也总是褒

---

① ［日］李学仁、王欣太：《苍天航路》（第24卷），东京：讲谈社，第250－251页。

贬不一。例如中国读者对他的印象，大多来自小说《三国演义》以及以其为蓝本的电视剧等影视作品，而由于《三国演义》在创作中受到民间故事的影响，作者有意将刘备奉为正统，将曹操定位于反派奸雄，为他重构了一个谋夺刘备皇权的形象，也因此使得曹操背负了不少骂名。

然而在日本，小说《三国演义》传入日本后，就由僧侣湖南文山完成了日译本的编译，而这个译本故事中，所谓的"刘善曹恶"的印象被弱化，相较于原著小说而言，曹操的形象变得更加具有弹性。当然，其奸雄、篡位者的形象仍然被保留了下来。甚至 20 世纪 30 年代吉川英治的《三国志》在日本国内掀起了三国故事的改编创作热潮时，曹操的奸雄形象仍未改变。直到 1989 年，正史《三国志》的完整日译本出版以后，日本读者才在真正意义上理解了曹操作为历史人物的真实一面，也正因为如此，对曹操的重新审视与评价开始兴起。那么在日本三国漫画创作中，读者对曹操形象的认识变迁是否也被如实地反映在作品之中呢？

（一）横山光辉的《三国志》

横山的这部以吉川英治的新闻连载小说《三国志》为蓝本的作品，在人物形象的塑造上基本是沿用了吉川故事的设定，因此在曹操的设计上，仍是将他作为刘备的对手，以反派人物的刻画方式进行的描绘。如曹操在该作初次登场时，作者描述曹操作为刘备的竞争对手，后来对这个国家产生了巨大的影响（图 6－24）。然而，偶尔也能在故事的细节中，看到作者对其历史定位的还原，如单行本第 4 卷，曾在旁白中描述曹操为"三国时代真正的主角"（图 6－25）。

"即便在凯旋途中，刘备的脑海中也迟迟无法抹去曹操的身影。"

"而正如刘备预感那般，数年后，曹操不仅给这个国家带来了巨大的变革，也成了刘备最为强大的竞争对手。"

图 6－24 作为敌对方的曹操

资料来源：横山光辉：《三国志》第 2 卷，第 126 页。

但是，如前所述，横山《三国志》是以刘备与蜀国为视角创作的，因此在创作中，横山大幅削减了表现曹操军事谋略的故事情节，如吉川的《三国志》中为突出曹操军事能力而详细描写的与曹袁（绍）之战、官渡之战、平定华北等一系列奠定了魏国基础的著名战役等。而且横山在故事中虽呈现了曹操不问出身、唯才是用的特点，但也描绘了曹操为保个人安危或为达到目的，轻易夺走他人性命的故事情节。而横山之所以选取这些负面的情节作为焦点，目的在于将曹操冷酷残暴的奸雄形象与刘备仁德的君主形象形成鲜明对比。

"接下暗杀董卓这一重任的这位白面武者，便是曹操。而他正是史书《三国志》真正的主人公，时年35岁。"

图 6-25　正史中真正的主人公

资料来源：横山光辉：《三国志》第 4 卷，第 133 页。

这里用横山的《三国志》中的吕伯奢一族为例，来体现横山在故事创作中是如何体现曹操冷酷残暴的形象的。吕伯奢一族的故事，是《三国演义》中的著名桥段，讲述的是曹操欲刺杀后汉奸臣董卓失败后逃出首都并遭到董卓追捕的故事。在逃命的途中，曹操带领数人投奔故人吕伯奢，而吕伯奢为庆祝与好友的重聚，吩咐家人杀猪设宴招待曹操一行人，自己则外出买酒。然而，听到房外磨刀霍霍之声，疑心病极重的曹操未加询问，便认定吕伯奢的家人想把自己绑去官府领赏，遂杀了吕伯奢的家人并逃离，而在逃离的路上正好遇上买酒归家的吕伯奢，他又担心吕发现家人被杀而告发自己，索性连吕伯奢一并杀害。

这个故事,也正是曹操的名言"宁教我负天下人,休教天下人负我"(图6–26)的出处。而本与他同行的陈宫听到这句话后,认识到曹操是个毫无仁义的野心家,便弃他而去(图6–27)。

"我的话必定是正确的,我所做的事情也必然是无错的。"

"宁教我负天下人,休教天下人负我。"

图6–26 曹操的名言

资料来源:横山光辉:《三国志》第4卷,第185页。

"我还以为他会是个救百姓于水火的大忠臣,然而我大错特错!这个男人根本不是忧心天下,他是想夺取天下的野心家!"

图6–27 陈宫的困惑

资料来源:横山光辉:《三国志》第4卷,第188页。

然而，历史上是否真的发生过吕氏一族被灭门事件，至今仍是众说纷纭。毋庸置疑的是，在小说《三国演义》中，罗贯中对该传说进行了加工与夸大以强化曹操的恶人印象。而小说《三国演义》在民间得到广泛的传播与普及之后，常有人用这个故事来抨击曹操的为人。而横山也是利用这个故事来表现曹操的冷酷与不仁不义，与刘备形成鲜明对比。然而，在横山亲自前往中国收集资料以后，他在作品中描写曹操死前的故事时，却对曹操作出了以下评价：

成为故人之后方知曹操之伟大。他虽然有许多缺点，但瑕不掩瑜。平定中原乱世将近三分之二的土地，并非凡人所能，曹操实乃百年、千年一遇的风云人物。①

可见，虽然横山在故事创作中，始终将曹操作为刘备的对立面，塑造了一个反派人物的形象，然而在亲自收集了历史材料，对史实有了更多的理解之后，他最终还是给予了曹操一个客观的评价。

（二）山原义人的《龙狼传》

在前面的考察中，我们发现在横山的《三国志》中，虽有暗示曹操历史正统身份的情节，但整体来说仍然是将其作为反派人物加以描写的。而在山原的《龙狼传》中，曹操的形象塑造在故事初期，与横山的设定十分类似，后期的展开却截然不同。

以《三国演义》为蓝本的这部作品，在故事初期对曹操的描写，依然是按照原著的设定，将其塑造为冷酷无情的野心家（图6-28）。但是随着故事的展开，给读者冷酷无情印象的曹操，却在虚构女主角泉真澄的话语中慢慢改变，逐渐转变为一个期盼早日终止战乱，为百姓与国家的安定而奋战的英雄人物。在单行本第18

图6-28　曹操的外貌设定

资料来源：山原义人：《龙狼传》第2卷，第4页。

---

① ［日］横山光辉：《三国志》（第42卷），东京：潮出版社，第153页。

卷描绘男女主人公重逢的桥段中，泉真澄对曹操做出评价："丞相（曹操）并不是冷酷的野心家，他的无情，也许只是一个掩饰自己忧国忧民之心的盔甲。……这样的丞相，才是这个乱世不可或缺之人。"（图6-29）

借此桥段，山原义人表面上将曹操塑造成一个冷酷的野心家，实际上却借主人公之口，突出了他以人为本的实质；而这里所突显的以人为本，与横山《三国志》中描绘的唯才是用是全然不同的，侧重的是曹操关心百姓的一面。从这些细微的侧重点变化上，我们可以看到曹操的人物形象实际上正在逐步发生改变。

图6-29　借主人公之口对曹操形象的重塑

资料来源：山原义人：《龙狼传》第18卷，第74-75页。

（三）李学仁、王欣太的《苍天航路》

李学仁与王欣太的《苍天航路》，是考察日本三国漫画创作中曹操形象变迁的一部必不可少的作品，因为这是第一部以曹操为主人公的作品，也是以曹操为主人公最为经典的作品，该作品中对曹操的重新定义与评价，极具参考价值。其最重要的原因在于，该作在以曹操为主人公的同时，也是自《三国志》日译本在日本国内出版以来，第一部真正意义上以正史《三国志》为蓝本的漫画作品。故此，该作中的许多故事桥段，都与以《三国演义》为蓝本的漫画作品大有不同。

曹操的外貌设定颇有京剧脸谱风范（图6-30），脸上总是洋溢着自信的表情。在故事开场讲述三国时期的三位英雄伟人的独白中，作者给予曹操"三人中，对'人'最感兴趣的英雄"（图6-31）的评价，强调他作为道教精神的代表，是一个极具现实主义、以实务主义为信条的人。

"再说，曹操大人已有帝王之势，哪有单枪匹马于这乱世的道理?"

图6-30　曹操的外貌

资料来源：李学仁、王欣太：《苍天航路》第5卷，第163页。

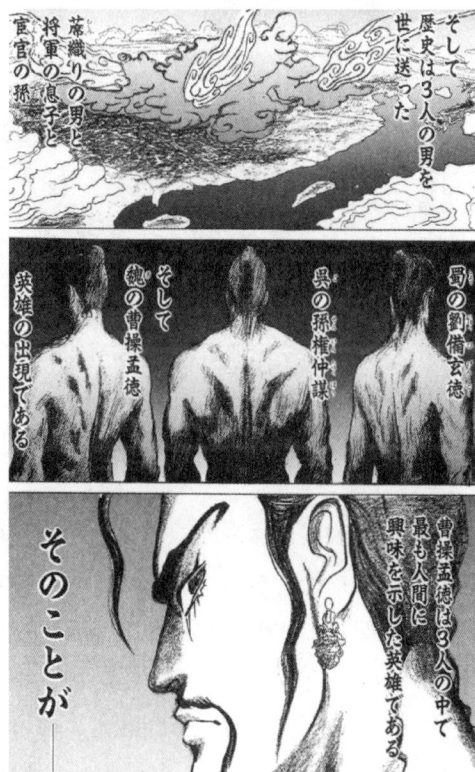

"三国历史上诞生了三位英雄：一位身披素衣，一位出身将门，一位是宦官之孙；他们是蜀之刘备，吴之孙权，魏之曹操。而曹操是三人中，对'人'最感兴趣的英雄。"

图6-31　现实主义的曹操

资料来源：李学仁、王欣太：《苍天航路》第1卷，第21页。

　　既是出于实用主义的信念，也是对"人"最感兴趣的英雄，故事中的曹操在用人上只问才华不问出身，唯才是用的策略连对手关羽都赞不绝口（图6-32）。此外，当他遇到执念于门第家世、儒教理想主义的人时，也会表现出义愤填膺，以突显他贯彻道教思想的人物形象。而在考察诸葛亮形象的部分，曹操与诸葛亮之间"实"与"虚"的精彩博弈，也很好地证明了他作为现实主义者的一面。

"曹操才不管你是什么妖魔鬼怪、魑魅魍魉，只要有才能，他就会用你。"

图6-32　评述曹操唯才是用的关羽

资料来源：李学仁、王欣太：《苍天航路》第17卷，第99页。

　　在横山的《三国志》中为表现曹操冷酷残暴这一性格特征的吕伯奢一族的故事，在《苍天航路》中也有描绘。然而，《苍天航路》中的结局与横山《三国志》的却截然不同。如前所及，该事件在历史上是否真实发生，其结果到底如何，实际上众说纷纭，没有定论。在《苍天航路》中，担纲剧本的李学仁参考的是正史《三国志》中的描述，借用了正史的故事。即曹操一行前往吕伯奢处避难，吕家的家臣欲告发他，被曹操的部下发现，随后曹操处决了这个家臣，但并没有杀害吕氏一族，而是征召吕伯奢为其效力，率领吕氏一族投入了复兴大业之中。事实上，这个故事版本，来自正史《三国志》的注释即《裴松之注表》。可见，在这个事件上，作者更倾向于正史的解释，因此在作品中对吕伯奢一族的故事进行了重新解读。而在小说《三国演义》中被加工夸大以突显曹操负面形象的版本，完全未被采纳。

　　总体来说，《苍天航路》中的曹操，是一个在任何事情上都倾尽所能，从少年时代起就具有非凡思想的卓越之人。不但如此，该作还为其形象增添了雄辩家、政治家、军事家、文学家等多彩的元素，使得曹操的人物形象鲜明生动、丰富多彩，不愧是真正以曹操为主角，讲述曹操一生的杰出作品。甚至在故事的最后——描述曹操临终前的故事中，作者都不忘对曹操坚持薄葬的做法进行肯定（图6－33）：

　　建安二十五年（220）正月，庚子日，曹操，于洛阳殁，终年66岁。其遗诏有令，曰：天下尚未安定，葬仪不得按传统举行！埋葬后众人不得穿丧服服丧！驻扎将士不得离开营地！各级士官不得休息，需各自坚守岗位职责！给我穿上普通衣装，金银财宝不得随葬！——曹操所坚持的薄葬，颠覆了一直以来儒家时兴的厚葬礼仪，是中国丧葬史上划时代的变革。曹操至死，都将自身的信念贯彻到底。①

图6－33　悄然离世的曹操

资料来源：李学仁、王欣太：《苍天航路》第36卷，第252－253页。

①　［日］李学仁、王欣太：《苍天航路》（第36卷），东京：讲谈社，第254－255页。

(四) 武论尊、池上辽一的《超三国志》

在第五章的表象研究以及刘备的人物形象考察中可知,武论尊与池上辽一的这部《超三国志》与其他三部漫画有所不同,虽然讲述的是三国的故事,但是在作者刻意调整之后,整体故事框架虽未大改,但其中的细节已发生翻天覆地的变化。尤其是虚构的主人公取刘备而代之,摇身一变成了作者政治见解的代言人:倭国武将燎宇取代了刘备,在中原大地上争霸群雄,而他对霸道、忠义的见解,实则是作者所代表的岛屿国家——大日本主义思想。而与这个代表日本意识形态的主人公站在对立面,被作为大陆国家——中国的精神代言人角色的,正是曹操。

《超三国志》中的曹操,外表帅气,身材健美,是武侠漫画中常见的美男子形象。而从单行本第4卷的故事桥段中可知,曹操的性格是对敌人一视同仁,为胜利不择手段的冷酷之人。他的性格设定,与主张以忠义获得天下的主人公"刘备"(燎宇)是截然相反的,这种对立面的设定类似于《三国演义》中的刘曹定位,然而在该作中,这种对立却是作者有意为之。单行本第1卷中曹操初次亮相,便表明了对霸王的见解(图6-34)。在他看来,"要想立于百姓之上,必须与'神'同化",主张若要成为中原霸主,就应该成为"超于常人的人"。

此外,"刘备"(燎宇)在故事中常主张"建立国家要以'义'为根本",这可视为作者所代表的岛国思想,而与此对应的,大陆思想的代言人曹操则在单行本第8卷中否定:

"不择手段!既然无人能领导,那么就要奋起以暴制暴。"

图6-34 霸王理应是超人般的存在

资料来源:武论尊、池上辽一:《超三国志》第1卷,第12页。

"光靠'义'是无法一统天下的"（图6－35）。

图6－35　对立的建国理念

资料来源：武论尊、池上辽一：《超三国志》第3卷，第118页；第8卷，第142页。

　　综上所述，从《超三国志》的设定来看，曹操是一个杰出的军事家与领导者，且具有冷酷无情的一面。尤其在作为大陆思想的代言人这一点上，他所阐述的国家建立与治理理念，都与主人公"刘备"（燎宇）所认定的信念截然不同。这两种对立思想的描绘，实际上正是作者对作为岛屿国家的日本，与作为大陆国家的中国，在意识形态、政治体制上的差异性的一种主观判断。

　　曹操作为三国群雄中的霸主式人物，无论在历史上或在小说中，总是充满争议，评价褒贬不一。然而随着对历史的理解加深，三国爱好者与学者对他的评判也在不断改变。从以上的考察结果来看，曹操的人物形象塑造随着日本读者对三国历史的深入了解，一直在改变。在横山的《三国志》中，曹操虽是一个爱惜人才的杰出军事家，但也是一个为保性命不择手段的冷酷之人；随后发行的山原的《龙狼传》则转换了侧重点，虽描绘了曹操冷酷无情的一面，但让读者更多地关注到他胸怀百姓的内心；再者，以曹操为主人公的《苍天航路》，在正史《三国志》的基础上对曹操的人物形象进行了重新诠释，让读者接触到一个立体鲜活、自由洒脱的乱世英雄；最后，在《超三国志》中，曹操摇身一变，成为大陆国家——中国的思想代言人，与岛屿国家——日本的思想代言人逐鹿中原；如此这般，日本三国漫画创作中的曹操，千变万化，令人深思。

四、穷凶极恶：董卓

前文笔者分别考察了刘备、诸葛亮与曹操三位在三国历史中备受瞩目的英雄豪杰，无论他们在漫画作品中被怎样重塑，其在历史中的英雄壮举仍能得到一定的反映。而与这三人相对的，三国时代的恶人逆贼，在日本漫画创作中会被如何描绘，又会有怎样的改编创造呢？带着这样的疑问，笔者以董卓作为三国时期的恶人代表，对其人物形象的塑造与特征进行了考察。

董卓作为东汉末年著名的逆臣贼子，在中日两国都被作为穷凶极恶的代表为读者所熟知。他的一生凶残暴虐、满怀私欲、狼子野心路人皆知。而为了达到目的，他玩弄权术，践踏律法，破坏经济，残害人民；他的种种倒行逆施，导致了东汉末年政治权力的极度混乱，给社会带来了巨大破坏。在三国故事的衍生作品中，对于这样的一个逆臣贼子的描述，总是离不开残虐、凶恶等关键词。

（一）横山光辉的《三国志》

横山在《三国志》的故事中，用单行本第 4 卷至第 8 卷的五卷篇幅来讲述董卓的故事。董卓初次亮相，便是他觊觎皇权，拥戴陈留王为新皇帝，实则谋划垂帘听政的场景（图 6 - 36）。而在董卓掌握实权之后，横山在描绘他奢华荒淫的皇宫生活之外，也耗费了不少笔墨描写他肆意屠杀平民百姓的场面。虽然其手段残酷暴虐，但是受横山画风的限制，实际呈现出的画面并不血腥残酷，未能达到极致的视觉效果。而在描绘董卓最终被吕布刺杀的细节时，横山并未添加什么改动，只是照搬了吉川的《三国志》中的故事情节（图 6 - 37）。总体来说，横山虽花费了不少篇幅讲述董卓的故事，却只是将他的故事作为三国前夜的铺垫与过渡，并未在人物形象的重构上下太多的功夫。

"呵呵，相较于流着何进之血的当今圣上，陈留王才是真正的帝王血脉，且颇具帝王风范。"

图 6 - 36　拥护陈留王，实权在握的董卓

资料来源：横山光辉：《三国志》第 4 卷，第 38 页。

"在这里，董卓穷尽荣华富贵的一生走到了尽头。"

图 6 - 37　董卓被信赖的吕布杀死

资料来源：横山光辉：《三国志》第 8 卷，第 50 页。

（二）李学仁、王欣太的《苍天航路》

由于在山原义人的《龙狼传》中并没有采用董卓这个角色，因此这里将略过对山原作品的考察，进入对李学仁与王欣太合作的《苍天航路》的具体分析。

在《苍天航路》中，董卓的人物形象塑造与视觉叙事开始出现明显的变化，可以认为以这部作品为分界线，创作者对董卓形象的重塑开始萌芽。

历史上，董卓因出征平定少数民族之乱而成名，而在《苍天航路》中，作者则以董卓的这段经历为焦点，从外貌与服饰设计上用异民族人种的魁梧身材，少数民族风情的发型与装束来突显他与少数民族之间的关联性（图 6 - 38）。

"首都更应该是充满雄壮气息之地。"

图 6 - 38　董卓的异民族发型及装束

资料来源：李学仁、王欣太：《苍天航路》第 5 卷，第 188 页。

从三国故事的描述来看，董卓不仅是一个穷凶极恶之人，其度量也非常狭小，而这个形象长久以来也被日本读者所接受。但在《苍天航路》之中，作者却对董卓暴虐不仁的形象做出了大幅改动：从定位来看，董卓是该作中典型的反派人物，但同时也是一个重视人才、赞赏傲骨甚至愿意将敌人纳入旗下的大气之人。因此，在《苍天航路》中所塑造的董卓，与其说是一个逆臣贼子，不如说是一个穷凶极恶同时具有压倒性气场的领袖人物（图6-39）。

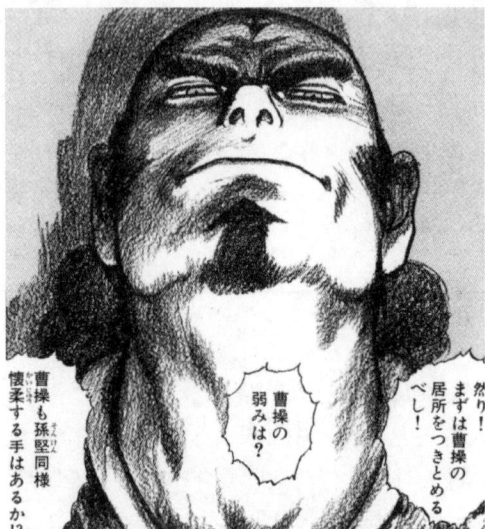

"我们应该先找到曹操栖身之地！"

"曹操的弱点是什么？"

"曹操是否会和孙坚一样采取怀柔政策？"

图6-39 穷凶极恶的反派领袖人物董卓

资料来源：李学仁、王欣太：《苍天航路》第6卷，第51页。

此外，《苍天航路》中对董卓所实施的大虐杀进行了写实详尽的描述，场面逼真血腥，令读者瞠目。而相对来说，该作在三国争霸的战争场面中都未曾用过如此写实残酷的描绘，担纲剧本的李学仁对此在单行本第5卷卷末评语中做出了具体的解释。他指出，在《苍天航路》连载期间，中日两国学界都对董卓的人物形象做出了新的诠释，其中有学者认为正史中所描绘的董卓虐杀百姓的情节是夸张且带有诽谤意味的，而李学仁对该观点持怀疑态度，他认为史学家在描述董卓的残暴时有所顾忌，并没有将真相还原于世，因此在《苍天航路》中，他尝试将史学家所未曾描绘的暴虐尽情地展现，以表现他对董卓的评判。也正因为他对董卓的如此见解，《苍天航路》中的董卓不但是一个穷凶极恶的反派领袖，甚至是三国群雄口中的恶魔。

（三）武论尊、池上辽一的《超三国志》

以《苍天航路》为界，日本三国漫画创作中对董卓的人物形象重塑开始萌芽，而进一步发展这种重塑，便是《超三国志》中的董卓。

《超三国志》中的三国人物，或多或少都被作为某种意识形态或政治观点的代言人加以重塑，如作为主人公的"刘备"（燎宇）代表的大日本主义，曹操所代表的大陆思想等。而董卓这个人物所蕴含的，并不是作者对大陆国家——中国思想的见解，而是对中国社会的思考与臆断。

《超三国志》中的董卓，其外貌与日本著名男演员西田敏行如出一辙，这样的外貌设计在该作中并不少见，其他例如吕布的外貌参考的是好莱坞男星布拉德·皮特（Brad Pitt）一般，这是作者的一种视觉游戏，让读者在心理上产生一种诙谐轻松的阅读状态。这个酷似日本男演员的董卓，在故事中被描绘为一位活跃于后汉时代、野心勃勃的革命家，并被赋予了作者主观认知的"革命"气质。

例如，首先，该作品中董卓是一个农民出身的将领（图6-40），他常会强调自己是贫民、百姓出身，以佐证自己为民而战的根本精神。

"我本为贫民出身！"

图6-40　董卓强调自己的出身

资料来源：武论尊、池上辽一：《超三国志》第7卷，第60页。

其次，董卓不相信宗教，拒绝偶像崇拜的无神论思想，在探讨立国之本的问题上，他更是强调以大力发展农业的基本政策。

最后，"人人平等""土地国有""资源共享"等词语也时常出现在董卓的独白之中。可见，作者通过董卓这个人物所描绘的，实际上是作者对社会主义的个人理解。

总体来说，《超三国志》虽然讲述的是三国时代的群雄争霸，但实际上描绘的是作者所认知的中日意识形态的竞争与协作。而从这一点来说，通过分析该作品，侧面窥见以作者（武论尊、池上辽一）为代表的部分日本民众对中日意识形态、价值观念差异的认知，也是极具价值的。

综上所述，董卓作为三国故事中最具代表性的逆臣贼子，其人物形象在日本三国漫画创作中实现了多元化的嬗变。最初在横山《三国志》中，他的人物形象仅照搬参考蓝本，未有改变；而从《苍天航路》开始，日本创作者对他的重塑开始萌芽，而这种重塑，与该作主人公曹操的形象重塑是十分相似的，但作者并未对其加以过多的正面肯定，更多的是突显其穷凶极恶的人物特质；最后，在《超三国志》中，作者则利用董卓作为其代言人，描绘了他对社会主义的臆想。

五、小结

通过对刘备、诸葛亮、曹操、董卓四人形象塑造过程的考察，我们对日本三国漫画创作有了一个更深层次的理解。总体来说，日本读者对三国人物的形象认知，长久以来受到了小说《三国演义》的深刻影响，与中国读者的印象类似。而随着正史《三国志》日译本的出版，中日两国学界对三国人物进行重新审视与评判，日本三国漫画创作者们也根据各自对历史的理解，开始展开对三国人物的形象重塑，并发展出了多样化的形象嬗变。

首先，刘备的人物形象随着日本三国漫画创作的时代发展，发生了明显的改变。从最初突显刘备仁德的高大伟人形象，到后期他极具人情味、诙谐性、亲近感的形象转变，可以看到日本读者对刘备的认知在发生变迁，这或许更贴近历史。

其次，诸葛亮的形象也在这40年的漫画创作中发生了不少改变。最初在横山《三国志》中才智过人、忠心耿耿的完美形象，在山原《龙狼传》中变得更有人情味；而在《苍天航路》中，作者更是试图颠覆其过于完美的神化形象，通过与主人公曹操的对比让诸葛亮最终回归凡人，以还原诸葛亮形象中人性的一面。诸葛亮的形象随着日本漫画创作者的深入理解，在不断地回归人性化，但他作为天才军师的才智过人、天赋异禀的特点，却是难以被挑战与质疑的。

再次，作为争议人物曹操，他的形象呈现极具看点。在横山《三国志》中唯才是用却不择手段的奸雄曹操，在此后的漫画作品中开始被慢慢还原成历史中雄才大略的军事家与思想家。尤其在《苍天航路》中，漫画创作者通过对正史《三国志》的通读与理解，真正意义上实现了对曹操的重新诠释，让读者接触到一个更贴近历史的曹操形象。而在《超三国志》中，作为大陆国家——中国传统思想代言人的曹操，其作为军事家的冷酷与理性，也变得更为合理化。

最后，作为后汉时代著名的逆臣贼子董卓，在日本三国漫画中也得到了重塑。虽然在横山《三国志》与山原《龙狼传》中，并未对这个角色做出新的解读，但以《苍天航路》为分界线，董卓的形象开始产生了新的意义。例如在《苍天航路》中，作者加深了董卓的"恶"，将其描绘成一个穷凶极恶的领袖人物；又例如在《超三国志》中，董卓作为后汉时代的野心家，成为作者用以阐述其对社会主义主观想象的工具。

综上所述，三国人物的形象在日本三国漫画作品中是多种多样、丰富多彩的，漫画创作者们通过多元化的表现手法，描绘了三国群雄的千人千面；而在对这些人物形象塑造的考察中，也让我们再一次认识到日本漫画创作在视觉叙事上的多元化与潜能。

第二节　日本三国漫画的创作特征

首先，在第五章的作品表象研究中，我们发现漫画创作者所代表的日本读者与三国故事之间的关系在不断发生改变，而这些改变反映的是日本漫画文化与社会文化发展之间的紧密关联性。

其次，在考察作品表象的基础上，笔者在本章进一步考察了漫画创作中，三国人物的形象塑造发生了怎样的变迁。通过这些人物形象的嬗变，我们不仅再一次证明了社会文化交流与发展对漫画创作的影响力，也更深层次地认识到日本漫画创作所特有的多元化的魅力所在。

最后，从这些作品表征上的变迁、人物形象塑造上的改变过程中，笔者最期望理解的核心问题在于：①漫画作者如何在忠实于原作故事表达的基础上，丰富作品的内涵；②漫画作者又是如何在充分理解原作的基础上脱离其故事框架的限制，并活用自己的想象与创造的；③漫画作者与读者之间的相互关系、彼此定位是否会在漫画创作中有所体现。本节将聚焦于日本三国漫画故事内涵中，漫画作品的故事建构，作者与读者的相互关系以及彼此间定位的变化对漫画创作的影响等因素。主要从主人公、读者、作者的视角，漫改作品、参考蓝本的故事框架，改编程度、忠实程度这三个方面进行考量，并在这三个方面的程度关系考量的基础上，思考在绪论中笔者所提及的，岛国日本的文化特征呈现为"拿来/融合"这一论点的合理性。

一、各类创作倾向的特征

从第五章开始，本书对日本三国漫画的作品表象与人物形象塑造进行了具体考察，基于考察结果，本节将焦点放在四部作品所代表的三种改编创作倾向上，对其创作特征进行总结。如前所述，创作特征的总结将从主人公、读者、作者的视角，漫改作品、参考蓝本的故事框架，改编程度、忠实程度这三个方面进行展开。

（一）创作倾向 I （以学习中国文化/历史为目的的改编创作）

以横山《三国志》为代表的创作倾向 I ，自日本三国漫画创作的初期便一直存在，直至今日，仍不断有多种作品发行。隶属于这个改编创作倾向的作品，从前述三个层面上来说，呈现出以下的具体特征。

1. 主人公视角＝历史的当事人；读者视角＝历史的学习者

隶属于这一倾向的作品，在主人公与读者的视角设定上，是具有共通性的。总体来说，该倾向中的绝大多数作品，都以三国人物为主角进行创作，因此，主人公的视角与历史人物的视角趋于一致，故事也是以历史当事人的视角展开叙述。

例如横山的《三国志》中主人公为刘备，因此作品的故事建构以及情节铺展都是以刘备为中心而设计的。而在故事后半期刘备去世，作品的主人公视角便转为诸葛亮，故事的铺展与情节设计也从此转向以诸葛亮为中心进行。因此，无论该作的主人公如何更替，他的视角始终是建立在历史当事人的立场之上的。

相对的，由于该倾向中的创作目的多为历史学习、文化习得两大类，故此，这一类作品中很少出现作者有意改编创作的情节与要素。从这个角度来看，该倾向中的目标读者群，被定位在历史学习者的位置，他们在阅读作品时也是以旁观者的视角去阅读历史、学习历史，对主人公的代入感会较为薄弱。而实际上，若要客观地学习与理解历史及人物，将读者置于"旁观者＝学习者"的定位是再合适不过的了。

2. 作者视角≈原作视角；作品框架≈原作框架（作品＜原作）

我们来看看该创作倾向的作者视角与原作视角、作品框架与原作框架之间的关系。以学习教育为目的的三国漫画作品，大多是从参考蓝本的角度展开创作的。以横山的《三国志》为例，由于该作的参考蓝本为吉川英治的新闻连载小说《三国志》，因此从人物设定到故事建构上都是全盘照搬吉川原作的构思的，那么漫画作者的视角就必然要与原作的视角保持一致。然而，在前面章节的分析中曾提到，横山依靠自己亲赴中国考察所收集到的历史文献，在漫画中增补了吉川原作未曾描绘的到蜀国灭亡为止的故事，因此在这一段故事的描绘过程中，作者的视角是独立于原作视角的，因此笔者认为，两者之间与其说是完全一致，不如说它们更趋向于基本一致的范畴。

此外，基于上述中同样的理由，漫改作品的故事框架是对参考蓝本的照搬，但由于横山的《三国志》中包含了独自构建的故事内容并延展了原有的故事框架，因此总体来说，该作品的故事框架基本与原作趋于一致。而由于横山《三国志》在故事建构上的特殊性，因此这里有必要进一步考证同样隶属于创作倾向Ⅰ的其他作品在故事框架上的特点。从附录二"日本三国漫画作品年表：1971—2011 年"中筛选出的作品来看，大多数作品是以刘备或诸葛亮为主角展开的历史人物科普漫画，因此，这些作品大多都是以主人公的一生为节点来建构作品框架的，相较于《三国志》或《三国演义》的作品框架而言，这仅仅只是原作故事框架中的一个组成部分，因此这里笔者以"作品＜原作"的标注方式，提示大部分隶属于创作倾向Ⅰ的作品，其故事框架都是被包含在三国故事的大框架之中的。

3. 改编程度＜忠实程度

毋庸置疑，这一倾向中的三国漫画作品，其创作目的主要为学习中国历史与介绍中国文化两个方面，因此，客观、准确地讲述历史、还原历史，是这一类漫画创作的重中之重。尤其如横山的《三国志》一般，在作者前往中国实地考察之后，甚至会将漫画创作前期出现的问题与错误一一修正，以求作品能更贴近历史。因此，该倾向中的漫改作品，对历史的忠实程度必然是远大于改编程度的。

（二）创作倾向Ⅱ－A（以幻想/仙术/妖怪要素为特色的改编创作）

前文所述，隶属于创作倾向Ⅱ中的漫画作品在创作上，作者出于扩大读者群的目的，出现了多元化的改编元素。其中作品数量较多，改编元素颇具代表性的，便是以山原义人的《龙狼传》为代表的创作倾向Ⅱ－A：为三国故事增添幻想、仙术元素的漫改作品。日本三国漫画真正意义上的"改编创作"也是自此才拉开了帷幕。

1. 主人公视角＝历史的参与者；读者视角≈历史的参与者≈主人公视角

首先，以山原《龙狼传》为代表，我们可以看到主人公视角与读者视角之间的关系发生了巨大的改变。这一类改编创作元素较强的漫改作品中，作者都热衷于以虚构人物为主角进行故事建构。由于这些主人公都是虚构的，将他们作为历史当事人来看待自然是不妥的。从作者虚构这些人物并加以活用的过程来看，这些虚构的主人公在故事中扮演的更像是三国历史的参与者。如山原《龙狼传》的主人公天地志狼，原本只是一个普通的中学生，却阴错阳差穿越到三国时代，并在一定程度上成了这段三国历史的参与者。此外，这些虚构的主人公在年龄、国籍、职业等方面或多或少会与读者有一些共同点，因此从读者的角度来说，这种角色相较于历史当事人的三国英雄豪杰而言，更易产生共鸣与代入感。因此，在阅读这一类作品时，读者可以将自己代入主人公的视角之中，作为历史的参与者来欣赏与体验三国时代的每一个场景与故事情节，相较于作为旁观者去阅读历史，更具趣味性。

2. 作者视角≠原作视角；作品框架＞原作框架

创作倾向Ⅱ－A的兴起，昭示了日本三国漫画创作真正意义上的改编创作的开始，在这一类作品中，我们尤其能感受到作者丰富多彩、天马行空的创造力与想象力。仍以山原的《龙狼传》为例，该作虽以三国故事为基础建构故事

内容，但三国人物、三国的场景与故事都是用以辅助虚构主人公的主线故事的
铺展，真实的三国英雄只是配角。由此，作者的视角与原作的视角是不可能一
致的。此外，由于作者天马行空的创造力与融梗能力，这类漫改作品的故事框
架从原作故事框架脱离，形成独自的体系也在情理之中。因此，三国故事成了
这类作品的故事框架的组成部分，变成了作者建构原创故事的奠基石。

3. 改编程度 > 忠实程度

综上所述，创作倾向Ⅱ-A中的作品，改编色彩浓厚，作者想象力丰富，
尤其从山原的《龙狼传》的案例分析中可以看到，三国故事的参考在第一部的
前半期便戛然而止，后期的故事重心完全转移到讲述虚构主人公天地志狼在中
原的成长故事上；而且，虽然仍穿插了三国故事与人物的情节描绘，但增添了
不少如统一匈奴等与三国历史关联性薄弱的桥段。可以看出，对于这一类作品
的创作者而言，将三国故事与人物大幅修改并加以改编，是能够有效扩大读者
群体，提升故事趣味性的一种手段。所以这一类漫画作品并不会以再现历史为
目标，而更倾向于以更多元化的叙事手法与故事呈现来提升作品的可读性，以
扩大三国漫画的读者群体范围。

（三）创作倾向Ⅱ-C（以特定三国人物为视点的改编创作1）

最后，本书具体考察的第三种创作倾向：创作倾向Ⅱ-C主要是以刘备、
诸葛亮、曹操三人为主人公展开的漫画作品。尤其是该倾向最早也最具代表性
的《苍天航路》，更是第一部以曹操为主人公，并对其进行了颠覆性诠释的杰
作。这一类作品创作中最突出的特征便是将作者自己的观念与对原作的阐述进
行融合，创作出更深层次的故事内涵。

1. 主人公视角 = 历史当事人；读者视角 = 历史旁观者

从该创作倾向的定义可知，这一类型的作品是以特定三国人物为主角展开
的漫改故事。因此，毋庸置疑主人公的视角可以理解为历史的当事人。然而，
读者的视角却并未与之产生共鸣，而是后退一步，被定位在了历史旁观者的位
置上。在创作倾向Ⅱ-A中，之所以将读者定位于历史的参与者，是为了让读
者与主人公产生共情，以提高阅读的趣味性。而创作倾向Ⅱ-C对读者的定位
缘由，则与倾向Ⅰ类似，是为了让读者更为客观地理解作品中描绘的内涵，当
然，倾向Ⅰ的目的是让读者客观地学习历史，而倾向Ⅱ-C是为了让读者更客观地
理解漫画融合于历史故事中的观念与见解，两者在目的性上是有所不同的。

2. 作者视角=原作视角=主人公视角；作品框架<原作框架

根据上述缘由，这里必须考察的是作者与原作视角之间的关联性，以及作品与原作的故事框架间的相关性。倾向Ⅱ-C的作者在创作中与众不同的特点在于，他们在以原作视角为切入点展开创作的同时，还会将自己代入历史当事人的视角，试图更深层次地揣摩主人公在特定场景中的真实心理状况与选择机制。以《苍天航路》为例，担纲剧本的李学仁承担了对整个故事发展流程的设计工作，他在通读正史《三国志》，深度解读历史文献资料的基础上，选取争议人物曹操作为主人公来建构故事，同时将自己代入曹操这个角色，在漫画创作中时不时会出现作者对曹操的抉择与行为的个人观点阐述，也就是说，漫画主人公在某种意义上成了作者的代言人，但是主人公代言的是作者对这个三国人物的解读。从这一点来说，这种作者视角等同于主人公视角的特征，是相较于前两种倾向而言的新变化，也为后来该倾向作品的前景奠定了基础。此外，从作品的故事框架构建上来看，由于这一类漫改作品都是选取特定的三国人物的生平为背景的创作，因此其故事框架仅包含与该人物相关的历史事实。故此，该创作倾向中的作品故事框架明显比正史《三国志》或小说《三国演义》的完整故事框架狭小得多，这也是不争的事实。

3. 改编程度<忠实程度

倾向Ⅱ-C的作品改编程度与忠实于原作的程度究竟孰轻孰重，实难定夺。单从《苍天航路》的考察可见，创作者有意将主人公设定为曹操，是因为其目的在于对历史人物进行重新评判。然而，从故事细节的考察中我们会发现，该作在其他角色的塑造上却有着明显的改编创作痕迹。其中最为典型的便是诸葛亮似人似仙的人物设定，以及对董卓的残暴做出夸张描绘的部分等。这一系列的改编创作与我们所熟知的两部作品相比，改动程度是十分明显的，但从另一个角度来说，这是作者在充分理解历史的基础上设计的隐喻，其目的是为了向读者揭露被作品文字所掩盖的历史真相。因此，从这个层面来说，这一系列的改编创作是作者为了忠实于历史的抉择。换言之，这类作品在创作中所体现的改编创作，是为了达到作者再现历史这一目的所采取的一种手段；因此其改编创作的程度是受限于作者对历史（并非原作）的忠实程度的。

（四）《超三国志》为创作倾向Ⅱ-C带来的新变化

武论尊与池上辽一共同创作的《超三国志》，是与《苍天航路》一样同属于创作倾向Ⅱ–C的作品。在上面的考察中，笔者提到《苍天航路》的一个新的创作特征，在于创作者将主人公作为代言人以阐述作者见解的表现手法，然而，在《苍天航路》之中，作者让主人公代言的是作者对这个人物的独自见解，其目的在于对历史人物进行重新评判。在《超三国志》中，创作者却将这种作者代言人的表现手法进行拓展，让漫画主角跳出故事框架的限制，成为创作者真正意义上的思想代言人。

1. 主人公视角 = 历史当事人 ≈ 当代日本人（读者）视角

基于以上的认识，首先来考察一下《超三国志》在主人公视角上的定位问题。根据笔者提出的作者代言人这个论点，可以明确的是该作的主人公视角与作者的视角无疑是一致的，而在人物形象塑造的考察中，我们也发现该作的主人公"刘备"（燎宇）作为一个虚构人物，他在故事中所阐述的观念，实际上是以作者为代表的一部分日本读者（民众）在国际政治关系与交流上的理念。换言之，本作的主人公视角不仅仅与作者一致，与一部分读者的视角也是一致的，因此容易产生共鸣。而作者在这里又巧妙地把虚构人物融入到历史当事人"刘备"这个为读者所熟知的人物形象之中，不但使得日本读者能在观念上与主角产生共情，还能让读者在人物形象上产生亲近感，因此形成了一条"读者 = 主人公 = 历史当事人"的关系链，更利于达到作者所期望的传播效果。

2. 作者视角 = 主人公视角 = 历史（原作）操纵者；作品框架 > 原作框架

除了作者巧妙地在视角上形成了"读者 = 主人公 = 历史当事人"的关系链外，《超三国志》在故事框架的建构上也呈现出了全新的特征。如前所述，作者将主人公"刘备"（燎宇）设定为代言人以达到两者的视角一致，又在故事框架的建构上将时间点卡在了三国争霸的前夜，换言之，三国时代还未到来，历史有待创造。基于这样的双重设定，作者等同于主人公并成为历史操纵（创造）者的架构成为可能，故此，虚构主人公就如同作者驾驭在大陆中原的一匹野马自由奔腾，作者可以随心所欲地根据自身的意志对接下来要发生的故事进行修改与杜撰：作者摇身一变成了历史的支配者、操纵者，随心所欲地纵横于三国时代，操纵历史，这的确是一种大胆且荒诞的叙事手法。因此，正由于作者成了历史的操纵者可以随意地对三国故事进行框架重构与改变，这种类型的漫画作品的故事框架是不受限于原作的，可以将原作框架大肆修改，甚至完全脱离。

3. 改编程度 > 忠实程度

综上所述,《超三国志》的作者将虚构主人公作为代言人,并将其置于历史当事人的位置,以便肆意对三国故事进行改动与重构。因此在具体考察这部作品的内涵与人物形象塑造时,我们可以看到许多与原作设定截然不同、大相径庭的阐述。再结合作者是历史操纵者的定位这一因素进行综合考量,可以认为《超三国志》与以往仍受限于原作故事框架,试图再现与还原历史真相的其他倾向 Ⅱ - C 的作品是完全不同的。它的故事框架并不受限于原作,实际上已经实现了对原作故事框架的超越,实现了作者所期盼的通过虚构人物、历史故事的表述来影射当代国家与社会体系、意识形态的目的。从这一点来说,《超三国志》在立意上无疑是特立独行的。

二、作者与读者间的相互关系及定位的变化

从四部日本经典的三国漫画作品的表象考察、人物形象分析、创作倾向特征的总结中,我们了解到《三国志》与《三国演义》这两部作品,在日本读者与创作者中有着坚实的受众基础,而漫画创作中对这两部作品以及它们所讲述的三国故事的表现手法也是多种多样、丰富多彩的,有的重视再现原作故事,有的重视还原史实,而有的则超越原作框架并为原作融入全新的改编要素。而之所以产生如此多元化的叙事方式与表现手法,不仅由于中日两国政治文化交流的恢复与加深,中国史书在日本的深入普及,也由于艺术创作者们创造力的充分发挥。在这些动因的解析与考察的基础上,我们最后仍有一个问题有待解决,就是日本三国漫画创作中,创作者与读者之间的相互关系、相互影响以及彼此定位的改变,对改编创作的发展进化带来怎样的影响。

在日本三国漫画创作的萌芽期,从代表作横山的《三国志》的作者与读者的相互关系来看,两者之间的关联性并不清晰,相互影响也较为薄弱。而从这个阶段出版的三国漫画作品多以学习漫画、教育漫画为主的情况来看,作者是传递历史文化信息的信源,读者则是作为学习者的信宿,两者之间的信息流动方向是单一且无需反馈的。

而到了山原义人的《龙狼传》以及它所代表的创作倾向 Ⅱ - A 这个发展阶段,漫画创作的内涵开始发生改变。如前所述,在该作开始连载前的 20 世纪 80 年代末至 90 年代初,正是日本少年漫画市场竞争激烈、作品精彩纷呈的时期,

该阶段出现了许多引领日本少年漫画创作潮流的优秀作品，如鸟山明的《七龙珠》、车田正美的《圣斗士星矢》、武论尊和原哲夫的《北斗神拳》等。而在这种漫画创作如火如荼的大环境下，一方面读者的阅读需求越来越多样化，对作品的质量要求越来越高，另一方面对创作者而言，如何增添三国故事的趣味性以吸引更多的读者，成了促使三国漫画创作走向多元化的影响因素。因此笔者在此前的考察中，提出了作者自发的改编创作的主要目的，是在于扩大目标读者群的论点，并在随后的分析中得到了印证。因此这里若参考附录二的"日本三国漫画作品年表：1971—2011 年"便可发现，在山原的《龙狼传》之后的发展阶段，我们可以看到许多三国漫画作品的目标读者群都发生了变化，例如从儿童向逐渐走向少年向等。此外，在目标读者群发生改变的同时，读者年龄层次的改变与理解能力的上升也成为必然。因此，作者不再局限于单一的历史文化学习与教育，而是迎合读者的阅读需求、理解能力以及年龄层次，开始在三国故事创作中增添更多令读者喜闻乐见、易产生亲近感的改编元素。以山原的《龙狼传》为例，作者不仅增添了中国古代历史上的众多场景与战役以增添故事内容的丰富性，还将当时日本少年漫画的流行元素如仙术、格斗、热血等都糅合在创作之中，而如此迎合读者（消费者）需求的做法，为《龙狼传》的成功奠定了坚实的基础。故此，在这个阶段，创作者与读者之间的相互关系不再是单方面的信息传送与接受，而是在不断地传送信息与反馈的基础上发展与进步。

20 世纪 90 年代中期至 2000 年初，以李学仁、王欣太的《苍天航路》，武论尊、池上辽一的《超三国志》为代表，日本三国漫画的创作者与读者之间的相互关系与彼此定位发生了更大的改变。首先，这两部代表作品的目标读者群都是青年，证明其作品对读者的理解能力要求都较高。其次，自 1989 年正史《三国志》的日译本完整版出版以来，日本三国爱好者与研究者们开始对历史史实以及人物形象进行重新理解与诠释。如此一来，考虑到读者群体对原作以及历史的理解比以往更为深入，三国漫画创作的整体水平也必须提高，并且需要更适应读者的理解水平与需求。特别是从《苍天航路》的故事建构来看，这部作品是严格意义上真正以正史《三国志》为参考蓝本的漫改作品，并且虽然故事中仍添加了仙术元素，但过于脱离《三国志》原作框架的内容都有所弱化。换言之，对于青年读者而言，在更为合理的框架中对三国故事进行重构，是更容易接受的，过度地脱离原作反而有可能引起读者的不满。

综上所述，日本三国漫画创作的发展过程中，创作者与读者的关系逐渐从初期单向的信息发送与接受，转变为在考量目标读者群体的年龄层次、阅读需求以及理解能力等因素基础上的改编创作行为，而两者间相互影响、相辅相成的这种关系，给日本三国漫画的创作发展带来了极大的影响与改变。

三、小结

至此为止，笔者对日本三国漫画创作的 40 年间，最为主流的三种改编创作倾向的发展变迁、创作特征等层面进行了考察。以横山的《三国志》，山原的《龙狼传》，李学仁、王欣太的《苍天航路》，武论尊、池上辽一的《超三国志》这四部知名的三国漫画作品为案例，我们对日本三国漫画创作所呈现出的多元化特征有了一个大致的把握。此外，从日本漫画创作的改编创作、挪用与加工的具体特征出发，我们也窥视到日本漫画创作在故事内涵、体裁类型、叙事手法、表现风格上的多元化与弹性化，也从侧面佐证了日本文化的"拿来/融合"的特征。从正史《三国志》与小说《三国演义》两部作品传入日本后的传播与接受情况来看，这两部作品从文学领域渗透日本，而日本受众（读者及艺术创作者）却不止步于单向地接收作品，而是在普及与渗透的过程中为原作、故事乃至历史注入了个性鲜明的重新诠释与解构重塑，并最终使得这两部作品融入日本流行文化的方方面面，真真切切地在各个领域得到有效的运用。

在三种主流改编创作倾向的特征分析部分，笔者发现在日本三国漫画创作的发展历程中，漫画创作者的主观能动性使得作家这个角色在漫画创作中占据十分重要的地位，也对漫画故事的建构及人物形象的重塑造成了深刻的影响。与此同时，读者群体从学习者转向参加者再成为当事人的视角与立场转变，也意味着读者在漫画故事建构过程中的重要性与影响力与日俱增；也就是说，创作者的改编创作日益多元化，对三国故事解读的多元化趋向的缘由，一是主观上期盼扩大目标读者群体的意愿，二是外部客观要求，即读者与日俱增的阅读需求的提高。

基于以上的分析，本章在最后对创作者与读者的相互关系、彼此定位的变化做出了梳理。简言之，日本三国漫画创作的 40 年发展历程中，创作者与读者的关系从初期的单向传播，逐步转变为双向的传播与反馈，两者间相互影响、相得益彰，为日本三国漫画创作的多元化发展奠定了基础。进一步阐述这个问题，即随着《三国志》与《三国演义》在日本社会的普及与渗透，尤其是正史《三国志》的传播普及，三国漫画的读者群体对历史的理解逐渐加深；同时，随着三国漫画创作的目标读者群体趋向于多元化，读者的年龄层次变化、理解能力提高、对改编创作合理性的高要求，都促使日本三国漫画创作在不断地进步与改善。因此，日本三国漫画创作在 40 年的发展中，其故事内涵、人物形象、创作特征都发生了翻天覆地的变化。

第七章

日本三国漫画中的性别叙事与差异

……

在第四章中，笔者对日本三国漫画创作的三大改编创作倾向进行了总结归纳，其中在谈及创作倾向Ⅲ（以满足消费者需求的改编创作）这一大类别时，曾提及该类别中尤为值得关注的一个分支，即创作倾向Ⅲ－B（基于"萌文化"的改编创作），这一类作品的共同特征在于将特定的三国人物进行性别转换以展开故事。在本章中，笔者将选取该类别的两部代表作品进行考察，并重点探讨这一类受日本男性宅文化中特有的萌系美少女文化影响而派生的作品所存在的女性消费、身体消费等性别叙事问题。

此外，本章的作品分析与本书的核心研究并没有直接联系，将这一章作为以反映日本三国漫画作品的多元化改编创作为目的的补充内容来看会更为妥当。同时，也可以作为是在第六章之后，笔者对三国漫画创作中作者与读者之相互关系的论证考察的案例参考。

第一节　盐崎雄二的《一骑当千》

本章首先考察的是创作倾向Ⅲ－B中最早且最具代表性的作品——盐崎雄二的《一骑当千》（鳄鱼书店，2000至今）。在第四章的创作倾向分析中，笔者提及，作者盐崎雄二在访谈中曾表示，创作动机在于对读者需求（萌系美少女热）的充分理解，并融入自己对三国故事的情怀，最终催生了这部转换三国人物性别的作品。

出于对此类作品性别叙事手法的好奇，笔者将首先从人物外貌、性格设定、服饰造型三个表象层面来考察作者在男女角色视觉表现上的差异；其次，总结作者在分别塑造男女人物形象时是否存在一些共同的视觉符号，而这些视觉符号是否与男女性别的固化印象存在联系；最后，进一步总结归纳作者在甄选人物性别上的具体标准是否与男女生理、社会性别特征的差异性相关。

一、作品梗概

盐崎雄二的这部《一骑当千》自 2000 年开始，在漫画月刊杂志《月刊 ComicGUM》（鳄鱼书店）上连载，至今仍未完结。作者盐崎的创作初衷是打造一部女子高中生热血搏斗的格斗漫画，而在故事构建上，盐崎则是把自己从小就非常喜欢的《三国演义》的故事元素与读者群体中热门的萌系美少女元素糅合在一起。从这一点来看，作品的构建事实上与三国故事并无直接的因果关系，仅仅是因作者的个人喜好而选择的主题恰好是三国故事而已。

该作讲述的是手持寄宿了三国英雄灵魂的魂器勾玉的日本女子高中生们继承英雄的宿命，通过格斗对战以争夺高中霸主与霸权的故事。作品中各登场人物虽是日本高中生，但可视为三国英雄的转世之身，被称作"斗士"。其中，该作的主人公是名为"孙策伯符"的女高中生，其他三国英雄的转世角色也都以英雄人物命名，以免读者产生混淆。如前所述，作者意图创作一部女子高中生热血搏斗的格斗漫画，因此性别转换的三国人物与格斗要素便是该作的两大看点。此外，作者尤其在女性角色的设计上充分考虑了作品目标读者群体，宅男（日本 ACG 文化的主体）文化当时的流行元素——萌系美少女，在人物外貌、服装、性格等设定上下了不少功夫。而以这部作品的发行及大热为代表，此后日本三国漫画创作中又陆续发行了不少对三国人物进行性别转换的漫改作品。

二、表象分析

接下来，我们来看看这部作品中的主要女性角色在外貌、服饰、性格上的特点。可以预见的是，由于作者盐崎有意识地以日本宅男作为目标读者群体，该作中的女性角色在视觉表现的层面上必然存在符合萌文化中的女性视觉符号。该作品中出场的女性人物具有显著的视觉特征，尤其在其性格与服装等方面上的设定。因此，这里我们以几个主要的角色为代表，从各自的人物定位来分析作者为其赋予的具体性格与视觉特征。

1. 吴国：南阳学院

首先，是该作的主人公，代表吴国将领转世之身的日本女高中生孙策伯符。

孙策在作品中，是一个开朗活泼、热爱格斗的开朗少女，偶尔天然呆萌的性格更是她的一大特色。就读于南阳学院的孙策从格斗能力上来说，只能排到 D 级，但她作为高中的学生领袖十分活跃，颇有历史人物孙策的小霸王风范。从她的服饰设计来看，作者多选用女高中生制服、旗袍两种服饰作为她的视觉符号，而其人物设计也与日本著名动画《新世纪福音战士》中的女性角色明日香十分类似，可见作者有意地借用了宅男文化中典型的美少女形象。综上所述，孙策的人物特征可归纳为：相貌可爱、性格活泼呆萌，以制服、旗袍为视觉符号的萌系美少女（图 7 - 1）。

图 7 - 1　主人公孙策伯符

资料来源：盐崎雄二：《一骑当千》第 1 卷，第 5 页。

其次，我们来考察南阳学院的另一名斗士，同为该作重要女性角色之一的吕蒙子明（图 7 - 2）。历史上的吕蒙作为吴国武将十分活跃，在漫画中，她却是一个常年面无表情、寡言少语的"绫波丽"[①] 式美少女。由于她的左眼曾在格斗中受伤，因此常年戴着眼罩；此外，虽然平日的吕蒙子明寡言少语，然而

---

① 同来自于《新世纪福音战士》，是日本宅男文化流行的另一典型美少女形象。

一旦进入战斗，其性格、表情都会改变，转变为一个性格恐怖残暴的角色，这种"反差萌"却正中宅男读者的下怀，广受好评。最后，来自于日本秋叶原街的女仆咖啡馆的女仆元素，可谓日本宅男文化近十年来尤为流行的一大萌系元素，而吕蒙在服饰上的视觉符号正是女仆装，可见作者在这个角色身上糅合了众多宅男文化的流行元素。归纳起来，吕蒙子明的人物特征是：以女仆装为视觉符号，具有两面性格的"绫波丽"式的"无口少女"①。

图7-2　南阳学院四天王之一：吕蒙子明

资料来源：盐崎雄二：《一骑当千》第2卷，封面。

2. 蜀国：成都学院

以上两位女性角色，是代表南阳学院的吴国武将孙策与吕蒙。接下来，我们来看看三国故事中尤为重要的蜀国，在该作中是被如何描绘的。作品中代表

---

① 无口少女，日本ACG文化中的一种典型女性形象，指代沉默寡言、面无表情的美少女。

蜀国势力的学校，被命名为"成都学院"，在作品中代表蜀国一派登场的人物有刘备、诸葛亮、关羽、张飞及赵云等多个人物，并且该势力中的三国人物几乎都被进行了性别转换，是《一骑当千》的故事当中，性别转换角色最多的一派。这里我们考察刘备、张飞与诸葛亮三个人物的表象特征。

首先，作为成都学院的领袖刘备（作品中称为刘备玄德），虽然其前世是一国之主，在漫画中却是一个爱哭、懦弱的眼镜妹优等生，然而正是这个平日爱哭笨拙的少女，一旦其潜在力量被唤醒，便会摇身一变成为令人闻风丧胆的"龙之子"；这种性格与能力的反差，隐喻了刘备看似出身庶民，实则流着王室血脉的真实身份。可见，作者盐崎虽在人物视觉设计上花了不少功夫去融入宅男文化元素，但在形象塑造上仍不忘加入自己喜爱的三国元素，让人物形象更贴合原作及历史。而从视觉符号的运用和人物性格的设计上来看，刘备的性格特征与吕蒙子明的设定类似，都是具有"反差萌"特色的两面性格，而身着校服、配戴眼镜、一本正经又有点懦弱笨拙的优等生形象，也正是宅男文化中流行的美少女形象之"优等生/乖乖女"的典型（图7-3）。

图7-3　成都学院领袖：刘备

资料来源：盐崎雄二：《一骑当千》第7卷，封面。

其次，是武将张飞益德与军师诸葛亮的角色考察。《一骑当千》中的张飞益德，作为刘备的结拜姐妹，是一个战斗力超群却性格急躁的少女，这个设定与实际的三国人物张飞的人物性格是极为相似的。作品中每次张飞出场都是火急火燎、神采飞扬，与她作为视觉符号的巫女服形成鲜明的对比（图7-4左）。另一位人物诸葛亮（图7-4右），与张飞一样常年身着巫女服饰，但她的性格则是与张飞形成鲜明对照的沉着冷静。外表上看起来是一个稚嫩少女的诸葛亮，总是一副势在必得、超凡脱俗的表情，正好反映出了诸葛亮作为天才军师的领袖气质。

"剩下的那一条龙，很快也要到这里来了。"

图7-4 成都学院：张飞（左）与孔明（右）

资料来源：盐崎雄二：《一骑当千》第7卷，第27页；第11卷，第44页。

最后，是蜀国历史上最为著名的两名大将：关羽与赵云的人物表象特征。这两个角色在该作中，是被设定为特A级斗士的顶级格斗家，然而她们的性格外貌却互为对照，十分有趣。首先从外表来看，两人都是身材修长的制服美少女，关羽（本作中称关羽云长）被设定为一个皮肤黝黑的美黑少女①（图7-5左），相对的，赵云（本作称"赵云子龙"）则是一位皮肤白皙，散发禁欲气息的御姐型美女②（图7-5右）。其次，两人的性格也形成了鲜明对比：关羽代表热情，赵云则代表冷静。最后，两人虽然同为成都学院的斗士，但作品中常出现两人对战的场面描写，可见作者盐崎原本就将两人的关系视为对立面，因此才做出了如此调整。

---

① 流行于20世纪90年代的日本，以著名流行歌手安室奈美惠为代表的美黑女子高中生形象。

② 御姐（anego），日本流行文化中的美女形象之一，多指代年龄较长的较成熟或强势的女性。

图7-5 特A级斗士：关羽（左）与赵云（右）

资料来源：盐崎雄二：《一骑当千》第7卷，第24页；第11卷，第76页。

3. 主要男性角色

从作品中几个重要的女性角色的表象特征考察中，我们可以看到她们在人物性格、外貌、服饰上都充满了日本宅男文化中流行的美少女元素：热血少女、寡言少女、乖乖女、美黑少女、御姐等，让我们从侧面了解到该作创作的过程中，目标读者群体的阅读需求与兴趣趋向所带来的深刻影响。接下来，作为对比，我们来看看该作中的几个主要男性角色在人物呈现上又有什么典型特征。

该作常驻的男性角色中，最具代表性的有两个：一个是以主人公孙策的堂兄弟的身份常驻于故事中的周瑜（本作称"周瑜公瑾"），另一位则是作为许昌学院（魏国）领袖的曹操（本作称"曹操孟德"）。他们仍以男性形象登场，但被刻画为截然不同的两个对立面。一方面，周瑜被作者描绘为一个极为普通的高中男生，而从格斗能力来看，在该作男性角色平均能力为B级以上的水准来说，他只是一个D级斗士；并且，在故事初期，他作为一个常驻男性角色，不但格斗能力低下，还常被人欺负，给读者没什么用处的印象；直到作品后期，他作为军师的聪明才智才逐渐得以呈现。总体来说，总是与主人公一起亮相的周瑜，在故事中多扮演"吐槽""逗哏"的角色。

另一方面，作为魏国势力——许昌学院的领袖，曹操的人物形象与周瑜形成了鲜明对比：他不仅外表俊美，而且聪明睿智、战斗能力出类拔萃、超人一等，在作品中被称为"魔王"。可见他在小说《三国演义》中的奸雄形象被照搬于漫画，还展现了更丰富的作为领袖人物的非凡气质（图7-6）。

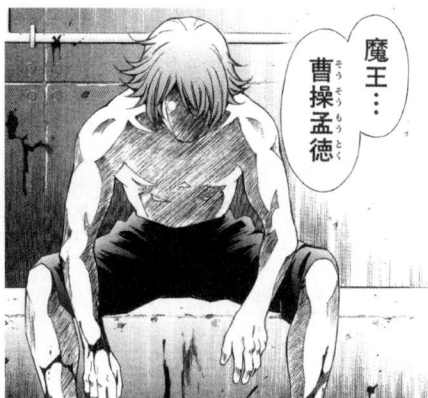

图 7-6　曹操

资料来源：盐崎雄二：《一骑当千》第 7 卷，第 100 页。

4. 女性角色的"角色扮演"秀

最后，笔者在整理该作目前已发行的单行本资料时，还发现单行本每卷的封面、首页彩图、附录彩图无一例外采用的均是女性角色的角色扮演（Cosplay）图（图 7-7）。再结合前面对女性角色表象特征的考察，可以看出，作者盐崎雄二巧妙地运用了日本动漫文化中特有的角色扮演秀以呈现女性角色在身体、外形上的多样性：如旗袍、女仆装、护士装、浴衣、洛丽塔、哥特等。如此风格迥异、丰富多样的女性服饰也常被作者运用在格斗场面之中，可见女性角色的外形消费，已然成了该作品的一大特色，极致地展现了作者在人物形象塑造上完全立足于目标读者群，以满足其阅读需求为目的的特征。

图 7-7　女性角色的角色扮演秀

资料来源：盐崎雄二：《一骑当千》第 5 卷，插图；第 9 卷，封面；第 16 卷，第 6 页。

三、男女性别角色塑造中的视觉符号

1. 男性：香烟、强壮、残暴

《一骑当千》中的男女角色，在性别角色的塑造上各有共同且明确的视觉符号。首先，从该作的男性角色塑造上可见的第一个共同的视觉符号，就是香烟。"香烟 = 男性"这个视觉符号的运用，充斥于整个作品之中，从笔者的粗略计算来看，仅单行本 1~10 卷中，男性角色吸着香烟出场的镜头就达到了 36 个（图 7 -8）。

图 7 -8　男性视觉符号：香烟

资料来源：盐崎雄二：《一骑当千》第 1 卷，第 22 页，第 158 页；第 2 卷，第 21 页；第 3 卷，第 73 页

其次，除香烟这一视觉符号之外，该作中的主要男性角色（曹操、周瑜除外）作为格斗斗士的共同点便是体魄上的强壮以及性格上的凶残，这与作者描绘女性角色时，常用的身材娇小以及性格可爱等符号化的表现是截然相反的（图 7 -9）。尤其是在对男性角色性格凶残暴戾的描绘中，还突显了面对女性对手也绝不手下留情的一面，颇有大男子主义的特质。

图7-9 男性视觉符号：体格强健，性格暴戾

资料来源：盐崎雄二：《一骑当千》第2卷，第11页，第119页。

2. 女性：春光乍泄、身体消费

女性角色的性别塑造中最突出的特点，则在于运用性感体态、春光乍泄等视觉符号以实现"女性身体的消费"这一目的之上。根据笔者的粗略统计，《一骑当千》单行本19卷中，平均每卷约有30次内裤外露、21次服饰爆裂、6次入浴镜头的描绘（图7-10）。

图7-10 春光乍泄

资料来源：盐崎雄二：《一骑当千》第1卷，第23页。

从以上镜头的统计可以看出，在女性的性别塑造上，作者盐崎雄二主要突显的是女性体态与部位的视觉效果，以及他在创作中将女性身体作为消费品加以描绘的目的性。这从侧面反映出以该作为代表的男性读者对女性角色最为关注的部分是什么，最乐于消费的女性角色形态又是什么；同时更体现了传统父系社会中，对女性性别角色的偏见。

四、三国人物性别甄选的标准

从该作的男女角色性别塑造的视觉符号中，我们发现该作的男女性别角色的呈现手法是截然不同的。在男性角色的性别塑造上，作者多从支配者的视角去突显男性性别特征中强壮、凶残的特质，而在女性角色的塑造上，则更乐于突显其娇小与可爱的性别特征。这两组形成对照的性别特征，充分展现了作者对男女性别角色的认知，也反映了以作者为代表的日本社会对男女性别角色的传统观念。

基于以上的结论，最后我们来探讨作者在对三国人物进行性别甄选时制定了怎样的标准。由此，一是可以了解漫画作者对三国故事的理解程度，二是对作者的男女认知差异有一个进一步的理解。为此，笔者根据《一骑当千》中的学校势力、主要人物性别、担纲角色、男女比例进行了统计（表7-1）。

表7-1　盐崎雄二《一骑当千》中各势力男女比、担纲角色

吴国势力：南阳学院共10人，男女比=5∶5		
人物	性别（本作品中）	担纲角色
孙策伯符	女	君主（斗士）
周瑜公瑾	男	军师
诸葛瑾子喻	女	军师
鲁肃子敬	女	军师
陆逊伯言	女	军师
左慈元放（王允子师）	男	文士（计划暗杀董卓）
吕蒙子明	女	斗士
甘宁兴霸	男	斗士
程普德谋	男	斗士
乐就	男	斗士

（续上表）

魏国势力：许昌学院共10人，男女比 = 6∶4		
人物	性别（本作品中）	担纲角色
曹操孟德	男	君主（斗士）
郭嘉奉孝	男	军师
贾诩文和	女	军师
荀攸公达	男	军师
夏侯惇元让	男	斗士
曹仁子孝	女	斗士
许褚仲康	女	斗士
夏侯渊妙才	女	斗士
徐晃公明	男	斗士
于禁文则	男	斗士
司马懿势力：许昌学院共7人，男女比 = 5∶2		
人物	性别（本作品中）	担纲角色
司马懿仲达	女	军师
典韦	女	斗士
张辽文远	男	斗士
张郃儁乂	男	斗士
夏侯恩子云	男	斗士
李通文达	男	斗士
牛金	男	斗士
蜀国势力：成都学院共12人，男女比 = 1∶11		
人物	性别（本作品中）	担纲角色
刘备玄德	女	君主（斗士）
关羽云长	女	斗士
张飞益德	女	斗士
赵云子龙	女	斗士
马超孟起	女	斗士
孟达子度	女	斗士
周仓	女	斗士

（续上表）

人物	性别（本作品中）	担纲角色
关平	女	斗士
阿斗	女	君主
诸葛亮孔明	女	军师
马谡幼常	女	斗士
黄忠汉升	男	斗士
董卓势力：洛阳学院共 4 人，男女比 = 2 : 2		
人物	性别（本作品中）	担纲角色
董卓仲颖	男	君主
华雄	男	斗士
吕布奉先	女	斗士
陈宫公台	女	斗士

注：笔者根据盐崎雄二《一骑当千》单行本第 1~19 卷编制。

如表 7-1 所示，《一骑当千》自单行本 1~19 卷中，共出现了五大势力，分别为代表三国的南阳学院、许昌学院、成都学院，以及代表司马懿势力的许昌学院（部分）、代表董卓势力的洛阳学院。

首先，男女比例划分的第一个准则，是魏蜀吴三国在历史上的灭亡顺序。例如最早灭亡的蜀国势力在该作中共有 12 个角色出场，但被性别转换的角色高达 11 人，仅有 1 人即老将黄忠，维持了原本的性别。在蜀国之后灭亡的吴国势力，即作品中的南阳学院中共有 10 个人物出场，而其男女角色比就较为均衡，各为 5 人。而最后虽未灭亡，却将王权拱手相让的魏国势力——许昌学院的代表人物共有 10 人，女性角色 4 个，男性角色较多，为 6 人；而接受了王权相让，在历史上建立了西晋王朝的司马懿势力——许昌学院的代表人物则有 7 人，男性角色明显多于女性角色，其比例为 5 : 2。而在表 7-1 中体现的董卓势力，其男女比例虽较为均衡，但由于故事前半部分便已全军覆没，这里仅将其作为参考，对其数据进行了提取。根据以上分析，可以发现《一骑当千》首先根据三国历史上各国的胜负与灭亡顺序，确定了各国势力角色的男女比例：战败且最早灭亡的蜀国势力几乎全为女性角色；随后灭亡的吴国势力男女角色对半分；未灭亡却将王权拱手相让的魏国势力中男性角色比例略高；最终建立西晋王朝的胜利者司马懿一派中的男性角色占绝大多数。

第二个甄选标准，是根据每个人物所担纲的角色来划定的。将表7-1的角色性别与担纲角色两个类别进行比对后可以发现，作为斗士的三国人物几乎无一例外被性别转换为女性；担任军师的9个三国人物则从原本的全员男性调换成3∶6的男女比例。因此，可以认为作者盐崎雄二是本着男性负责布局、女性负责战斗的标准对人物性别进行选择。

总体来看，作者盐崎雄二在性别甄选标准的参考上，表现出了明显的对男女性别在生理差异、社会角色差异上的传统认知。以三国在历史上的存亡胜负来决定男女比例的多少，体现了其男性作为支配者的父系社会传统观念，而从人物的角色分配来划定性别比例，更是体现了当代日本社会对男女社会分工的传统观念与偏见。

综上所述，从对《一骑当千》的人物表象特征、视觉叙事符号，以及故事内容建构的考察中可以看出，作者是明显立足于男性目标读者群进行的故事创作，尤其是将三国人物进行性别转换，并在性格外貌、服饰设计上运用多种日本宅男文化中大为流行的典型美少女形象元素，以达到满足读者群体的阅读需求以及兴趣趋向，造就了这部引领日本三国漫画创作性别转换潮流的代表作品，可以说是日本三国漫画中典型的以女性的身体作为消费对象的案例。

第二节　吉永裕之介的《三国乱舞》

在盐崎雄二的《一骑当千》之后，我们来看看另一部将三国人物性别转换的作品——吉永裕之介的《三国乱舞》。该作的人物设定虽与《一骑当千》一样进行了性别转换，但同时融入了日本少女漫画创作中的经典元素男装丽人（即女扮男装），因此其主要人物在故事中虽身为女性，但仍以男性姿态示人。而说到日本少女漫画中著名的男装丽人作品，不得不提少女漫画的始祖《蓝宝石骑士》（手冢治虫），以及《凡尔赛玫瑰》（池田理代子）。而在对这部作品的考察中，笔者的兴趣点放在了该作的人物关系设定上，并发现其人物关系与上述两部经典名作中的《凡尔赛玫瑰》的人物关系有着异曲同工之妙。因此，本书将重点从人物关系的角度对《三国乱舞》这部作品进行考察。

一、作品梗概

吉永裕之介的这部《三国乱舞》，自 2003 起连载于《青年杂志 Uppers》（《Young Magazine Uppers》，讲谈社），途中由于该杂志休刊导致连载一度中断，其续刊在 2004 年起相继转移至 Yahoo! 网络漫画《FlexComix Blood》以及《FlexComix NEXT》继续连载。之后，在希望出版社旗下的《FlexComix》漫画出版了单行本全三卷，但由于作者将创作重心转移至另一部作品《破刃之剑》（Break Blade，月刊少年 Blood，FlexComix Blood，COMIC 流星，2006）上，该作目前一直处于停刊状态。因此笔者的考察将以已发行的三卷单行本为基础展开。

《三国乱舞》是在日本三国漫画创作中少有的以蜀国武将张飞为主人公的作品。从故事的背景来看，其时代被设定在三国之势形成之前、后汉时代的黄巾起义时期。此外，主人公张飞的初期人物形象，也与原著《三国演义》中的设定大相径庭，被设定为一个胆小怕事的少年，并在故事开场就被卷入纠纷，为救受袭的少女而丧命；然后他被神秘的"蛇矛之力"复活，与当时被他解救的少女，即女扮男装的刘备一同卷入黄巾起义的战乱之中。

从故事设定来看，《三国乱舞》是一部典型的以小说《三国演义》为蓝本，活用仙术、妖怪要素的幻想类漫画，与山原义人的《龙狼传》类似，在故事铺展上也并没有过多的创新之处。而它的人物关系设定，却十分值得关注。如前所述，笔者发现该作在人际关系的设计上借鉴了日本少女漫画中男装丽人经典作品——《凡尔赛玫瑰》（池田理代子）的许多设定，因此本书将重点关注该作的三国人物关系设计，并将之与《凡尔赛玫瑰》进行对比，以探究两作品之间的异同。

二、《三国乱舞》与《凡尔赛玫瑰》在人物关系上的相似性

如前所述，笔者对《三国乱舞》的考察，将聚焦于其人物关系的设计与经典漫画《凡尔赛玫瑰》之间的异同之上，因此，为了方便对这两部作品的人物关系进行研究，笔者制作了表 7-2，将《三国乱舞》与《凡尔赛玫瑰》的主要人物从角色定位、共同点、不同之处等角度进行对比，以便发现两部作品的关联性。总体来说，笔者从《三国乱舞》中选取了五个主要的出场人物，并将其

对应的原型在《凡尔赛玫瑰》中一一找出并加以整理归纳。

表 7 - 2　《三国乱舞》与《凡尔赛玫瑰》的人物关系相似性

《三国乱舞》女主角		《凡尔赛玫瑰》女主角
刘备		奥斯卡
共通点		
统帅义勇军 的男装少女	人物设定	统帅皇家禁卫队 的男装少女
关羽（堂兄妹）	随同保镖/骑士	安德烈（青梅竹马）
简雍	生活管理（保姆）	安德烈的祖母
战友曹操	初恋	友人菲尔逊
不同之处		
不会武功的普通少女	战斗力	军人水准的战斗力
讨伐曾经的友人	男装的理由	从小作为男孩培养
普通的少女形态	心理特征	纠结于军人与女性之间
《三国乱舞》男二号		《凡尔赛玫瑰》男二号
关羽		安德烈
共通点		
刘备的保镖	人物设定	奥斯卡的随从
忠心不二	忠诚度	忠心不二
不同之处		
堂兄妹	与女主角的关系	青梅竹马、主仆、恋人
《三国乱舞》配角		《凡尔赛玫瑰》配角
简雍		安德烈的祖母
共通点		
刘备的生活管理者	生活管理者（保姆）	奥斯卡的奶妈
忠心不二	忠诚度	忠心不二
不同之处		
男性（女性语气）	性别	女性

（续上表）

《三国乱舞》男主角		《凡尔赛玫瑰》男三号
张飞		阿兰
共通点		
急性子、毛躁	缺点	急性子、毛躁
战友、抱有好感	与女主角的关系	部下及战友、初恋
《三国乱舞》男三号		《凡尔赛玫瑰》主角
曹操		菲尔逊
共通点		
名门望族	社会地位	贵族伯爵
英俊帅气	相貌	俊美端正
战斗力卓越、才智过人	能力	演说家
战友、有情愫萌芽	和女主角的关系	友人、暗恋对象

注：根据吉永裕之介《三国乱舞》全三卷、池田理代子《凡尔赛玫瑰》全十卷制作。

从表7-2可以看到，《三国乱舞》的主要角色有五人：刘备、关羽、简雍、张飞及曹操。笔者将其人物设定一一与《凡尔赛玫瑰》对照，分别找出了各自对应的人物原型：奥斯卡、安德烈、奶妈（安德烈的祖母）、阿兰以及菲尔逊五人。他们彼此之间有许多共同点，以及不同之处。接下来笔者对这五人的对应关系将逐一做出对比考察。

1. 刘备与奥斯卡

《三国乱舞》的女主角，是女扮男装的义勇军领袖刘备，在这个设定的基础上，参考原作而言她还是唯一被性别转换的三国人物。在故事中，她为了讨伐故交张角①，劝其改邪归正，假扮男性走上战场投身于黄巾起义之中（图7-11）。而在《凡尔赛玫瑰》中，主人公奥斯卡自幼以男装示人，并随后成为皇室禁卫队队长，还加入军队投身法国大革命；然而两个角色除了在女扮男装这一个特征上是共通之外，其他细节设定都有着细微的差异。

首先，是两人女扮男装的理由。《凡尔赛玫瑰》的女主角奥斯卡，作为贵族家族第六个女儿出世，因其哭声嘹亮，作为军人的父亲又一直期盼着儿子的诞生，

---

① 中国后汉时期，自称大贤良师、聚集太平道信徒发动"黄巾起义"的人物。本作品中也采用了同样的设定。

便将她当作男孩抚养成人，从小就接受了男性的军事教育与体能训练。而在《三国乱舞》中，刘备是为了讨伐引发黄巾起义的故友张角，为方便投身战场并率领义勇军才假扮男性，并没有接受过系统的武打体能训练。相较而言，奥斯卡的女扮男装，来自于原生家庭的刻意培育，而刘备只是为了便于在战场上行动、统帅将领而进行的外形改变，两者在作为男性的心理自觉上有着根本的差异。

图 7 – 11　男装少女刘备

资料来源：吉永裕之介：《三国乱舞》第 3 卷，第 15 页。

其次，两人在战斗力上有着天壤之别。《凡尔赛玫瑰》的奥斯卡出生在军人贵族家庭，从小就接受了父亲系统的军事体能训练，并且在经历了皇家禁卫队、军队的磨炼之后，其作为军人的战斗能力是超出平均水准的。而《三国乱舞》中的刘备，并不具备武将的体能与格斗技巧，只是曾经与张角一起学过仙术，会使用道具施展"绝对吸引"之术以操控人心，而在故事进展中，由于战场的混乱与激烈的厮杀，她几乎没有展现这一能力的机会。

最后，两部作品都很擅长对女主人公进行心理描写。从《凡尔赛玫瑰》来看，奥斯卡时常会陷入男性自我与女性自我的心理斗争：从女性自我的角度来看，她因暗恋友人菲尔逊却无法得到回应，常感到痛苦纠结；而从男性自我的角度来看，由于自幼被作为男性、军人来培养，她渴望在战场上实现自我价值，成为一名名副其实的军人；且在故事的末尾，奥斯卡在经历长久的心理斗争之后选择以军人的身份为己任，最后战死。而《三国乱舞》中的刘备全完全不同，她从心理上来看，仍是一个纯粹的女性人物，更多展现出的是少女特有的天真烂漫形态。如图7-12中，她在看到色彩鲜艳的女性服饰时，会流露出欢欣雀跃的表情，可见其作为女性的爱美之心。相较而言，《三国乱舞》中的刘备只是展示了男性的表象，其内涵仍是以女性为视角描绘的。

"这蓝色真是鲜艳……"

图7-12　女性本能的"爱美之心"

资料来源：吉永裕之介：《三国乱舞》第2卷，第49页。

2. 关羽与安德烈

《三国乱舞》中的关羽，其人物设定与原作《三国演义》相似，是刘备的堂兄弟兼保镖，而考虑到刘备身为女性的设定，给他的定位更是增添了"公主的守护骑士"元素。在该作中，关羽铁面无私、沉默寡言、战斗力超群（图7-13），对刘备也是忠心耿耿，也是刘备唯一能够敞开心扉的对象。而若要在《凡尔赛玫瑰》中找到关羽的人物原型，那非奥斯卡的仆人兼青梅竹马的安德烈莫属。安德烈作为奥斯卡奶妈的孙子，自幼便与奥斯卡一同长大，与奥斯卡之间既是主仆、朋友、部下，同时也是共生死的恋人。整体来看，关羽在《三国乱舞》中都扮演着与安德烈类似的角色，但唯独与刘备之间不存在情

图7-13　战斗力卓越的关羽

资料来源：吉永裕之介：《三国乱舞》第1卷，第12页。

感关系，只是单纯的堂兄妹，是守护与被守护的关系。

3. 简雍与奶妈（安德烈的祖母）

三国历史中的简雍，是自黄巾起义开始便随刘备征战的著名将士，同时还承担了对外交流的角色。而在《三国乱舞》中，简雍却被安排成一个负责刘备生活起居的角色，尤其是该人物的说话语气多以日语的女性话语习惯来设计，在语句末尾常用"わ"（wa）、"ね"（ne）等女性语气助词，使得她的人物形象更贴近于"保姆"（图7-14）。而在《凡尔赛玫瑰》之中，她的人物原型可认为是安德烈的祖母，奥斯卡的奶妈这个角色。

4. 张飞与阿兰

《三国乱舞》的主人公是蜀国武将张飞，但在作品初期，张飞的人物形象与原著《三国演义》中的三国英雄相差甚远，是一个胆小怕事、没什么武功的少年。在故事开场，他为了救素不相识的少女（刘备）而惨遭杀害，但在神秘力量使其死而复生之后，获得了强大的战斗力。然而他无法自行控制这股力量，反而常被其所操纵。因此，在不被力量所控制时，张飞还是一个胆小懦弱、性情急躁的少年。而在《凡尔赛玫瑰》中，与张飞的人物设定颇为类似的，是在故事后期登场的奥斯卡率领的军队中的一员阿兰。尤其在两个角色都对女主人公抱有的特殊情感上，有着类似的描绘。如《凡尔赛玫瑰》中，阿兰因对奥斯卡抱有好感，会做出调戏的行为并被安德烈阻止。同样在《三国乱舞》中，张飞也因为对刘备抱有好感并做出言语调戏，结果被关羽阻止并拖到营帐之外（图7-15）。

"我给您缝了件肩比较宽的战袍哟！"

"简雍，我的眼睛还发红吗？"

图7-14　负责刘备生活起居的简雍

资料来源：吉永裕之介：《三国乱舞》第3卷，第12页。

"说完了就跟我去外面巡逻！"

图7-15　调戏刘备的张飞

被关羽拖出营帐

资料来源：吉永裕之介：《三国乱舞》第3卷，第84页。

5. 曹操与菲尔逊

最后,我们来看看《三国乱舞》中曹操这个人物的描写。曹操的初次登场,是一个在屋顶上酣睡的青年形象(图 7-16)。而随着故事发展,读者发现他是一个有着超凡战斗力且才智过人的统帅级人物(图 7-17)。值得注意的是,故事中曹操与刘备的初次见面,刘备便被曹操的外表与气场所震慑,并从曹操身上看到了昔日友人张角的影子。然而作者的描写却容易让读者误认为刘备对曹操似乎有所动情,从这个细节上笔者认为,作者吉永是有意地将曹操向《凡尔赛玫瑰》中的菲尔逊这一角色靠拢,也就是女主人公奥斯卡的友人与初恋对象,并且从表 7-2 中我们也能看到,两个角色在外貌、能力、社会地位上的确存在许多共同之处。

"曹操大人!!!"

"呼噜噜……"

图 7-16　曹操的初次亮相

资料来源:吉永裕之介:《三国乱舞》第 1 卷,第 150 页。

综上所述，通过对《三国乱舞》与《凡尔赛玫瑰》中五个主要角色的人物关系、人物设定等方面的对比，可以发现，两部作品在人物关系的构建上是十分相似的，甚至可以说，吉永是有意地在参照《凡尔赛玫瑰》来描绘三国故事。然而，吉永从未在访谈或创作过程中谈及这两部作品之间的关联性，也未曾提及自己是否刻意模仿《凡尔赛玫瑰》。因此，作者在对三国人物进行性别转换的同时融入男装丽人元素，是有目的地进行模仿与改编，还是单纯地在融入男装丽人元素的时候，无意中融入了经典作品的桥段呢？有关这些疑问还有可探讨与深入考察的余地，值得今后继续深入。仅从笔者的考察来看，相较于盐崎雄二的《一骑当千》中着重于对男女性别认知的差异性表达，吉永裕之介的《三国乱舞》更着重于三国人物关系的重新构建，并的确对男装丽人经典漫画《凡尔赛玫瑰》中的人物关系进行了借鉴与模仿。

"那……那不是曹操吗？"

图 7 - 17 卓越超群的曹操

资料来源：吉永裕之介：《三国乱舞》第 3 卷，第 60 页。

第三节　小　结

　　本章对日本三国漫画创作的改编创作倾向Ⅲ－B中的两部以性别转换为特色的作品进行了具体考察。可作为佐证日本三国漫画创作多样性特征的案例，同时也提供了新的研究方向。

　　首先，作为日本三国漫画创作中首部以三国人物性别转换为卖点的漫改作品，盐崎雄二的《一骑当千》引领了此后众多三国漫画创作的流行趋势。尤其是从对该作品中三国人物形象的塑造考察中，进一步了解到作者是完全立足于以宅男为主体的男性读者群体的立场上对作品展开创作。因此，从该作被性别转换的女性三国人物的外貌、性格、服饰设计中，我们可以看到众多日本宅男文化中流行的经典"萌系美少女"元素，如女仆装、制服、洛丽塔等，从侧面掌握了日本宅男文化的流行元素与表象特征。其次，在对作者甄选人物性别的标准的考察中，我们进一步了解到作者盐崎雄二对男女角色在生理差异、社会角色差异上趋向于父系社会传统性别观念的男女差异认知。

　　而吉永裕之介的《三国乱舞》，虽与盐崎的《一骑当千》一样，是以三国人物的性别转换为卖点的三国漫改作品，但这部作品更着重于以日本少女漫画创作中常见的男装丽人元素为核心的人物关系构建与故事铺展。并且，基于男装丽人的视角，笔者将该作的主要人物关系与经典作品《凡尔赛玫瑰》中的人物关系进行了对比，结果发现，吉永在《三国乱舞》的人物关系构建上存在对《凡尔赛玫瑰》的借鉴与模仿，然而，作者的这种借鉴与模仿是否有意为之，仍难定论。

第八章

中国流行文化中的
"三国志"

……

至第七章为止，本书考察了《三国志》与《三国演义》这两部作品在日本流行文化中的传播与接受程度，并重点以日本流行文化的代表——漫画文化中的三国故事改编创作为切入点，考察了日本三国漫画创作自 1971 年萌芽以来至 2011 年的 40 年间的具体发展变异状况。从考察中我们可以看到，三国故事在日本流行文化中的传播历史悠久，改编创作作品层出不穷，并逐渐呈现出与日本社会文化传统融合的趋势。尤其在三国漫画创作中，不但有众多忠于原作与历史、以历史学习教育为目的的经典作品，也有许多作者自发增添多种日本漫画流行元素、社会文化热点话题于三国故事的改编创作，可见，《三国志》与《三国演义》以及两部作品所代表的古代中国的三国历史与英雄形象，在日本社会文化中有着广泛的读者基础与多元化的传播模式及可能性。

那么，这两部作品在中国当代流行文化中的接受程度又是如何呢？在本书的最后，笔者旨在以对比参考的视角，对中国流行文化中的三国改编创作进行了粗略的整理，并同样从新漫画（故事漫画）创作的角度切入，选取近十年来具代表性的经典作品进行考察，以对比中日两国在流行文化、漫画文化中对三国故事在传播模式、改编创作程度上的异同。

第一节　中国流行文化中的三国故事

《三国志》与《三国演义》两部作品是我国古代历史、文学研究领域中的重点研究对象。近年来，中国学界以全新视角对《三国志》与《三国演义》进行研究的成果开始逐渐增多，并且有走出传统的历史文学领域、走向新兴研究领域（如传播学、社会学）的趋势。而在研究领域中的这种变化，一定程度上也反映了三国故事在大众文化、流行文化领域的改编创作进一步多元化的现实。

除史书《三国志》作为历史文献资料代代相传以外，我国自古以来有关三国故事的传播方式，多以民间故事、评书话本等方式为主，传播对象为一般社会民众，内容也丰富多彩，并不局限于历史书的刻板叙述。尤其在明代，罗贯中创作的小说《三国演义》的流行与普及，更是让广泛的读者了解到三国时代的英雄豪杰、战火纷飞。而直至中国现代社会，三国故事开始脱离文学领域，不拘泥于纸质媒介的传播，开始以其他多元化的媒介传播方式、叙事手法向中国读者讲述三国时代的人物故事与历史，如连环画、绘本、评书、电影电视等。

第一，就中国传统的连环画作品而言，以三国故事为蓝本的连环画系列就有好几个不同的版本。其中流传最广、影响力最深远的当属上海人民美术出版社发行的全 60 册连环画《三国演义》。从表现手法来看，这套作品采用的是传统的手绘方式，画家们运用最为纯朴的白描线条再现人物的风采、战争的激烈，从人物的喜怒哀乐、举手投足，到宫廷建筑的雕梁画栋、军队的行动战斗、战场上的厮杀胜负都被描绘得细致入微、栩栩如生，令人爱不释手。这套完成于 20 世纪 50 年代末 60 年代初的连环画作品，成为中国四大名著连环画的一张名片，并由此转化为一个历史的文化符号，甚至成了我国连环画史中的里程碑。

第二，三国评书也是三国故事传播的重要途径之一。然而，因说书人文化水平的不同、艺术底蕴的差异以及表现手法上的多元性，三国评书从艺术结构、人物故事以及重要场景的表述与处理上都呈现出丰富多彩、百花齐放的局面。例如三国评书较为知名的作品，有著名评书表演艺术家单田芳先生播讲的旧版电台广告系列《长篇评书：三国演义》（全 125 回）。单先生精彩演绎了自东汉末年到西晋初年这一百年间的历史风云，讲述了叱咤风云的三国英雄豪杰、政治军事领域的文争武斗、社会矛盾的渗透与转换等一系列精彩故事。而在 1981 年，我国另一位评书艺术大师袁阔成先生则应中央人民广播电台的邀请，录制了新版评书系列《三国演义》（全 365 回）。在这个系列中，袁阔成先生古书今说，为传统书目融入了众多现代词汇，使故事更具鲜明的时代特色。而袁先生的三国故事，通过其独特的视角播讲，吸收中国南北评书的众家之长，对历史事实与历史人物逐一进行演义评说，形成了袁先生的独家特色，并得到广泛的好评。由于袁先生深厚的艺术功底与文化素养，辅以炉火纯青的评说技艺，他所播讲的《三国演义》成为当代评书继承"讲史"传统的扛鼎之作，也造就了他艺术人生中的顶峰。

第三，"三国戏"泛指取材于《三国志》与《三国演义》的各种戏剧作品。其中，尤以国粹京剧中的"三国戏"作品为特色。然而，京剧中的三国改编作品一般不会将整个故事搬上舞台，更常见的演绎方式是聚焦三国故事中的著名事件或战役，再重新编排台词与打斗场面。京剧中的"三国戏"曲目众多，代表作品有曹操刺杀董卓未成，与陈宫弃官同逃，路遇故人吕伯奢盛情款待，却疑心吕而杀其全家，导致陈宫怨曹不仁并弃他而去的老生剧目《捉放曹》；红生剧目则有《温酒斩华雄》，讲述的是曹操慧眼识人，关公温酒斩华雄的故事；而在《磐河战》中，袁绍得韩馥领地后，公孙瓒命公孙越至袁处索地，却被大将鞠义杀死；《失街亭·空城计·斩马谡》则是体现诸葛亮大智与大义的名剧目；此外，还有讲述刘备、关羽、张飞三人是如何意气相投、言行相依后结拜为兄弟的《桃园三结义》等。可见，三国故事在以京剧为代表的"三国戏"剧目中得以生动体现，斩获了更广泛的爱好者群体。

第四，论及给予现代中国民众影响最为深远的三国故事改编创作作品，当属 1994 年由中国电视剧制作中心中央电视台制作播出的 84 集电视连续剧《三国演义》。电视剧的视觉叙事与表现手法，更贴近普通民众的娱乐需求与习惯，可以更生动地表现历史上的著名场景与传说，展现更为活灵活现的三国英雄形象，以至于现代中国受众对三国故事的初次理解与认知多来自该作。尤其是对与笔者同时代的"80 后"受众而言，对三国故事与历史的认知不再局限于各类历史书籍与小说版本，还来自于这部经典电视剧作品。这部被称为"老版《三国演义》"的电视剧着重表现的是三国时期的乱世之中，多个国家、政治集团之间错综复杂、紧张激烈的斗争，以及由政治斗争引发的权力争夺与军事冲突。这部历史电视剧，其故事蓝本多来自小说《三国演义》，并且该作品对文学的忠实再现与直观刻画、对历史的庄严审视与深刻反思、对豪强争斗中的谋略与机智、对战争场面的宏阔与雄强的细致描述，使得它被誉为"最忠实于原著小说立意与结构"的改编创作作品。在我国四部以四大名著为原型改编的老版电视剧中，该作迄今仍是评价最高的作品，并因此夺得了中国第 15 届飞天奖长篇电视连续剧一等奖、第 13 届金鹰奖最佳长篇连续剧奖。而在 2010 年 5 月，由中国传媒大学电视制作中心制作的新版电视剧《三国》（共 95 集）播出，同样以《三国演义》为蓝本的这部作品，细致讲述了我国从东汉末年的群雄割据、官渡赤壁之战后形成三国鼎立的局面，再到司马懿篡夺魏国王权并天下归晋的整个历史过程。相较于老版，新版采用了新的视角来讲述三国故事，并致力于构建当代中国人对三国故事的认知结构，在该作以"人"为核心的改编创作中，既参考了小说《三国演义》中的人物形象与特征，也结合了中国的现代人物观与价值观，对故事结构与人物形象做了大幅调整。也正因如此，该版《三国》播出之后，国内各大媒体便针对这部作品展开了激烈的讨论，其中讨论最为激烈的是"该作与原著小说的不同点有哪些"这个问题。而这种热情高涨的探讨也反映出我国受众对历史、对经典的执着坚守以及规行矩步的忠实性一面。

总体来说，新版《三国》拍摄手法精彩，但剧中对许多历史事件与人物的演绎叙述与《三国志》《三国演义》都有着较大出入，因此该版更多地被认为是三国故事的现代版改编演义。从还原经典巨著的角度来评价两部电视剧的话，1994年版的《三国演义》是完全忠实于小说《三国演义》拍摄的，其经典地位无可替代。而2010年版的《三国》是在老版电视剧《三国演义》的基础上翻拍的，原著的还原度也无法与老版相提并论。然而，虽然2010年版的《三国》缺乏老版的年代感，但我国影视拍摄技术的日益发达，使得该作从画质、场景、服饰、特效上都较老版更为精致逼真，因此该剧斩获了韩国首尔国际电视节大赏、亚洲电视剧大奖、东京电视剧节海外作品特别奖等十余项电视大奖。

第五，在电影创作上，近十年来影响力最为广泛的是由中国电影集团制作发行、香港著名导演吴宇森执导的系列电影《赤壁（上）》与《赤壁（下）》（2008—2009）。这两部电影的世界影响力相当广泛，5.8亿的全球总票房也让导演吴宇森获得第67届威尼斯电影节金狮奖终身成就奖、第12届上海国际电影节华语电影杰出贡献奖，电影本身还获得了第13届中国电影华表奖影片的荣誉。而追溯以往的三国电影作品，在20世纪50年代电影行业的发展初期，便已有如香港电影《貂蝉》等三国题材的改编电影出现，虽然当时的服装场景、道具灯光都无法尽善尽美，却有着一种质朴的古韵风味，是电影行业发展的时代象征。而在1983年，上海电影制片厂摄制的《华佗与曹操》也取材于三国故事，讲述曹操妒贤嫉能而枉杀华佗的民间故事，多层次、多角度地展示了二人的精神特质与性格特点，该作尤其对曹操的人物形象塑造得十分成功，既呈现了曹操的雄才大略，又展现了他的奸诈多疑，深刻挖掘出了曹操这一争议人物内心世界所特有的复杂与矛盾。此外，以三国故事为主题的改编电影作品，还有1990年黄鹤声导演的《孔明三气周瑜》、1999年由台湾导演柯俊雄执导的《一代枭雄曹操》等。

第六，随着网络游戏、手机游戏的兴起与繁荣，我国国内以三国为主题的游戏产品不断推陈出新，发展形势一派欣欣向荣。而在国内外都极具人气的三国游戏，便是2004年由中国传媒大学动画学院2004级游戏专业的学生自主设计开发，北京游卡桌游文化发展有限公司发行的人气桌上游戏《三国杀》。这款游戏最初是以实体卡牌为基础的线下游戏，在2009年6月，由杭州边锋网络技术有限公司移植至网络游戏平台，成为国内最为流行的三国主题线上桌游，继而在全国流行，并陆续发行了手机游戏版等多种线上游戏版本。《三国杀》在游戏中融合了西方卡牌策略游戏的特点，以卡牌为战略形式，将三国故事与历史人物融入卡片之中，为卡牌的功能设定每个人物的独特专长，并通过完成在特定战役中获胜等指定使命、以卡牌进行回合制对战的游玩方式促使玩家最终获得胜利。通过游玩《三国杀》，能够让玩家代入三国故事、英雄豪杰、事件战役并融入其中，对促进玩家了解三国故事或产生兴趣十分有效；而在游戏的台词制作上，设计者也有意地采用四字成语的方式进行创作，虽寥寥数字但言简意赅，让玩家在体验游戏乐趣的同时能够细心品味与感慨台词中所蕴含的文学韵味；游戏的画面制作更是极具匠心，六位国内著名插画师各司其职，采用中国传统的水墨画风格与现代钢笔素描相融合的方式描绘人物与风景，给三国爱好者们带来了惊艳的视觉效果。值得关注的是，《三国杀》作为卡牌战略游戏甚至被作为经典案例引入美国哈佛大学的经营策略课程之中。

综上所述，《三国志》和《三国演义》以其独特的历史性、文学性、大众娱乐性，给中国传统文化中的连环画、皮影戏、京剧，流行文化中的电视剧、电影、网络游戏等娱乐媒介带来了深刻的影响。整体来说，中国流行文化中有关三国故事的改编作品层出不穷，其繁荣程度与日本不相上下。那么，在漫画创作领域，我国的三国漫画改编进程与日本又有何异同之处呢？

第二节　中国三国漫画作品的对比考察

作为本书最后的具体考察，笔者旨在对近十年来中国国内发行的以三国故事为主题，具有代表性的新漫画（故事漫画）作品进行具体考察。然而，总体来说，该考察是作为对比研究的一个环节，旨在更好地把握日本三国漫画创作的多样性，了解中日两国在漫画创作上的异同。

一、陈维东、梁小龙的《三国演义》

（一）作品的表象分析

本书自第五章至第七章，以六部日本三国漫画作品为具体研究对象，对作品的表象特征、故事内涵、人物形象、作者与读者的相关性以及性别差异认知的表现手法等方面进行了逐一考察。而在这一章中，为了更明确地把握中日两国读者与创作者对《三国志》与《三国演义》在认知、改编创作上的异同，将以中国的三国漫画作品为具体考察对象进行对比研究。在这一节中，笔者选取的是陈维东[①]与梁小龙[②]共同创作的中国新漫画《三国演义》这一作品。而具体的考察方式则基本与考察日本漫画作品一致，分为表象研究、内涵研究两大方面。

1. 作品梗概

陈维东与梁小龙共同创作的这部《三国演义》，是他们的"中国新漫画四大古典小说系列"的第一部作品。而这个漫画四大古典小说系列，则是由以陈维东与梁小龙为代表的140名漫画家与编辑者，耗费六年时间完成的全80卷漫画作品。[③]《三国演义》于2008年在韩国首发，在2009年4月19日由中国安徽美术出版社完成国内的出版发行，并在2008年荣获"中国国家文化部漫画、动漫资助计划"的漫画作品第一名、漫画创作团队第一名的殊荣，同时还获得了"中国新闻总署漫画作品资助研究课题"的漫画组第一名。[④] 该作自发行以来，便受到来自中国美术家协会动漫艺委会常务副会长庞邦本先生、中国知名漫画出版者金城先生等漫画业界众多知名人士的好评。

首先，从发行形式来看，该作品与日本三国漫画的发行形式是截然不同的。日本的漫画创作一般先在漫画杂志上连载，积累到一定内容之后再发行单行本。而陈、梁的《三国演义》则是在全20卷作品绘制完成之后，一次性出版发售。

---

① 天津神界漫画有限公司创始人，村人（天津）漫画有限公司董事长。从事漫画理论研究、创作实践及产业经营17年，并绘制漫画作品600余册，致力于中国本土语言特色的"中国新漫画"理论体系研究，创造了我国原创漫画产业界中的许多惊人纪录。

② 中国著名武侠漫画家，天津神界漫画首席主笔，天津动漫游戏协会副会长。1998年加盟天津神界漫画并师从陈维东。以其硬朗的画功与写实风格深受国际漫画界赏识。

③ 陈维东、梁小龙：《三国演义》，合肥：安徽美术出版社，2009年，前言。

④ 陈维东、梁小龙：《三国演义》，合肥：安徽美术出版社，2009年，前言。

此外，与日本三国漫画多以黑白画面为主不同的是，本作品是以全彩的方式创作的，因此，从其对漫画的艺术表现与绘画技巧的要求以及所耗费的工作精力上来说，本作品的制作成本相当高。

其次，在作品的故事构建上，担纲剧本编写的陈维东以小说《三国演义》为参考蓝本，并为了在 20 卷的篇幅中更好地讲述三国故事，他从原作中选取了40 个最具代表性的战役与事件，以每卷两到三个故事的内容分配来构建整个漫画作品。而整体来说，这部作为历史漫画的作品所选择的主要人物视角、国家背景，都是与原作一致的刘备及蜀国。

再次，笔者在表 8 - 1 中列举了本作品中所收录的 40 个故事，同时将每一卷的封面人物、主标题、子标题等尽数收录，通过考察发现，这几个要素之间有着紧密的关联，一定程度上反映出本作品的主视角与原作的一致性。

据表 8 - 1 可知，除第 1、2、4、8 卷以外，每一册的封面人物都是子标题所提及的历史事件或战役的核心人物。而从三国人物的各国将领分配比例来看，20 个封面人物中，有四人是三国鼎立之势形成之前的著名人物，其余 16 人都是三国鼎立之势成立之后，隶属于各个国家势力的著名英雄。其中，魏国将领四人、吴国将领四人、蜀国将领则有八人登上封面，而蜀国将领中最具代表性的君主刘备，军师诸葛亮，五虎将之关羽、张飞、赵云、马超、黄忠，以及关羽的护卫周仓尽数登上封面。仅从这一项统计数据上，便能看出本作品照搬了原作《三国演义》的视角，奉刘蜀为正统。

表 8 - 1　《三国演义》各卷封面人物、子标题、故事背景一览

卷数	封面人物	子标题	故事背景
01	颜良/袁	乱世狼烟	董卓进京、十八路诸侯讨董卓
02	吕布/董	吕布戏貂蝉	孙坚败亡、董卓之死
03	典韦/魏	诸侯相残	曹操攻徐州、曹吕濮阳之争、挟天子以令诸侯
04	孙坚/吴	江东小霸王	小霸王平定江东、徐州争雄、吕布败亡
05	刘协/汉	煮酒论勇士	血诏除曹操、青梅煮酒论勇士
06	关羽/蜀	千里走单骑	关羽立约降曹、千里走单骑
07	袁绍/袁	尘战官渡	古城众义、官渡之战
08	张飞/蜀	龙伏荆襄	仓亭之战、马跃檀溪
09	诸葛亮/蜀	三顾茅庐	三顾茅庐、诸葛亮妙计破曹军

（续上表）

卷数	封面人物	子标题	故事背景
10	赵云/蜀	大战长坂坡	赵云单骑救主、诸葛亮出使东吴
11	甘宁/吴	火烧赤壁	东吴妙计算曹操、尘战赤壁
12	曹操/魏	虎困华容道	一气周瑜、美人计
13	孙尚香/吴	三气周瑜	二气周瑜、三气周瑜
14	马超/蜀	西凉争霸	战西凉、图西川
15	周仓/蜀	单刀会	关云长单刀赴会、曹操专权
16	黄忠/蜀	双雄争霸	跃马逍遥津、勇夺定军山
17	孙权/吴	勇士末路	水淹七军、败走麦城
18	刘备/蜀	帝星陨落	帝业功成、火烧连营
19	张郃/魏	北伐中原	首度北伐、空城计
20	司马懿/魏	天下归一	北伐未竟、天下归一

资料来源：陈维东、梁小龙：《三国演义》（全20卷），笔者制。

2. 表象分析

本作品的主笔梁小龙先生，是我国著名的武侠漫画家，而他的老师，本作剧本编写者陈维东先生也是一位著名的武侠漫画家。作为"中国新漫画"流派的创始人，陈维东先生一直倡导"用武侠漫画的风格来再现中国传统艺术文化"①。可见，本作品从作画风格上所呈现的，是与武论尊、池上辽一的《超三国志》类似的写实派武侠漫画风格。

从本作的整体风格来看，采用的都是武侠漫画创作特有的写实派描线手法，画面风景、人物形象、服饰建筑的刻画都十分精细。然而，在人物的外貌与服饰设计上，本作品却是十分还原历史，这一点与《超三国志》截然不同。一方面，如图8-1可见，本作品中的男性人物发型，忠实地参考了中国后汉时期乃至三国时期的男性发型，并如实反映了漫画创作之中。而《超三国志》在这方面的设计上，却沿用了武侠漫画的风格：男性人物的发型是脱离历史时代、具有现代感的造型。可见，相较而言，本作品在忠实于原作及历史时代的细节上做得相当出色。

---

① 陈维东、梁小龙：《三国演义》，合肥：安徽美术出版社，2009年，陈维东人物介绍。

图8-1 汉代成年男子的发型

资料来源：陈维东、梁小龙：

《三国演义》第1卷，第1页。

图8-2 京剧服饰中的视觉符号：羽毛

资料来源：陈维东、梁小龙：《三国演义》第11卷，第45页。

　　而另一方面，本作品在人物的武装与铠甲设计上，则参考了唐宋两朝较为华丽的花纹设计，以达到更丰富鲜艳的视觉效果。此外，还在武将铠甲上大量地采用了龙、虎、鹰、狮子等代表中国传统文化的动物符号元素，并增添了羽毛、旗子等京剧舞台服饰的符号元素以丰富视觉效果（图8-2）。

　　另外，有趣的是，本作品相较于日本三国漫画作品最大的表象差异，在于全彩的画面呈现。也正是因为全彩描绘这个特点，作者在对人物的性格、职能的表现上，也充分运用了色彩要素作为辅助。如描写君主、武将以及女性人物时，作者多采用黄色、红色、金色等鲜艳醒目的暖色以突显人物的权力、力量与性别。而相对的，在描绘军师等智将如诸葛亮的时候，则选用白色、蓝色等冷色以突显人物性格的沉着冷静、深思远虑。

　　再者，本作品的主要三国人物的外貌设计，也很忠实地还原了1994年版《三国演义》中的经典人物形象。1994年版的《三国演义》是中国国内家喻户晓、广受好评的改编电视剧版本，而其中的三国人物形象更是长久以来深入观众之心。因此，我们参照图8-3与图8-4的关羽与张飞，便能清晰地发现，该作品在主要人物的外貌设计上，完整借鉴了老版电视剧《三国演义》中相应人物的造型，甚至连人物的服饰色彩、眉形、发型等细节都一模一样。

图8-3 本作品中的关羽和电视连续剧中的关羽

资料来源：陈维东、梁小龙：《三国演义》第1卷，人物介绍；1994年版电视连续剧《三国演义》，关羽。

图8-4 本作品中的张飞和电视连续剧中的张飞

资料来源：陈维东、梁小龙：《三国演义》第1卷，人物介绍；1994年版电视连续剧《三国演义》，张飞。

作者在人物的外貌与性格特征的表现上，还运用了"眉毛"这个相貌元素。这种将面相学元素融入人物形象塑造中的手法，确实新颖。笔者根据作品中人物眉毛的表现手法变化，结合人物的性格、角色定位进行整理并归纳至表8-2，可见人物眉毛刻画越粗犷，该人物更可能是勇猛的武将或君主，而当人物的眉毛刻画呈现细眉、低眉尾、上眉头的视觉效果时，该角色更可能是一个奸诈多疑的宦官（表8-2）。

表 8 - 2　眉毛的变化和人物的功能、性格的关系

眉毛的粗细	粗 — 细
眉尾的高度	高 — 低
眉头的方向	下 — 上
人物的功能	武将 — 君主 — 军师/参谋 — 宦官
人物的性格	勇猛 — 温和 — 奸诈 — 胆小

资料来源：陈维东、梁小龙：《三国演义》全 20 卷，笔者归纳。

最后，我们来看看本作品在战争场面描写上的特点。总体来说，本作品与《超三国志》的表现手法十分相似，都热衷于使用"跨页画面"来呈现战争场面的气势恢宏、人数众多等特征；也常使用风景描绘、军队行进等表现手法来突显战争场面的声势浩大。此外，由于本作品在发行时，创作者陈维东就强调该作品的定位是"学习漫画"，因此，故事中并没有对战争场面做出过多的夸张描绘或突显战场的血腥残酷；而更多地通过描绘突显武将在战场上英勇杀敌的场景，给读者留下三国英雄豪杰在战场上叱咤风云的勇猛印象。

（二）作品的故事内涵

在上一节的考察中，我们了解到陈维东、梁小龙这部《三国演义》的定位是"学习漫画"，因此，这部作品在故事建构上尽可能地忠实于原作、再现历史人物形象，都是意料之中的。

1. 人物形象的塑造

本作品中的人物形象塑造，几乎照搬了小说《三国演义》的设定，各人物的性格描写、相关场景的描绘，都与原作完全一致。换言之，在本作品中登场的三国人物，与中国读者所普遍认知的形象是相同的；如刘备是宽厚仁爱、以人品获民心的汉皇室后裔，诸葛亮是三国群雄豪杰中最为才智过人的天才军师，董卓也仍是小说中描述的后汉时代的逆臣贼子。此外，曹操在作品中仍被置于刘备的对立面，然而在作品最后有关正史《三国志》的解析中，却明确提到曹操在历史上真正的地位与人物真相。从这一点来看，可以理解为陈维东在编写

剧本时，考虑到了小说与历史之间的差异性，因此在卷末增添了有关正史的解释，以便读者在了解历史真相的同时，能够理解小说作为文学创作，在故事构建上的虚构性特征。

2. 创作倾向的特征

在创作倾向特征的考量中，我们仍然需要考虑的是本作品作为"学习漫画"的定位，因此，可以预想其特征将会与日本三国漫画中，横山的《三国志》所代表的创作倾向Ⅰ比较类似。而实际上，根据笔者的考察，本作确实由于"学习漫画"的定位，使得其故事构成、内容选定、表现手法上都呈现出以学习为核心的努力及功夫。尤其是从漫画每一卷的内容构成上，就能很清晰地看到这一点。笔者在表8－3中，总结了本作品自第1卷至20卷，每卷的结构组成与细节。

表8－3　《三国演义》每册故事结构与组成要素

顺序	每册故事结构与组成要素
01	苏东坡《念奴娇·赤壁怀古》（电视连续剧《三国演义》主题曲）
02	三国时代横轴历史年表（全书一致）
03	序言（全书一致）
04	本卷的主要登场人物（第1～19卷）
05	本卷故事梗概（第1～20卷）；上集回顾（第2～20卷）
06	目录
07	第一个故事
08	《三国志》的人物介绍；人物、服装、武器的设计图
09	第二个故事
10	相关知识、场景、事件的解说与评价
11	相关书籍、旅游景点的介绍
12	下集预告（第1～19卷）
13	后记（仅第20卷）
14	纵轴事件年表（全书一致）

资料来源：陈维东、梁小龙：《三国演义》，全20卷，笔者制。

从本作品每一卷的内容构成来看，该作的目标读者群体主要是青少年群体，而内容构成中的横轴历史年表（02）、《三国志》的人物介绍（08）、相关知识解说（10）、关联书籍与景点介绍（11）、纵轴事件年表（14），再加上漫画本身寓教于乐的特点，都能让青少年读者在阅读漫画的同时学习到知识，从而达到作者的创作目的。此外，虽本作品是基于小说《三国演义》的改编创作，但在《三国志》的人物介绍（08）、相关知识解说（10）的部分，都有对历史人物的真相的解释与分析。例如，在漫画中被描绘为"奸雄"并作为刘备的对立面塑造的曹操，在这两个部分的背景介绍中得以还原其历史地位与真实面貌，某种意义上来说，这些补充知识为读者对三国人物的形象认知提供了一个"选项"，究竟该如何去判断这个人物的是非功过，读者可以结合漫画的叙述与补充知识的理解，从而得到更多的想象空间与余地。

最后，我们再从作者、主人公、读者的视角，作品框架、原作框架，改编程度、忠实程度这三个方面来看看本作品的创作特征。

（1）作者视角＝原作视角；主人公视角＝历史的当事人；读者视角＝历史的学习者。

首先，本作品的参考蓝本是小说《三国演义》，又因作者创作伊始便以"学习漫画"为作品定位，故作者的视角与原作视角趋向一致是必然的。此外，作品的主人公选取仍是小说《三国演义》中的刘备及蜀国等武将，因此是从历史当事人的角度进行故事的铺展。而作为学习者的读者，大多数时间都处于单方面的信息接收者位置，通过对作品的阅读以了解三国时代的故事、人物与历史，这也是作者创作该作的初衷。

（2）作品框架＜原作框架；改编程度＜忠实程度。

陈维东在编写剧本的时候，考虑到阅读效果与创作成本的问题，因此从原作《三国演义》中选取了40个最具代表性的历史事件及战役进行重点描绘。换言之，本作品并非全方位地描绘《三国演义》的故事，而是40个场景的精编创作版，故此作品的故事框架远小于原作的。并且，本作品最主要的目的在于"对历史的解说与学习"，所以对于作者而言，相较于发挥创造力改编历史，如何最大限度地还原、再现原作与历史才是作品创作的关键点。可见，本作的改编程度与对原作的忠实程度是无法相提并论的。

第三节　小　结

综上所述，本章考察的中国三国漫画作品：陈维东、梁小龙的《三国演义》，与日本三国漫画创作的第一个改编创作倾向（以学习中国文化/历史为目的的改编创作）之间有许多共同点。但是，日本的三国漫画创作在40年间发展细化出了八种发展方向，并仍存在新的发展潜力。而与之相对的，我国三国漫画创作的发展方向与创作目的仍较为固定，停留在以历史教育、文化学习为目的的创作之中。如此说来，我国三国漫画创作的发展仍有许多可向日本学习借鉴的地方。

然而，之所以我国三国漫画创作的发展方向较为单一，究其原因有二：一是来自小说《三国演义》的深刻影响，使得扎根于中国读者心中的三国故事与人物形象根深蒂固，难以被改变或取代；二是中国读者对本国历史的敬畏，对擅自改动或重新诠释的接受程度较低，这一点可以从中国的三国爱好者对新老两版电视剧《三国演义》的评价中可见一斑。不过，在陈维东、梁小龙的《三国演义》漫画作品中，可以看到作者在描绘小说故事的同时，增添正史《三国志》中的历史史实以供读者对比参考，可见作者在创作中并不是一味地固守成规，而是给读者提供了自行思考与理解的空间。从这一点来看，今后我们也可以期待从中国的三国漫画创作中，看到作者自发地重新审视历史，重新诠释三国人物的新变化。

第九章

结　论

……

本书主要考察《三国志》与《三国演义》两部作品自日本江户时代以来的传入普及的状况，以及这两部作品在日本流行文化中的传播接受及改编创作的情况。

在文献综述中，我们了解到《三国志》与《三国演义》在传入日本时，其读者群体就存在差异。小说《三国演义》传入日本之后，首部日译本由僧侣湖南文山完成并出版，由于日本大众读者的阅读习惯以及兴趣趋向与中国读者存在差异，因此该译本被湖南文山做了大幅改编。此后，小说《三国演义》作为一种通俗读物在日本大众社会之中得以传播普及。然而，正史《三国志》虽比小说传入日本更早，但由于汉文的繁杂难懂、历史书籍的简短省略，导致其在漫长的岁月中，都仅为皇室贵族、文人精英所独享。直到近代完整的现代日语版日译本的出版与发行，日本读者才真正获得了通读这部史书巨著的机会。

在文献综述的基础上，笔者进而总结归纳了日本读者对三国故事的内涵、人物形象等问题的一般认知，并与我国读者的认知进行对比，发现中日两国的三国爱好者的认知异同。再以日本流行文化为切入点，考察三国故事在日本社会文化中的渗透与变异，以理解《三国志》与《三国演义》两部作品与日本社会文化之间的相互影响与表现形式，发现在日本流行文化中，三国故事的接受面相当广泛，并在多元化的媒介中得到改编创作与发展变异，如通俗文学、舞台戏剧、电影电视、动画漫画、网络游戏等。而本着对脱离中国本土的三国故事的认知方式以及其与日本流行文化的具体融合方式的疑问与好奇，笔者在梳理日本流行文化中的三国故事改编创作的基础之上，选取日本流行文化的代表——漫画文化为切入点，深入分析了自1971年以横山光辉的《三国志》为始祖的日本三国漫画的40年创作发展史；并且，将聚焦点集中于故事性这个特征上，对日本三国漫画创作的发展历史进行资料梳理、倾向归纳、特征总结，最终选取了六部极具代表性的故事漫画作品为个案分析的具体研究对象。总体而言，本书通过三个层面的研究分析，对日本三国漫画创作的发展与过程进行了深刻的考察与把握。

首先，笔者广泛收集了自1971年横山光辉的《三国志》连载以来至2011年的40年中，在日本国内发行的以三国故事为题材的改编漫画作品，并制成作品年表（附录二）。该年表中详细记录了每一部作品的相关信息，如发行年代、目标读者群、体裁类型、主人公、主要国家背景等。而以该年表为基础，笔者在第三章中进一步划分出日本三国漫画创作的发展时期与创作倾向，并对日本三国漫画创作的发展历程进行全方位的考察，分析其漫画创作的发展趋势、创作状况以及各时期的主客观因素等。从该作品年表中首先可以了解的是，在1971—2011 年的 40 年中，日本国内共发行了 124 部三国漫画作品。笔者根据这40 年中的年度新作发行数的波动趋势，将日本三国漫画创作的发展历程划分为三个大的发展时期：萌芽期、渗透期、发展期。

1971—1990 年的 19 年，是日本三国漫画创作的第一个发展阶段。这个时期中的三国漫画创作仍处于摸索与试行错误的萌芽期。尤其从该时期发行的三国漫画作品中呈现出的不符合历史时代感的表象特征中，可以看出当时日本漫画创作者对中国古代历史的理解存在空白与误解。然而，随后中日两国政治交流史上的两个重大事件的发生，推动了该领域漫画创作的发展与内容修正。首先，促使日本漫画家开始尝试对三国故事进行漫画改编的重要原因，是 1972 年中日恢复外交关系这一政治大事件。有关这个论点的佐证，可以参考日本三国漫画创作的始祖——横山光辉在访谈时的表述，他明确提到中日关系的恢复对三国漫画创作的推动作用巨大。而此后，促进三国漫画创作进一步发展，并在内容上逐渐展现出修正与进步的另一个重要原因，则是 1978 年《中日和平友好条约》的缔结。由于这个条约的签署，中日两国在社会、民间文化交流的机会剧增，也让漫画创作者们得以前往中国收集有关三国历史的文献资料并用于创作。因此，在漫画作品中我们看到了更多忠实于历史、还原史实的细节呈现，日本三国漫画创作也实现了真正意义上的发展与进步。

而 1991—2003 年，是日本三国漫画创作的第二个发展阶段：渗透期。在这个时期，日本三国漫画创作开始出现新的发展方向，故事内容也趋向多元化，众多日本漫画市场的流行要素都被逐一增添至三国故事的漫画改编之中。在这个时期，尤其值得一提的社会动态，就是 1989 年日本国内首部正史《三国志》的完整日译本的发行。历时 12 年终于全卷出版的日译本《三国志》，让日本国内的三国爱好者与研究者得以进一步了解真实的历史与人物面貌，让他们对三国故事的认知逐渐追上了中国读者的步伐，甚至在日本国内掀起了"反演义，扶正史"的热潮。而在这样的大背景下，日本三国漫画创作中，逐步出现对三国人物与历史进行重新解读、重新诠释的杰出作品。尤其是在小说《三国演义》中被塑造为奸雄与恶人的曹操，在这个时期中也得到了正视，以他为主人公的漫画作品开始连载发行，对他的重新诠释也让读者认识到了一个更贴近历史的人物形象。此外，在该时期中，三国漫画领域的自主改编创作也愈加活跃，许多作者在原本的历史与小说故事中，增添了如仙术、格斗、热血等来自日本漫画产业的潮流元素，我们不但能看到作者在三国故事中充分发挥创造力的精彩一面，也窥视到三国漫画创作者与杂志编辑为吸引读者、扩大目标读者群所下的功夫与苦心。

2004—2011 年，是日本三国漫画创作的第三个时期：发展期。该时期中，由于受到来自社会文化各层面的媒介融合现象与潮流趋势的影响，日本三国漫画创作与出版呈现出剧烈的波动趋势。自 2000 年以来，在日本流行文化中多媒介同时期发生的媒体综合效应，对三国漫画创作的内容多元化起到了举足轻重的作用，如主机游戏、宅文化、人气电影等潮流趋势与元素，都被融入到三国漫画创作之中，使其内容精彩纷呈。更进一步来说，相较于渗透期作者通过多元化的创作来扩大目标读者群体，该时期的三国漫画作品自创作伊始，漫画家便已立足于特定的目标读者群的立场之上，并以满足这些读者的阅读需求与兴趣爱好为目的而创作了这些内容多元的三国漫画。

其次，在对日本三国漫画创作的 40 年发展过程进行了发展期的划分，分析各时期背后的社会动因之后，笔者在第四章中，参照作品年表进一步为日本三国漫画创作划分了三个大的改编创作方向（本书中称为改编创作倾向），并根据时间顺序、体裁类型的变迁、读者群体的迁移，将这三个大的创作倾向细化为 8 个更为具体的创作倾向。并从中选取了 6 部极具代表性的三国漫画作品，在第五章至第七章的篇幅中，对这些作品进行了具体考察。

对具体作品的个案分析，主要分为两个层面：一是作品的表象研究，具体探讨的是作品的故事构建、作画风格、人物外貌与服饰设计，以及战争场面描写等视觉叙事方面的特征与变迁；二是对作品故事内涵的考察，重点从人物形象塑造、创作特征、作者与读者的相互关系与定位三个角度展开。从考察结果来看，除了作品的表象特征中的人物形象塑造、故事构建等方面随着时代的发展、中日两国文化交流的深入在不断变化之外，作者与读者之间的相互关系与定位也极大地影响了作品创作，笔者就此问题在第六章中做出了详细的阐述。而这里简言之，漫画创作者为了拓展三国漫画作品的目标读者群体与层次，率先展开了对三国故事的改编创作，以及漫画流行元素的融合。然而，随着读者群体在年龄、层次、理解能力上的不断改变与提升，作者对原作的表现手法也必然随之发生改变。一方面，两者之间各自能力的提升与相互作用，促进了三国漫画创作的内容多元化与进步；另一方面，通过漫画作品呈现的改编创作，对人物、历史的重新诠释，我们可以窥视到日本读者对三国故事在认知上不断发生改变的现实。然而，对于日本三国漫画创作而言，无论如何对故事进行改编，仍有一个基本的底线需要维系，就是对原作与历史最低限度的参考，即三国故事的改编创作都是基于原型的发展。因此，虽然我们从日本三国漫画创作中看到了丰富多彩的改编，但这种改编创作仍然是受制于原型的。

最后，通过对日本三国漫画作品的考察，为了更好地突显日本三国漫画创作的多样性与多元化，以及从侧面了解中日两国艺术创作的倾向与特征差异，笔者在第八章中首先粗略梳理了《三国志》与《三国演义》在中国流行文化中的传播与改编创作情况，并进一步以中国漫画创作为切入点，选取了近十年来在中国三国漫画创作领域中极具代表性的经典作品加以考察。

从考察结果来看，中国的漫画作品在表象特征上，与日本三国漫画作品有不少共同点，尤其在同为武侠漫画体裁的作品对比中，其作画风格、画面呈现的手法更是极为相似。然而，从故事构建、人物形象塑造等角度来看，中国的漫画创作还停留在忠实还原原著的阶段，虽然在知识叙述上可以看到作者同时列举历史史实与小说故事进行对比的细节，但整体来看，创造性的改编创作基本是不存在的。因此，与日本三国漫画创作所呈现的内容多样化来说，中国三国漫画创作在创造性上仍有待加强。总体来说，从中国三国漫画作品呈现出的画面上的丰富多彩这个角度来看，我们仍可以期待中国未来的漫画创作能在全新的发展方向中找到合适的定位，谋求更为绚丽多彩的视觉效果，为中国古典文学、历史经典的新诠释带来新的可能性。

综上所述，从比较文化的视角来重新审视中日两国的文化特征，我们可以发现，作为岛屿国家的日本，其拿来主义、融合主义的文化特征淋漓尽致地展现在对中国经典文学与历史作品的汲取过程之中。而作为大陆国家的中国，自古以来作为"文化输出者"的定位也是有理可依的。然而，本书的研究中，并没有过多地涉及与证明我国"多文化并存"这一特点的合理性。因此在今后的研究中，有必要对这个问题进行更为具体深入的探讨。

总体来说，通过本书的考察，我们得以大致掌握中国古典文学的经典《三国演义》以及其蓝本史书《三国志》在日本流行文化，尤其是以漫画文化为代表的传播接受与改编创作概况。在日本目前的漫画学研究中，有关三国漫画创作的系统性研究极少，因此，本书的研究主题具有一定的学术参考价值。而本书附录中的三国漫画作品年表，笔者目前完整收录了1971年至2011年的数据，今后笔者还将以 10 年为一期，持续对该年表进行整理更新，以用于该课题以及相关课题研究。此外，作为笔者博士阶段研究的一部分，本书探讨的是以《三国志》与《三国演义》为中心的日本流行文化中的中国历史文化的传播与接受概况。而有关四大名著的另外三部经典作品，以及中国传统文学文化在日本的跨文化传播概况与发展历程，笔者将在其他著作中进行阐述。

附　录

…　…

附录一　原著作品、漫画作品

原著作品

[1] 陈寿著，裴松之注:《三国志》，沈阳:万卷出版公司，2009 年。

[2] 罗贯中:《三国演义》，济南:齐鲁书社，2008 年。

[3] [日] 陈寿著，裴松之注，《中国的思想》刊行委员会编译:《正史三国志英杰传》，东京:德间书店，1994 年。

[4] [日] 吉川英治:《三国志》，东京:吉川英治历史时代文库，1989 年。

[5] [日] 罗贯中著，渡边精一译释:《三国志英雄传》，东京:小学馆，1994 年。

漫画作品

[1] 陈维东、梁小龙:《三国演义》，合肥:安徽美术出版社，2009 年。

[2] [日] 横山光辉:《三国志》，东京:潮出版社，1971—1986 年。

[3] [日] 吉永裕之介:《三国乱舞》，东京:希望出版社，2004—2008 年。

[4] [日] 李学仁、王欣太:《苍天航路》，东京:讲谈社，1994—2005 年。

[5] [日] 山原义人:《龙狼传》，东京:讲谈社，1993—2006 年。

[6] [日] 武论尊、池上辽一:《超三国志》，东京:小学馆，2004—2011 年。

[7] [日] 盐崎雄二:《一骑当千》(1～19 卷)，东京:鳄鱼书店，2000 年至今。

附录二　日本三国漫画作品年表：1971—2011 年

序号	作品标题	原创作者	出版时间	出版社	出版体裁	故事体裁	参考蓝本	主角视角	主要国家
01	三国志	横山光辉	1971—1986	潮出版社	单行本全60卷	历史少年	吉川英治『三国志』	全般	三国全般（蜀灭亡）
02	三国志	久保田千太郎、园田光庆	1979—1980	学習研究社	单行本全6卷	历史·少年向	久保田千太郎原案	全般	三国全般
03	天地を喰らう	本宮ひろ志	1984—1985	集英社	单行本1~7卷	历史/幻想·青年向	正史·演義+フィクション	劉備·諸葛亮	蜀中心
04	+中国の歴史4英雄たちの時代-孔明と三国志-	陳舜臣、手塚治虫	1986	中央公論社	全10卷中第4卷	历史/教育·子供向	演義	諸葛亮	三国志全般（蜀）
05	+学習漫画中国の歴史3三国志の英雄たち（旧版）	三上修平、貝塚ひろし	1987	集英社	全10卷中第3卷	历史/教育·子供向	正史·演義	全般	三国全般

（续上表）

序号	作品标题	原创作者	出版时间	出版社	出版体裁	故事体裁	参考蓝本	主角视角	主要国家
06	諸怪志異1異界録	諸星大二郎	1989	双葉社	全4巻中第1巻	妖怪·青年向	『捜神記』の山怪エピソード	諸葛恪	呉
07	その日仙境に竜はおちて	白井惠理子	1989	角川書店	単行本全1巻	歴史/少女向	演義	曹操	後漢·黄巾の乱
08	#三国志絵巻シリーズ	王矛、王敏	1990—1991	岩崎書店	大型本全12巻	歴史/絵本	演義	全般	三国全般(蜀)
09	STOP劉備くん！-白井版三国志遊戯	白井惠理子	1991	角川書店	単行本全1巻	歴史/ギャグ·全年齢向	演義+フィクション	劉備中心	三国全般(蜀)
10	三国志孔明伝	とんぼはうす	1991	光栄コミック	単行本全1巻	歴史·青年向	筧十三原案	諸葛亮	三国全般(蜀)
11	黒の李氷·夜話シリーズ	白井惠理子	1991—1995	角川書店	単行本全7巻	妖怪·幻想	演義+フィクション	李氷	歴史の転換期
12	三国志曹操伝	影丸穣也	1992	光栄コミック	単行本全1巻	歴史·青年向	筧十三原案	曹操	後漢(董卓滅亡)
13	三国志-カラーコミックス-	笠原和夫、駒田信二	1992—1993	河出書房新社	単行本全12巻	歴史·全年齢向	正史·演義	全般	三国全般

（续上表）

序号	作品标题	原创作者	出版时间	出版社	出版体裁	故事体裁	参考蓝本	主角视角	主要国家
14	SWEET三国志	片山まさゆき	1992—1995	講談社	単行本全5巻	歴史/ギャグ·全年齢向	演義＋フィクション	全般（蜀）	三国全般
15	＃中国劇画三国志	陳舜臣（翻訳）	1993	中央公論社	単行本全4巻	歴史·全年齢向	正史·演義	全般	三国全般
16	＋三国志英雄伝諸葛孔明	三上修平、小室孝太郎	1993	創美社	全3巻中第1巻	歴史/教育·全年齢向	正史·演義	諸葛亮	蜀中心
17	なぞなぞ三国志	熊谷さとし	1993	ポプラ社	単行本全1巻	歴史/クイズ·全年齢向	正史·演義	全般	三国全般
18	＃三国志	寺島優、李志清	1993—1996	スコラ社	単行本全13巻	歴史·青年向	寺島優原案	全般	三国全般（蜀）
19	龍狼伝	山原義人	1993—2006	講談社	単行本全37巻	歴史/幻想·少年向	正史·演義＋フィクション	天地志狼/現代·過去	三国全般
20	続·白井版三国志遊戯STOP劉備くん！	白井惠理子	1994	角川書店	単行本全1巻	歴史/ギャグ·全年齢向	演義＋フィクション	劉備中心	三国全般（蜀）

（续上表）

序号	作品标题	原创作者	出版时间	出版社	出版体裁	故事体裁	参考蓝本	主角视角	主要国家
21	+ 三国志英雄伝 劉備	三上修平、小室孝太郎	1994	創美社	全3卷中第2卷	歴史/教育・全年齢向	正史・演義	劉備	蜀中心
22	蒼天航路	李学仁、王欣太	1994—2005	講談社	単行本全36卷	歴史・青年向	正史・演義	曹操	魏中心
23	+ 三国志英雄伝 曹操	三上修平、小室孝太郎	1995	創美社	全3卷中第3卷	歴史/教育・全年齢向	正史・演義	曹操	魏中心
24	+ マンガ中国大人物伝（1）‐諸葛孔明	石森章太郎プロ	1996	世界文化社	全4卷中第1卷	歴史/教育・全年齢向	正史・演義	諸葛亮	蜀中心
25	# 諸葛孔明	寺島優、李志清	1996—1999	スコラ社	単行本全10卷	歴史・青年向	寺島優原案	諸葛亮/蜀	三国全般(蜀)
26	+ 諸葛孔明伝	瀬戸竜哉、藤原芳秀	1997	小学館	上・下全2卷	歴史/教育・全年齢向	瀬戸竜哉原案	諸葛亮	蜀中心
27	統統・白井版三国志遊戯STOP劉備くん!	白井惠理子	1997	角川書店	単行本全1卷	歴史/ギャグ・全年齢向	演義+フィクション	劉備中心	三国全般(蜀)

（续上表）

序号	作品标题	原创作者	出版时间	出版社	出版体裁	故事体裁	参考蓝本	主角视角	主要国家
28	＋诸葛孔明伝完結编	瀬戸竜哉、藤原芳秀	1998	小学館	全1巻	歴史/教育・全年齢向	瀬戸竜哉原案	諸葛亮	蜀中心
29	爆風三国志我王の乱	山口正人、川辺優	1998—2001	日本文芸社	単行本全15巻	歴史・青年向	正史・演義	劉備	三国全般(蜀)
30	龍狼伝赤壁の戦いその新たなる伝説	山原義人	1999	講談社	単行本全1巻	歴史/幻想・少年向	正史・演義＋フィクション	天地志狼/現代・過去	三国全般
31	三国志艶義	清水清	1999	ヒット出版社	単行本全2巻	歴史・成人向	演義＋フィクション	全般	三国全般
32	江東の暁	滝口琳々	1999—2000	秋田書店	単行本全2巻	歴史・少女向	演義＋フィクション	周瑜・孫策	周瑜・孫策少年時代
33	＋早わかりコミック三国志〈文庫〉	守屋洋、とみ新蔵	2000	三笠書房	上・中・下全3巻	歴史/教育・全年齢向	正史・演義	全般	三国全般
34	諸葛孔明1～2（文庫）	竹川弘太郎、久松文雄	2000	講談社	文庫版1～2巻	歴史・全年齢向	竹川弘太郎原案	諸葛亮	蜀中心

（续上表）

序号	作品标题	原创作者	出版时间	出版社	出版体裁	故事体裁	参考蓝本	主角视角	主要国家
35	諸葛孔明 時の地平線	諏訪緑	2000—2009	小学館	単行本全14巻	歴史・少女向	正史・演義	諸葛亮	蜀中心
36	一騎当千	塩崎雄二	2000至今	ワニブックス	単行本1～18巻	歴史/格闘・男性/成人向	フィクション	孫策/現代	日本現代
37	GOGO玄徳くん!! 白井式プチ三国志	白井惠理子	2001	潮出版社	単行本全1巻	歴史/ギャグ・全年齢向	演義＋フィクション	劉備中心	三国全般(蜀)
38	＋学習漫画世界の歴史4 三国志の英雄と隋・唐のかがやき	平勢隆郎、小井土繁	2002	集英社	全20巻中第4巻	歴史/教育・子供向	正史・演義	全般	三国全般
39	続・GOGO玄徳くん!!	白井惠理子	2002	潮出版社	単行本全1巻	歴史/ギャグ・全年齢向	演義＋フィクション	劉備中心	三国全般(蜀)
40	続続・GOGO玄徳くん!!	白井惠理子	2002	潮出版社	単行本全1巻	歴史/ギャグ・全年齢向	演義＋フィクション	劉備中心	三国全般(蜀)

（续上表）

序号	作品标题	原创作者	出版时间	出版社	出版体裁	故事体裁	参考蓝本	主角视角	主要国家
41	DRAGON SISTER！－三國志百花繚乱－	nini	2002—2008	マッグガーデン	単行本全6巻	歴史・男性向	演義＋フィクション	全般（蜀）	三国全般（蜀）
42	太陽の黙示録群雄編	かわぐちかいじ	2002—2008	小学館	単行本全17巻	災難・青年向	フィクション	柳舷一郎	架空の日本
43	横山光輝三国志大百科永久保存版	潮出版社コミック編集部	2003	潮出版社	単行本全1巻	歴史・少年向	吉川英治『三国志』	全般	三国全般（蜀滅亡）
44	龍狼伝破凰と天運	山原義人、草野真一	2003	講談社	単行本全1巻	歴史/幻想・少年向	正史・演義＋フィクション	天地志狼/現代・過去	三国全般
45	怪・力・乱・神クワン	志水アキ	2003—2008	メディアファクトリー	単行本全7巻	妖怪/幻想・少年向	演義＋フィクション	クワン（鰥）	後漢
46	＋NHKその時歴史が動いた－コミック版（三国志編）〈文庫〉	NHK取材班、小川おさむ	2004	ホーム社	文庫版全1巻	歴史/教育・全年齢向	正史・演義	劉備・諸葛亮	三国全般（蜀）

（续上表）

序号	作品标题	原创作者	出版时间	出版社	出版体裁	故事体裁	参考蓝本	主角视角	主要国家
47	+ 三国志英雄伝	三上修平、小室孝太郎	2004	嶋中書店（2007年解散）	単行本全3卷	歴史/教育・全年齢向	正史・演義	全般	三国全般
48	三国志断簡－空明の哥	桑原祐子	2004	集英社	単行本全1卷	歴史・少女向	正史・演義＋フィクション	郭嘉/陸遜/姜維	三国全般
49	破三国志1	桐野作人、井上大助	2004	学習研究社	単行本全1卷～	歴史・青年向	桐野作人『破三国志』	諸葛亮	三国全般（蜀）
50	女禍JOKER（のちJOKER）	大西巷一	2004	講談社	単行本全4卷	歴史/幻想・青年向	演義＋フィクション	蜀	三国全般（蜀）
51	三国志－天下三分計画	二世	2004	ジャイブ	単行本全1卷	歴史・ギャグ	演義	全般	三国全般
52	△三国志アンソロジー武将乱舞	秋乃茉莉	2004	双葉社	単行本全1卷	歴史・アンソロ・全年齢向	正史・演義	全般（蜀）	三国全般（蜀）
53	△三国遊戯－三国志アンソロジー	華炎	2004	光彩書房	単行本全1卷	歴史・アンソロ・女性向	正史・演義	全般	三国全般

（续上表）

序号	作品标题	原创作者	出版时间	出版社	出版体裁	故事体裁	参考蓝本	主角视角	主要国家
54	三国志烈伝破龍	長池とも子	2004—2007	秋田書店	単行本全5巻	歴史・少女向	演義+フィクション	人物別	三国全般
55	ランペイジ	吉永裕ノ介（のち裕介）	2004—2008	講談社	単行本全3巻	歴史/幻想・青年向	演義+フィクション	張飛	蜀中心
56	覇-LORD-	武論尊、池上遼一	2004—2011	小学館	単行本1~22巻	歴史・青年向	正史・演義+フィクション	燎宇	蜀中心
57	関羽、出陣！	島崎譲	2005	メディアファクトリー	単行本全1巻	歴史・青年向	演義+フィクション	関羽	三国全般（名戦い別）
58	覇王の剣	塀内夏子	2005	講談社	単行本全4巻	歴史・青年向	正史・演義+フィクション	張飛中心（？）	三国全般(蜀)
59	さんごくし	やまさき拓味	2005	秋田書店	単行本全6巻	歴史・青年向	正史・演義	全般	三国全般
60	コミック三国志（Roman comics）	石森章太郎プロ	2005—2006	世界文化社	単行本全5巻	歴史・全年齢向	吉川英治『三国志』	全般	三国全般
61	英雄三国志	柴田錬三郎、大島やすいち	2005—2006	集英社	単行本全3巻	歴史・青年向	柴田錬三郎『英雄三国志』	全般	三国全般

（续上表）

序号	作品标题	原创作者	出版时间	出版社	出版体裁	故事体裁	参考蓝本	主角视角	主要国家
62	#三国志群雄伝火鳳燎原	陳某	2005—	メディアファクトリー	単行本1~9巻	歴史・青年向	正史・演義	司馬懿	司馬懿少年時代~
63	#三国志完結編	寺島優、李志清	2006	MF文庫	文庫版全3巻	歴史・青年向	寺島優原案	全般	三国全般(蜀)
64	+学習漫画中国の歴史3三国志と群雄の興亡（新版）	春日井明、岩井久幸	2006	集英社	全10巻中第3巻	歴史/教育・子供向	正史・演義	全般	三国全般
65	三国志断簡-地涯の舞	桑原祐子	2006	集英社	単行本全1巻	歴史・少女向	正史・演義+フィクション	典韋/超雲/凌統・甘寧	三国全般
66	おしとね三国志エロティック歴史ロマン	松久由宇、高山紀芳	2006	ホーム社	単行本全1巻	成人向・男性向	演義+フィクション	全般	三国全般
67	ブレイド三国志	真壁太陽、壱河柳乃助	2006—	SQUARE・ENIX	単行本1~9巻	歴史/幻想・少年向	真壁太陽原案	轟蘭市郎/未来	22世紀末の日本

（续上表）

序号	作品标题	原创作者	出版时间	出版社	出版体裁	故事体裁	参考蓝本	主角视角	主要国家
68	ふしぎ道士伝八卦の空	青木朋	2006—	秋田書店	単行本1～5巻	歴史/幻想・少年向	歴史＋フィクション	管公明	三国時代
69	アレ国志	末弘	2007	メディアファクトリー	単行本全1巻	歴史/ギャグ・青年向	正史・演義＋フィクション	全般	三国全般
70	－江南行－三国連作集	佐々木泉	2007	メディアファクトリー	単行本全1巻	歴史・少女向	演義＋フィクション	魯粛	呉
71	－異郷の草－三国連作集	志水アキ	2007	メディアファクトリー	単行本全1巻	歴史・少女向	演義＋フィクション	黄忠/鍾会/甘寧/孟獲/簡雍	三国全般
72	劉備くん！リターンズ！	白井惠理子	2007	メディアファクトリー	単行本全1巻	歴史/ギャグ・全年齢向	演義＋フィクション	劉備中心	三国全般(蜀)
73	三国志諸葛孔明臥竜動乱の章	竹川弘太郎、久松文雄	2007	講談社	全1巻	歴史・全年齢向	竹川弘太郎原案	諸葛亮	後漢・黄巾の乱
74	説三分	佐々木泉	2007	メディアファクトリー	ウェブ連載全3話	歴史・青年向	正史・演義＋フィクション	魯粛	呉

（续上表）

序号	作品标题	原创作者	出版时间	出版社	出版体裁	故事体裁	参考蓝本	主角视角	主要国家
75	三国志諸葛孔明 赤壁燃ゆの章	竹川弘太郎、久松文雄	2007	講談社	全1巻	歴史・全年齢向	竹川弘太郎原案	諸葛亮	赤壁の戦い
76	△三国志に聞け! 戦争の知略編	オムニバス	2007	メディアファクトリー	全1巻	歴史・全年齢向	正史・演義	人物別	三国全般
77	△三国志に聞け! 英雄の肖像編	オムニバス	2007	メディアファクトリー	全1巻	歴史・全年齢向	正史・演義	人物別	三国全般
78	三国志に聞け! 名言の誕生編	寺島優、末弘	2007	メディアファクトリー	全1巻	歴史・全年齢向	正史・演義	人物別	三国全般
79	三国志諸葛孔明 天下三分の章	竹川弘太郎、久松文雄	2007	講談社	全1巻	歴史・全年齢向	竹川弘太郎原案	諸葛亮	蜀成立前
80	一騎当千オフィシャルアンソロジー	塩崎雄二	2007	ワニブックス	単行本全1巻	歴史/格闘・男性/成人向	フィクション	孫策/現代	日本現代

（续上表）

序号	作品标题	原创作者	出版时间	出版社	出版体裁	故事体裁	参考蓝本	主角视角	主要国家
81	＊鋼鉄三国志アンソロジーコミック	オムニバス	2007	KONA-MI	単行本全1巻	歴史/幻想・少年向	鋼鉄三国志プロジェクト原案	陸遜	呉中心
82	＊マジキュー4コマ恋姫無双～ドキッ★乙女だらけの三国志演義	オムニバス	2007—2008	エンターブレイン	単行本全10巻	ギャグ・成人/男性向	フィクション	全般	三国全般
83	蜀の甘寧	中島三千恒	2007—2008	メディアファクトリー	ウェブ連載全2話	歴史・青年向	正史・演義＋フィクション	甘寧	蜀中心
84	SDガンダム三国伝風雲豪傑編	ときた洸一	2007—2008	講談社	単行本全2巻	ロボット/』幻想・少年向	演義＋フィクション	劉備（ガンダム）	三璃紗（ミリシャ）
85	龍狼伝－中原繚乱編－	山原義人	2007—2015	講談社	単行本1~9巻	歴史/幻想・少年向	正史・演義＋フィクション	天地志狼/現代・過去	三国全般

（续上表）

序号	作品标题	原创作者	出版时间	出版社	出版体裁	故事体裁	参考蓝本	主角视角	主要国家
86	まじかる無双天使突き刺せ!!呂布子ちゃん	鈴木次郎	2007—	SQUARE·ENIX	単行本1~7巻	歴史/幻想·少年向	フィクション	呂布子/現代	天·地上界·現代日本
87	*鋼鉄三国志	KYO	2007	メディアファクトリー	単行本全1巻	歴史/幻想·少年向	鋼鉄三国志プロジェクト原案	陸遜	呉中心
88	超アレ国志	末弘	2008	メディアファクトリー	単行本全1巻	歴史/ギャグ·青年向	正史·演義＋フィクション	全般	三国全般
89	劉備くん'08春桃園畑でつかまえて	白井惠理子	2008	メディアファクトリー	単行本全1巻	歴史/ギャグ·全年齢向	演義＋フィクション	劉備中心	三国全般(蜀)
90	劉備くんそれゆけ赤壁オリンピック	白井惠理子	2008	メディアファクトリー	単行本全1巻	歴史/ギャグ·全年齢向	演義＋フィクション	劉備中心	三国全般(蜀)

（续上表）

序号	作品标题	原创作者	出版时间	出版社	出版体裁	故事体裁	参考蓝本	主角视角	主要国家
91	赤壁ストライブ	中島三千恒	2008	メディアファクトリー	単行本全1巻	歴史・少年向	正史＋フィクション	孫権	呉中心
92	△決戦三国志最強の戦い	オムニバス	2008	竹書房	全1巻	歴史・少年向	正史・演義	合戦別	三国全般
93	うまなみ三国志	大澤良貴、荒木風羽	2008	メディアファクトリー	単行本全1巻	歴史/教育・少年向	正史・演義＋フィクション	全般	三国全般
94	絶戦三国志赤壁の戦い	松田一輝	2008	竹書房	全1巻	歴史・全年齢向	正史・演義	全般	赤壁の戦い
95	三国志大戦赤壁－三顧の礼から赤壁決戦まで完全収録！	G.Rockets、七重正基、辻本かこみ	2008	ジービー	単行本全1巻	歴史/全年齢向	演義	全般	赤壁の戦いまで
96	三国志孔明VS.曹操赤壁の戦い！！	久保田千太郎、園田光慶	2008	講談社	単行本全1巻	歴史・少年向	久保田千太郎原案	全般	赤壁の戦い

（续上表）

序号	作品标题	原创作者	出版时间	出版社	出版体裁	故事体裁	参考蓝本	主角视角	主要国家
97	三国志の女たち	瀬戸龍哉、蓮環	2008	ジービー	単行本全1巻	歴史・全年齢向	正史・演义	女性キャラクター	三国全般
98	龍狼伝"竜の子"飛来編	山原義人	2008	講談社	単行本全1巻	歴史/幻想・少年向	正史・演义+フィクション	天地志狼/現代・過去	三国全般
99	龍狼伝"雲体風身"の術編	山原義人	2008	講談社	単行本全1巻	歴史/幻想・少年向	正史・演义+フィクション	天地志狼/現代・過去	三国全般
100	一騎当千激闘！爆乳闘士・孫策伯符!!編	塩崎雄二	2008	ワニブックス	単行本全1巻	歴史/格闘・男性/成人向	フィクション	孫策/現代	日本現代
101	BB戦士三国伝英雄激突編	矢野健太郎	2008—2009	講談社	単行本全3巻	ロボット/』幻想・少年向	演义+フィクション	劉備（ガンダム）	三璃紗（ミリシャ）
102	RANJIN－三国志呂布異聞－	川村一正	2008—2009	新潮社	単行本全4巻	歴史・青年向	正史・演义+フィクション	呂布	後漢・三国時代前夜
103	雲漢遥かに－趙雲伝－	黄十浪	2008—	メディアファクトリー	単行本1~3巻	歴史・青年向	正史・演义	趙雲	蜀中心

（续上表）

序号	作品标题	原创作者	出版时间	出版社	出版体裁	故事体裁	参考蓝本	主角视角	主要国家
104	三国遊戯タオテン	田代琢也	2008—	メディアファクトリー	単行本1~2巻	歴史/幻想・男性/成人向	三国志平話＋フィクション	典韋	現代日本
105	太陽の黙示録建国編	かわぐちかいじ	2008—	小学館	単行本1~9巻	災難・青年向	フィクション	柳舷一郎	架空の日本
106	一騎当千 – 呂蒙子明・編 –	塩崎雄二	2009	ワニブックス	単行本全1巻	歴史/格闘・男性/成人向	フィクション	孫策/現代	日本現代
107	劉備くん　青天の赤壁	白井惠理子	2009	メディアファクトリー	単行本全1巻	歴史/ギャグ・全年齢向	演義＋フィクション	劉備中心	三国全般(蜀)
108	@『江南行』続編赤壁賦	佐々木泉	2009	メディアファクトリー	ウェブ掲載全1話	歴史・少女向	正史・演義＋フィクション	魯粛	呉
109	@『アレ国志』特別編赤壁反省会	大澤良貴、末弘	2009	メディアファクトリー	ウェブ掲載全1話	歴史/ギャグ・青年向	正史・演義＋フィクション	曹操など	赤壁の戦い
110	三国志F	一智和智	2009	コアマガジン	単行本全1巻	歴史/幻想・男性向	演義＋フィクション	現代日本の女性アイドル三人	三国全般

（续上表）

序号	作品标题	原创作者	出版时间	出版社	出版体裁	故事体裁	参考蓝本	主角视角	主要国家
111	漫画三国志猛将伝説	いしはら峻	2009	ホーム社	単行本全1巻	歴史/青年向	正史・演義	人物別	三国全般
112	龍狼伝軍師・孔明の策謀編	山原義人	2009	講談社	単行本全1巻	歴史/幻想・少年向	正史・演義＋フィクション	天地志狼/現代・過去	三国全般
113	龍狼伝江西の百虎"揚越"編	山原義人	2009	講談社	単行本全1巻	歴史/幻想・少年向	正史・演義＋フィクション	天地志狼/現代・過去	三国全般
114	龍狼伝"竜娘娘"の憂鬱編	山原義人	2009	講談社	単行本全1巻	歴史/幻想・少年向	正史・演義＋フィクション	天地志狼/現代・過去	三国全般
115	魏志文帝伝建安マエストロ!	中島三千恒	2009—	メディアファクトリー	単行本全1巻	歴史・青年向	演義	曹丕	魏中心
116	@呂布が起つ!	島崎譲	2009—	メディアファクトリー	ウェブ連載1～6話	歴史・青年向	演義	呂布	呂布少年時代～

（续上表）

序号	作品标题	原创作者	出版时间	出版社	出版体裁	故事体裁	参考蓝本	主角视角	主要国家
117	SDガンダム三国伝Brave Battle Warriors創世記孫策・周瑜編	岩本ゆきお	2010	角川書店	単行本全1巻	ロボット/幻想・少年向	演義＋フィクション	孫策・周瑜（ガンダム）	三璃紗（ミリシャ）
118	SDガンダム三国伝Brave Battle Warriors創世記劉備編	岩本ゆきお	2010	角川書店	単行本全1巻	ロボット/幻想・少年向	演義＋フィクション	劉備（ガンダム）	三璃紗（ミリシャ）
119	一騎当千武神・関羽雲長の苦悶!!編	塩崎雄二	2010	ワニブックス	単行本全1巻	歴史/格闘・男性・成人向	フィクション	孫策/現代	日本現代
120	一騎当千軍師・諸葛亮孔明の計略!!編	塩崎雄二	2010	ワニブックス	単行本全1巻	歴史/格闘・男性・成人向	フィクション	孫策/現代	日本現代

（续上表）

序号	作品标题	原创作者	出版时间	出版社	出版体裁	故事体裁	参考蓝本	主角视角	主要国家
121	一騎当千オフィシャルアンソロジー2	塩崎雄二	2010	ワニブックス	単行本全1巻	歴史/格闘・男性/成人向	フィクション	孫策/現代	日本現代
122	ブレイド三国志 赤壁	真壁太陽 著、壱河柳乃作画	2010	SQUARE・ENIX	単行本全1巻	歴史/幻想・少年向	真壁太陽原案	轟蘭市郎/未来	22世紀末の日本
123	BB戦士三国伝戦神決闘編	津島直人	2010—	角川書店	単行本1~3巻	ロボット/幻想・少年向	演義＋フィクション	劉備（ガンダム）	三璃紗（ミリシャ）
124	三国志ジョーカー	青木朋	2010—	秋田書店	単行本1-4巻	歴史/少年向	フィクション	司馬懿	日本現代

注：为方便索引，本表以日语收录作品及相关信息。

#：海外漫画的日译本；

＊：动画、游戏、电影作品的漫画版；

@：仅于网络连载的漫画作品；

＋：学习教育类漫画；

△：作者众多的作品集。

参考文献

....

中文

［1］王改萍：《试析曹操的文学形象和历史形象——以〈三国演义〉与〈三国志〉的描述为视角》，《中共山西省委党校学报》2010 年第 33 卷第 1 期。

［2］王后法：《〈三国演义〉的美学悲哀》，《中华读书报》2007 年第 8 期。

［3］王平：《从传播角度看〈三国志通俗演义〉的成书年代》，《山东大学学报（哲学社会科学版）》2003 年第 4 期。

［4］王文晖、司马朝军：《近二十年来三国史与〈三国志〉研究现状的定量分析》，《史学月刊》2003 年第 9 期。

［5］王玲：《论〈三国演义〉中曹操形象》，《时代文学（下半月）》2009 年第 5 期。

［6］王书才：《试论〈三国志〉人物外貌描写的深层蕴意》，《青海师专学报（教育科学）》2009 年第 2 期。

［7］贾勇星：《论〈三国演义〉人物性格的矛盾性和复杂性》，《怀化学院学报》2008 年第 27 卷第 5 期。

［8］韩红宇：《〈三国演义〉与〈三国志〉中关羽人物形象之比较》，《电影评介》2008 年第 6 期。

［9］关四平：《论〈三国志〉与〈三国演义〉文化意蕴的传承性》，《北方论丛》2003 年第 5 期。

［10］姜蕴菡：《浅谈〈三国志演义〉文本的传播》，《大众文艺（理论）》2009 年第 1 期。

［11］吴国联：《论〈三国演义〉的战争描写特色》，《大连教育学院学报》2005 年第 21 卷第 4 期。

［12］沈伯俊：《〈三国志〉与〈三国演义〉关系三论》，《福州大学学报（哲学社会科学版）》2003 年第 3 期。

[13] 宋文翠：《论〈三国志演义〉心理战术描写的成因》，《聊城大学学报（社会科学版）》2008 年第 4 期。

[14] 中国戏曲学院编，谭文杰绘：《中国京剧服装图谱》，北京：北京工艺美术出版社，1990 年。

[15] 陈楠：《浅论〈三国志注〉的历史文献学价值》，《山东图书馆季刊》2008 年第 3 期。

[16] 郑铁生：《谈〈三国演义〉与〈三国志〉对照之虚实》，《内江师范学院学报》2009 年第 24 卷第 1 期。

[17] 倪永明：《〈三国志〉日译本得失谈》，《古籍整理研究学刊》2005 年第 4 期。

[18] 倪永明：《〈三国志〉日译本释疑》，《古籍整理研究学刊》2007 年第 4 期。

[19] 文廷海：《明代〈三国志〉及裴松之注研究简论》，《西华师范大学学报（哲学社会科学版）》2008 年第 5 期。

[20] 杨凡：《古典名著中的军师——解读诸葛亮与吴用的艺术形象差异》，《考试周刊》2009 年第 28 期。

[21] 李芳瑜：《〈三国志〉到〈三国演义〉——历史到小说的真实和加工》，《贵州文史丛刊》2008 年第 3 期。

[22] 李伟实：《〈三国志演义〉的成书年代及版本演变》，《史哲视界》2002 年第 2 期。

[23] 龙显昭：《〈三国志〉及其演义之文化解析》，《西华师范大学学报（哲学社会科学版）》2008 年第 5 期。

[24] 刘建华：《超人还是凡人——论〈三国演义〉中的刘备形象》，《湖南大众传媒职业技术学院学报》2005 年第 5 卷第 3 期。

[25] 沈从文编著：《中国古代服饰研究（增订本）》，上海：上海书店出版社，1997 年。

[26] 倪永明：《中日〈三国志〉今译与中古汉语词汇研究》，南京：凤凰出版社，2007 年。

日文

[1] ［日］青木贞茂：『文化の力』、東京：NTT 出版、2008 年。

[2] ［日］雨宫俊彦：「マンガにおける人物のデフォルメ表現についての心理学的考察」、『マンガ研究 Vol. 2』、2002 年。

［3］［日］青山誠：『三国志 英雄と闘い』、東京：双葉社、2008 年。

［4］［日］東浩紀編：『日本的想像力の未来　クール・ジャパノロジーの可能
性』、東京：NHKブックス、2009 年。

［5］［日］石川忠久：『中國文学の女性像』、東京：汲古書院、1982 年。

［6］［日］伊藤公雄編：『マンガのなかの「他者」』、東京：臨川書店、2008 年。

［7］［日］井上加勇：「マンガにおける語りの錯綜と重層的な物語の可能性」、
『マンガ研究 Vol. 8』、2005 年。

［8］［日］井上泰山：「日本人と『三国志演義』－江戸時代を中心とし
て－」、『関西大学中国文学紀要』、2008 年第三号。

［9］［日］井波律子：『読切り三国志』、東京：筑摩書房、1989 年。

［10］［日］井波律子：『三国志を読む』、東京：岩波書店、2004 年。

［11］［日］井波律子：『中国の五大小説（上）三国志演義・西遊記』、東京：
岩波書店、2008 年。

［12］［日］井波律子：『中国の五大小説（下）水滸伝・金瓶梅・紅楼夢』、
東京：岩波書店、2009 年。

［13］［日］今西凱夫：『原典を味わう－三国志物語』、東京：日本放送出版協
会、1994 年。

［14］［日］NHK 取材班編：『別巻　その時歴史が動いた－三国志英雄伝』、
東京：KTC 中央出版、2002 年。

［15］［日］王少鋒：『日・韓・中三国の比較文化論：その同質性と異質性に
ついて』、東京：明石書店、2000 年。

［16］［日］大河原龍二：『大軍師伝―群雄三国志』、東京：学習研究社、
2000 年。

［17］［日］押山美知子：『少女マンガジェンダー表象論』、東京：彩流社、
2007 年。

［18］［日］おもしろ中国史学会編：『いまさら聞けない－三国志の大疑問』、
東京：青春出版社、2005 年。

［19］［日］加地信行編：『三国志の世界』、東京：新人物往来社、1988 年。

［20］［日］加地信行編：『諸葛孔明の世界』、東京：新人物往来社、1988 年。

［21］［日］加藤幹郎：『表象と批評：映画・アニメーション・漫画』、東京：
岩波書店、2010 年。

［22］［日］懐徳堂記念会編：『中国四大奇書の世界：「西遊記」「三国志演義」「水滸伝」「金瓶梅」を語る』、東京：和泉書院、2003 年。

［23］［日］「関羽は女子高生：萌える三国志漫画ブーム」、週刊『アエラ』、朝日新聞社、2005 年。

［24］［日］北方謙三：『三国志の英傑たち』、東京：日本放送出版協会、2004 年。

［25］［日］九内俊彦：『三国志英雄列伝』、東京：リイド社、2005 年。

［26］［日］日下みどり：「中国「新漫画」事情」、『マンガ研究 Vol. 3』、2003 年。

［27］［日］日下みどり：「香港武侠漫画について」、『マンガ研究 Vol. 4』、2003 年。

［28］［日］清岡美津夫：「現代日本における三国要素の変容と浸透 – アクセス集計を事例に – 」、『三国志研究』第五号、三国志学会、2010 年。

［29］［日］小日向えり：『歴ドル小日向えりの恋する三国志』、東京：青志社、2009 年。

［30］［日］小松健一：『カラー版写真紀行：三国志の風景』、東京：岩波新書、1995 年。

［31］［日］呉智英：『現代マンガの全体像』、東京：双葉社、1990 年。

［32］［日］坂口和澄：『 – 「演義」が語らない異民族との戦い – もう一つの「三国志」』、東京：本の泉社、2007 年。

［33］［日］雑喉潤：『三国志と日本人』、東京：講談社現代新書、2002 年。

［34］［日］「三国志に込めた『反戦』映画『レッドクリフPart2』10 月公開」、朝日新聞、2009 年. 4. 7 夕刊。

［35］［日］「三国志特集」、『別冊ぱふ小説特集号 – 活字倶楽部』1998 夏号、東京：雑草社、1998 年。

［36］［日］「『三国志』：英雄最期の戦い」、『歴史読本：特集』第 37 巻第 7号、東京：新人物往来社、1992 年。

［37］［日］柴田錬三郎：『英雄ここにあり：三国志』、東京：講談社、1970 年。

［38］［日］清水勲：『年表：日本漫画史』、東京：臨川書店、2007 年。

［39］［日］砂澤雄一：「マンガにおける「読者」と「語り」の問題につい

て」、『マンガ研究 Vol. 7』、2005 年。

[40]［日］全国出版協会・出版科学研究所：『2012 版：出版指標年報』、東京：全国出版協会・出版科学研究所、2012 年。

[41]［日］高島俊男：『三国志人物縦横談』，東京：大修館書店、1994 年。

[42]［日］高田明典：『物語構造分析の理論と技法　CM・アニメ・コミック分析を例として』、東京：大学教育出版、2010 年。

[43]［日］竹内オサム：『本流! マンガ学』、東京：晃洋書房、2009 年。

[44]［日］竹内真彦：『「三国志演義研究」：そのテキスト生成に関する考察』、神戸大学、2001 年。

[45]［日］竹田晃：『三国志の英傑』、東京：講談社現代新書、1990 年。

[46]［日］立間祥介：『諸葛孔明：三国志の英雄たち』、東京：岩波書店、1990 年。

[47]［日］谷川彰英編：『マンガは時代を映す』、東京：東京書籍、1995 年。

[48]［日］中国画報社編：『三国志の世界：短かくも激しく生きた英雄たち』、北京：中国画報社、1987 年。

[49]［日］「中国輸入の『見る三国志』七千コマそのまま、武具などの考証も確か」、毎日新聞、1982 年朝刊。

[50]［日］「中高生にも『三国志』ブーム 漫画ゲームで火つく、書籍も売れ行き好調」、毎日新聞、1991 年朝刊。

[51]［日］「趙雲に焦点あてた三国志」、産経新聞、2009 年東京朝刊。

[52]［日］陳舜臣、手塚治虫監修：『諸葛孔明と三国志』、東京：中央公論新社、2006 年。

[53]［日］鶴見俊輔：『戦後日本の大衆文化史 1945 – 1980 年』、東京：岩波書店、1991 年。

[54]［日］中村愿：『三国志曹操伝』、東京：新人物往来社、1986 年。

[55]［日］夏目房之介：『マンガはなぜ面白いのか：その表現と文法』、東京：日本放送出版協会、1997 年。

[56]［日］夏目房之介、竹内オサム編著：『マンガ学入門』、東京：ミネルヴァ書房、2009 年。

[57]［日］南雲大悟：「中国のカートン」、『マンガ研究 Vol. 4』、2003 年。

[58]［日］フレデリック L. ショット著、樋口あやこ訳：『ニッポンマンガ論

日本マンガにはまったアメリカ人の熱血マンガ論』、東京：マール社、1998 年。

[59]［日］堀敏一：『曹操：三国志の真の主人公』、東京：刀水書房、2001 年。

[60]［日］「漫画界で『三国志』ブーム：大胆な解釈で新ヒーロー」、朝日新聞、2005 年 3 月 23 日朝刊。

[61]［日］「漫画が描く大量破壊後の風景に若い世代共感：売れる単行本」、朝日新聞、1995 年 10 月 25 日大阪夕刊。

[62]［日］南博：『日本人の心理』、東京：岩波新書、1953 年。

[63]［日］三好徹：『三国志傑物伝』、東京：光文社、2008 年。

[64]［日］前田雅司：「日本のサブカルチャと物語性」、『マンガ研究 Vol. 7』、2005 年。

[65]［日］満田剛：『三国志：正史と小説の狭間』、東京：白帝社、2006 年。

[66]［日］守屋洋著：『三国志の英雄たち』、東京：新人物往来社、1982 年。

[67]［日］山田奨治：『－オリジナリティとは何か－日本文化の模倣と創造』、東京：角川選書、2002 年。

[68]［日］四方田犬彦：『漫画原論』、東京：筑摩書房、1994 年。

[69]［日］「歴女宣言！－キャラクターで読む歴史小説ナビ－」『活字倶楽部』2009 夏号、東京：雑草社、2009 年。

[70]［日］「『レッドクリフ Part Ⅱ』トニー・レオン　戦いの中に希望を描き」、産経新聞、2009 年 4 月 10 日東京朝刊。

[71]［日］「連載企画－『三国志』に学ぶ勝利学 16」、『潮』2009 年 8 月、東京：潮出版社、2009 年。

[72]［日］渡辺精一：『三国志人物事典』、東京：講談社、1989 年。

网站

[1] 日本亚马逊，http://www.amazon.co.jp。

[2] 动画《钢铁三国志》官方网站，http://www.nasinc.co.jp/jp/koutetsu-sangokushi/。

[3] 纪伊国屋书店，https://bookweb.kinokuniya.co.jp/。

[4] 淳久堂书店，http://www.junkudo.co.jp/。

［5］ 寻书网，http://www.books.or.jp/。

［6］ 游戏《真・三国无双1》，http://www.gamecity.ne.jp/products/products/ee/new/smusou/。

［7］ 游戏《真・三国无双2》，http://www.gamecity.ne.jp/products/products/ee/new/smusou2/。

［8］ 游戏《真・三国无双3》，http://www.gamecity.ne.jp/products/products/ee/new/smusou3/。

［9］ 游戏《真・三国无双4》，http://www.gamecity.ne.jp/smusou4/。

［10］ 游戏《真・三国无双5》，http://www.gamecity.ne.jp/smusou5/。

［11］ 游戏《真・三国无双6》，http://www.gamecity.ne.jp/smusou6/。

［12］ 游戏《真・三国无双7》，http://www.gamecity.ne.jp/smusou7/。

［13］ 游戏《真・三国无双8》，http://www.gamecity.ne.jp/smusou8/。

［14］ 中国古代服饰网，http://hk.chiculture.net/1303/html/a01/1303a01.html，2012年。

［15］《三国漫画杂志》，Yahoo！漫画，http://comics.yahoo.co.jp/magazine/。

［16］《Morning》（杂志25周年特集）:《苍天航路》原作者一问一答环节第一问（Q1），http://morning.yahoo.co.jp/pickups/souten.html。

［17］ Yahoo！图书，http://books.yahoo.co.jp。

［18］ 乐天图书市场，http://www.rakuten.co.jp。

［19］《神界漫画首席漫画家梁小龙:期待国产动漫的辉煌》，中国网・滨海高新，http://creativity.022china.com/2009/04 - 14/61321_0.html，2009年4月14日。

［20］《对梁小龙关于〈三国演义〉的采访》，腾讯动漫，http://comic.qq.com/a/20071206/000049.htm，2007年12月6日。

［21］《梁小龙:漫画版四大名著・劲吹中国风》，《深圳商报》，http://www.zhongman.com/Article_IM4/interview/cartoons/cartoons/200907/42987.html，2009年7月17日。

后　记

……

　　2008 年 4 月，我来到日本京都同志社大学社会学研究科，开始了 5 年的日本漫画学研究与学习。在这 5 年中，我从导师竹内长武教授身上学到了许多与漫画学研究、漫画发展史相关的知识，获益良多，至今每一次上课的情景仍历历在目。此外，社会学研究科的每一位教授，都对我的研究学习生涯起了至关重要的作用。山口功二教授、渡边武达教授、佐伯顺子教授、青木贞茂教授、金培力教授不仅都是在各自的研究领域中走在前列的资深人士，在课堂上也总是兢兢业业，毫无保留地将自己的学识传授给我们。而在我的研究学习中，还得到了来自日本研究界各领域的教授与学者们的教导：日本漫画研究专家大冢英志先生、NPO 三国志研究会会长清冈美津夫先生、京都精华大学漫画学博士焦凡女士、人民大学外语学院日语系徐园副教授、爱知大学流行文化学科西原麻里副教授……感谢各位在我的硕博生涯中提供的无私帮助。

　　本书完成的 2013 年，正值三国漫画在日本再次掀起热潮，如本书的研究对象《超三国志》、《龙狼传》（第二部）在日本国内外都引起了不少的话题。而完成这部作品的同时，我也深刻体会到日本漫画产业的成熟与完善，以及日本漫画家们在创造力、想象力上的丰富多彩。尤其当中国传统文化符号与日本流行文化中最为多样化的漫画创作碰撞在一起时，所产生的火花竟会如此绚丽多彩，令人惊叹，也更是让我对我国动漫文化产业的发展，产生了更多的兴趣与希望。

　　2019 年已经过半，21 世纪也将迎来第二个十年，而回望过去，我们能看到，中国娱乐文化产业发展迅猛，蓬勃繁荣，许多泛娱乐化产业如手机游戏、互联网社交、在线视频网站等都逐渐走向世界，并在世界范围内引起了不小的反响，在这样的大背景下，我国动漫产业的前景更值得关注；尤其在粤港澳大湾区文化产业建设的大背景下，如何发展大湾区的核心文化产业如动漫产业、

后 记

• • • • •

游戏产业、旅游制造产业并让产业相互融合、创新发展，成为接下来我们必须
要深度思考与实践的问题。而在"互联网＋""文化＋"等多重产业发展创新
的大背景下，我们更需要重新审视过往学科研究中的种种问题，发现新思维、
新角度，尝试转变传统观念，这样才能衍生出更多具有时代意义与开创价值的
研究方向与可能性。

谨以本书的出版，作为迎接 21 世纪前 20 年的终章，并展望未来，希望在
更为广阔的天地发现人类社会文化的可能性与创造性。

陈曦子

2019 年 7 月 7 日

暨南文库·新闻传播学
第一辑书目